LA CAUSE

DE

L'HYPNOTISME

PAR

l'Abbé FERRET

2ᵐᵉ EDITION

PARIS

TÉQUI, LIBRAIRE-ÉDITEUR

85, RUE DE RENNES, 85

1891

LA CAUSE

DE

L'HYPNOTISME

Paris. — Imp. Téqui, 92, rue de Vaugirard.

LA CAUSE

DE

L'HYPNOTISME

PAR

l'Abbé FERRET

PARIS

TÉQUI, LIBRAIRE-ÉDITEUR

85, RUE DE RENNES, 85

—

1891

LA CAUSE

DE

L'HYPNOTISME

————————»>>»:«<<«——————————

CHAPITRE PREMIER

C'est une vérité courante qu'on ne juge des autres
que d'après soi-même, c'est-à-dire qu'un homme
gai, au caractère jovial, à l'humeur facile, verra
tout en rose, prendra tout en bien, n'apercevra jamais que de braves gens dans ses semblables, ne
pourra jamais se résoudre à croire qu'on lui veuille
du mal. Tout le contraire sera celui qui aura le
tempérament fâcheux, l'imagination enténébrée d'i-
dées sombres, le cœur sec, dur, l'œil jaloux, soup-
çonneux; un tel homme ne découvrira que des ennemis dans ses voisins : ou ne fera autour de lui
que machinations diaboliques contre sa tranquillité,
son bonheur; s'il habite notre continent européen,
il ne sera peut-être pas loin de croire que l'empe-
reur chinois et tout ses mandarins ne sont qu'une
association de gens qui conspirent contre lui.

1

C'est une tendance innée chez l'homme de se persuader que tout autour de lui converge vers lui, de se poser en modèle · le monde entier n'a d'yeux que pour lui.

On connaît cette charmante boutade d'Eugène Chavette :

Deux messieurs étaient assis près l'un de l'autre dans le même restaurant.

Le premier monsieur dit :

— Garçon, un bifteck.

Aussitôt son voisin s'écria :

— Vous m'en donnerez un aussi.

— Aux pommes.

— Le mien au cresson.

— Pas cuit.

— Très cuit.

Alors le monsieur du bifteck pommes pas cuit se tourna vers le monsieur du bifteck cresson très cuit, et, d'un ton furieux, lui dit :

— Vous moquez-vous de moi ?

— A quel propos ? lui répliqua l'autre.

— Je demande mon bifteck aux pommes, vous le criez au cresson ; je ne le veux pas cuit, et vous l'exigez très cuit. C'est donc un parti pris de me chercher querelle ?

— Permettez... je...

— Ou vous affectez de ne rien faire comme les autres ; vous êtes un original !

Très-Cuit, fort de son innocence, croyant avoir affaire à un voisin déjà ivre, voulait feindre de n'avoir pas entendu, quand tout à coup retentit derrière lui un vigoureux.

« Hum ! hum ! »

Il se retourna et reconnut le général Public qui dînait à une table voisine...

Certes, il n'y avait pas de quoi fouetter un chat.

Mais Très-Cuit, naguère si pacifique, se dit aussitôt :

« Je ne puis reculer ; le général Public, qui a tout entendu, irait clabauder. »

Alors, se retournant vers Pas-Cuit :

— Votre carte, je vous prie, voici la mienne.

L'échange eut lieu, et chacun d'eux lut le nom inscrit. Ils étaient deux cousins germains, qui, après une absence de vingt ans, pendant laquelle ils avaient échangé cent lettres d'amitié, s'étaient donné rendez-vous dans ce restaurant, où ils s'attendaient mutuellement faute de se reconnaître.

Chacun d'eux eût embrassé l'autre, mais le général était là qui les fixait de ses gros yeux ronds en continuant ses : Hum ! hum !

Aussi chaque adversaire, du ton le plus sec, dit à l'autre :

— A demain, monsieur.

A la porte du restaurant, Pas-Cuit pensait ainsi.

— Mon cousin m'a appelé original, ce qui n'a jamais été une injure, il ne m'en veut pas, et je n'ai aucune raison de le haïr. A cause du général Public, nous nous sommes bêtement laissé aller à faire de la dignité...

C'est dans de telles dispositions qu'il arrive sur le terrain.

En descendant de voiture, il se disait encore :

— Non, nous n'allons pas nous battre ; il est impossible que les témoins nous laissent croiser le fer pour un si minime prétexte.

Le : Allez Messieurs, le tirait seul de son erreur.

Alors il songea à la fameuse botte de Picraide (le maître d'armes).

Ah ! c'était une bien belle botte !

Infaillible surtout ! tellement infaillible que Picraide ne s'était jamais donné la peine d'enseigner une parade inutile.

Il avait montré le coup à Très-Cuit.

Mais une heure avant il l'avait aussi enseigné à son adversaire.

De sorte que Très-Cuit put s'assurer combien il était immanquable, car, par l'autre, qui prit l'avance, il fut enfilé net.

Il fit couic, et s'étala.

Au moment même où Très-Cuit était tué, le général Public hurla un : Hum ! des plus formidables.

Puis, la figure illuminée de joie, il s'écria :

« Ah ! la mâtine, je la tiens enfin ! »

Et de ses deux doigts il cueillit sur sa langue tirée une arête de sole qui, depuis la scène du restaurant, lui était restée dans le gosier.

C'était dans le but de chasser ce corps étranger qu'il avait poussé ces : hum ! si mal interprétés par Très-Cuit.

Ainsi, sans motif, sans haine, et même sans courage, le malheureux s'était fait tuer pour le général Public, qui n'avait jamais songé à lui.

Telle est l'histoire de la généralité des hommes. On se croit le point de mire que visent les regards du genre humain, et alors ou bien on se renferme dans l'admiration de sa propre personne, on donne le la à la société entière, ou bien on devient l'esclave de cette obsession, et tous ces regards que l'on croit voir attachés sur soi sont bénins ou malins, joyeux ou tristes, inquiets, jaloux ou bienveillants, ennemis ou amis, suivant les idées qui traversent et bourrèlent la tête du pauvre halluciné.

Ce que nous pensons, les autres doivent le penser; ce que nous aimons, ils doivent l'aimer; ce que nous abhorrons, ils doivent l'abhorrer.

Que de méprises, que de mystifications cruelles
sont dues à cette inclination que nous avons à prê
ter aux autres nos joies, nos peines, nos amours,
nos haines, nos opinions, nos croyances !

Voici une bien plaisante anecdote que je trouve
dans une revue périodique : *Le Cabinet de lec-
ure.*

C'est un jeune homme qui raconte quelques-unes
de ses joies et de ses pensées avant et après son
entrée en ménage.

Avant mon mariage, dit-il, Anna, ma femme,
descendait souvent du troisième dans la loge de la
portière. Et pourquoi ? Pour voir, pour entendre
chanter un serin en cage, un serin comme on n'en
vit jamais, disait-elle.

Quand nous fûmes mariés, Anna vint avec joie
partager ma demeure studieuse et modeste, rue des
Beaux-Arts ; mais chaque jour un regret pour la rue
de Tournon, un soupir pour le serin bien-aimé !...

Bien des maris, sans doute, me portent envie
car c'est si peu de chose qu'un serin, et c'est là un
désir bien facile à contenter ; mais ce n'était pas
aussi aisé qu'on se l'imagine, car la bonne vieille
femme de portière tenait fort à son serin.

Un beau jour, c'était en juillet 1830, à la prière
d'Anna, je me rendis chez la portière ; je lui dis

bonjour, je cause, je lui parle avec familiarité, bonté, bonhomie, comme ferait un candidat à un petit électeur. Enfin, j'aborde la question du serin.

— Il ne chante pas mal, votre serin, madame Petit (la portière s'appelait madame Petit); j'en voudrais bien un semblable..... pour Anna..... Oui, il est bien gentil, votre serin!..... Où donc, madame Petit, pourrais-je en trouver un comme le vôtre!...

Et la portière de m'envoyer promener chez le marchand de serins, au haut de la rue Saint-Jacques.

— C'est bien loin, madame Petit.

— J'irai, monsieur, j'irai pour vous, répliqua aussitôt la portière, qui commençait à soupçonner ma convoitise.

— Tenez, madame Petit, si pour cinquante francs.

— Ah! monsieur, je ne le donnerais pas pour cent francs, dit madame Petit, qui devinait ma pensée.

— Eh bien! je vous les donne.....

— Ah! monsieur.....

— Eh bien! cent cinquante.....

— Ah! monsieur.....

— Allons, deux cents.....

— Non, non, jamais.....

Et, à l'instant, elle jeta son châle sur la cage pour me dérober la vue de l'oiseau, pareille à ces maris jaloux qui craignent de laisser voir le visage de leurs femmes de peur qu'on ne les trouve jolies!....

Je revins rendre compte à Anna du peu de succès de mon entreprise, mais cela ne fit qu'irriter davantage son envie.

Que faire ? la diplomatie ne réussissait pas ; Anna me regardait avec des yeux bleus si ravissants de tendresse et de désir : je résolus de dérober le serin.

L'occasion se présenta. Les journées de Juillet éclatèrent. Dans les premiers jours d'août, M. le marquis de M*** , grand partisan de la branche aînée des Bourbons, était allé à la campagne où il s'était caché. (C'était un des locataires de madame Petit.)

Je passai chez la portière, je la trouvai désolée, pleurant sur le sort de son bon roi Charles X, qu'elle aimait tant. Les sentiments politiques du premier étage étaient dans la loge. C'est tout dire.

Madame Petit me dit qu'elle irait voir M. le marquis le lendemain, sur les deux heures.

Je m'en souvins. Le lendemain, à deux heures, J'étais rue de Tournon. Je ne trouvais que M. Petit. je le priai de me faire une commission ; je l'envoyai, le cher homme, m'acheter un cigare. (Notez bien que je ne fume pas.)

Pendant ce temps, je glissai dans la cage un serin que j'avais acheté et m'en revins, joyeux, porter le serin chéri à ma chère Anna.

Jugez si je la rendis contente.

C'est là le seul vol que j'aie fait dans ma vie, et, depuis ce temps, j'en avais un remords.

Enfin, il y a trois jours, je m'en allai trouver madame Petit.

— Vous avez encore votre serin? lui dis-je ; je vous en ai offert deux cents francs l'an passé, je vous les offre encore.

— Ah ! monsieur, je ne le donnerais pas aujourd'hui pour un empire..... Croiriez-vous bien, monsieur, ajouta-t-elle avec l'expression d'une affection vive, croiriez-vous bien que, depuis que notre bon roi Char'es X nous a quittés, la pauvre petite créa-, ture n'a pas chanté une seule fois!

Pauvre madame Petit, jusqu'à son serin qu'elle faisait royaliste; pour un peu, avec d'autres circonstances amenées habilement, son balai lui-même n'aurait pas manqué de crier dans son for intérieur: « Vive le roi ».

Mais si cette divinisation, pour ainsi dire, du moi, donne lieu à des situations ridicules, à des actes insensés, rend l'homme vain, fat, suffisant, orgueilleux, parfois elle aide à faire éclater aux yeux de tous les nobles sentiments qui l'animent, elle le mène à des actes d'admirable dévouement, de désintéressement prodigieux, elle fait de lui un héros.

1.

Que d'éclatants faits d'armes se sont déroulés sous les plis flottants d'un glorieux drapeau. D'où naissaient-ils ? De cette croyance que l'étoffe tricolore portait en elle l'âme de la France, ses vertus, sa générosité, sa noblesse; elle remplaçait la patrie absente ou en danger, elle en avait toutes les qualités.

Le fils de la France avait placé dans ce drapeau tout le glorieux passé de ses ancêtres; les élans de reconnaissance, d'amour, d'admiration, qui le brûlaient, le portaient à sacrifier sa vie avec joie pour son pays, parce que ce drapeau, près duquel il succombait en était tout plein de ces mêmes élans produits autrefois par ses aïeux.

Mettez entre les mains d'un homme de cœur ce symbole de la patrie et vous verrez à votre grand étonnement sourdre à son ombre de l'âme de cet homme un flot de sentiments non moins tendres que forts, non moins délicats que passionnément rudes.

Voyez ce vieux colonel, celui que nous dépeint Alphonse de Launay, il a atteint la limite de l'âge, après laquelle il faut prendre sa retraite.

Le jour du départ, le jour des adieux au régiment arrive.

C'est dans la matinée, il a revêtu une dernière fois son beau costume, tous les insignes militaires de son grade. Seul dans son apartement, il va et vient, s'arrêtant par soubresauts, immobile devant le drapeau du régiment dont l'étoffe usée recouvre sa table et traine jusqu'à terre.

Un bruit dans l'escalier... la porte de l'appartement s'ouvre... c'est l'adjudant qui vient prendre l'étendard pour le remettre à l'officier qui attend au bas de la maison, dans la rue, à cheval entre deux maréchaux des logis décorés.

— Laissez ! Laissez ! dit le colonel avec un peu d'impatience ; je vais le remettre moi-même.

Et bientôt, le beau vieillard, en grand uniforme, paraît sur le seuil de sa porte, l'étendard à la main. Il était pâle et tremblant beaucoup. Dans l'escalier, avant d'atteindre la porte, sans faire attention aux officiers qui le suivaient, il embrassa le drapeau et dit : « Adieu, camarade ! » comme il eût dit le suprême adieu à un compagnon d'armes, sur le bord d'une tombe.

Quand on eut fermé le ban, il voulut parler à ses soldats. L'émotion le paralysait ; de grosses larmes roulaient dans ses yeux ; il balbutia quelques paroles :

— Les anciens vous diront, jeunes gens, ce que nous en avons fait, de cet étendard !... Malheur à celui de vous qui y laisserait faire une tache !...

Conservez-le bien, mes enfants, parce qu'il est l'honneur et la fierté de la Patrie... s'il faut mourir pour le défendre d'une souillure... n'hésitez pas !... mourez!

Et puis sa voix s'embarrassa, sa langue ne put plus articuler, un sanglot s'échappa malgré ses efforts, et il remit précipitamment le dépôt au porte-étendard qui, comme tout le monde, essuyait furtivement son œil mouillé.

— Ah! je n'en puis plus , dit le colonel, lorsque, remontant enfin chez lui, il entendit la musique qui s'éloignait et le bruit des pas des chevaux qui allait s'effaçant dans la longue rue. Pardonnez-moi, mes amis!... C'est un déchirement!... Tout s'en va, tout sombre autour de moi! Que voulez-vous? C'était mon clocher, cela!... Le coq qui le surmonte, il me semble que c'est celui de l'église de mon village! Je n'ai plus de village!... je n'ai plus rien!... Là où il n'est pas, c'est le désert!... Enfin!... c'est la loi! Allez, mes braves compagnons,... soyez pour votre nouveau colonel ce que vous avez été pour moi!..

Rien de plus sacré pour ce soldat vétéran que cette étoffe tricolore, et cependant ce n'était qu'une vulgaire étoffe. Mais il y avait mis ce qu'elle n'avait pas réellement : l'honneur de la France. Toute sa réalité comme emblème, comme objet méritant un culte pieux, elle le tirait de lui seul.

Les êtres matériels, les mouvements extérieurs ne sont rien, sans nulle valeur, sont des êtres morts; c'est l'âme humaine qui les vivifie, les anoblit ou les vilipende; d'elle dépend leur gloire ou leur honte. Ils sont indifférents, tant qu'elle ne leur a pas imprimé une signification.

Cela est si vrai qué la même posture du corps humain peut être une injure à la personne devant qui on la tient chez certains peuples, tandis qu'elle est un grand acte de politesse et de respect en d'autres pays. Ainsi pour nous Européens nous nous levons et nous nous découvrons devant le personsonnage que nous voulons honorer; au contraire dans la même circonstance le Turc restera assis et le Polynésien la tête couverte.

Bien plus, je dirai que tous les phénomènes en dehors de notre or intérieur ne sont par rapport à nous absolument rien, n'ont aucune existence, aucune bonté ou malice autres que celles que nous voulons bien leur prêter.

Pour nous en convaincre, nous n'avons qu'à constater la diversité des jugements portés par différentes personnes sur un même fait, sur une même manifestation extérieure.

Prenons le théâtre. Que de gens raffolent de ses représentations scéniques; pour eux pas de plaisir plus grand que celui de les contempler. Alors la

vie leur apparait toute d'heur et de joie, pleine de
suaves émotions; les peines, la maladie elle-même
reculent et disparaissent devant les délirantes sensations qu'elles font éprouver.

Dernièrement un journal ne racontait-il pas cette
histoire absolument convaincante à l'appui de notre
thèse.

Une jeune personne, y était-il dit, qui avait été
passionnée pour le théâtre, se mourait de la poitrine.
Tant qu'elle put se traîner, elle voulut jouir de son
amusement favori, et, quelques jours avant sa mort,
au risque de tomber en chemin, elle s'y fit encore
conduire. Enfin la veille de son décès : — Demain,
dit-elle, on joue un charmant opéra, il faut absolument que j'y assiste. — Le lendemain elle assista à
un autre drame : elle comparut devant Dieu.

Cette malheureuse trouvait aux représentations
théâtrales un attrait si fort, si puissant, si irrésistible, qu'elle fut leur victime, elle fut vaincue par
le charme qu'elle leur prêtait.

Eh bien! maintenant, après ce délire, entendons
les lamentations désespérées d'une actrice. Elle
écrivait à M. Alexandre Dumas fils :

Que fais-je? pourquoi ce mouvement, ces combi-

naisons, ce métier de saltimbanque, cette existence
tout à la fois vide, monotone et bruyante? Historier
ce pauvre visage, qui demande grâce, faire tomber
des mèches sur son nez, comprimer certaines parties
de son corps, en développer certaines autres, frotter
ces ongles que la nature a voulu ternes et que nous
voulons luisants; puis, avec une sorte de conviction
étudiée, réciter de certaines choses desquelles on
ne pense pas un mot; mentir enfin, tromper les yeux
et les oreilles d'une quantité plus ou moins considérable de gens, pour arriver à les amuser pendant
quelques heures; rétributions à la fin du mois de
quoi payer ses faux chignons; voyons, franchement,
où est le but?

N'est-ce pas un spectacle que nous avons quoti-
diennement sous les yeux, que les mêmes passe-
temps soient recherchés par les uns, honnis par
d'autres.

Prenons la pêche à la ligne; c'est une occupation
bien simple, bien paisible, fort innocente.

Que n'a-t-on pas dit, déclamé pour vanter ses
douceurs, ses émotions, toujours les mêmes et cependant toujours enchanteresses, fascinantes!

Des rentiers nichés dans une modeste villa mas-
quée par de grands arbres, fuyant les bruits étour-
dissants de la ville, le tracas des affaires, la société

dangereuse des humains, vivent à deux, l'homme et
la femme. Tous deux ils sont fortement grisonnants,
mais grâce à mille précautions, la santé se maintient
en excellent état, l'estomac est toujours bon , et
puis ils s'entretiennent dans une paix si profonde,
ils s'entourent de mille soins , évitant le froid,
le chaud, l'humidité de l'air; ils ne feraient
pas la moindre démarche imprudente, de peur d'empêcher le jeu tranquille de leur digestion, ou de
provoquer en eux quelque rhume, quelque enroue-
ment, qui, si facilement, peut se changer en bron-
chite et de là, ô terreur! en fluxion de poitrine.

Et pourtant vienne le jour de la pêche, tout sera
bouleversé dans la demeure silencieuse. Ce sera un
tohubohu, un brouhaha inusité ; la femme, les yeux
rouges de larmes, la poitrine oppressée, la face inquiète suit son mari de chambre en chambre; sa
voix est grondeuse, puis suppliante, puis résignée;
elle fait mille recommandations. Mais le mari ne
l'écoute pas, ne l'entend pas, il est dans tous ses
états. Successivement, fiévreusement il charge ses
épaules de tout le fourniment d'un pêcheur, et, radieux, après avoir embrassé sa larmoyante moitié,
il part, il quitte tout, il n'a plus nul souci de lui-
même, il ne craint plus rien, il est à l'épreuve de
toute maladie; il va pêcher à la ligne ! C'est son plaisir suprême à lui. Du matin au soir il suivra attentif

les imperceptibles secousses de son liège rouge entraîné au fil de l'eau. Il peut pleuvoir, faire une
chaleur torride, un vent à casser la pipe à la bouche du fumeur, il bravera tout.

Ce rentier prête à ce simple acte de jeter l'hameçon aux goujons des délices à nulles autres pareilles.

Par contre entendez d'autres gens, d'autres riches;
demandez-leur comment ils occupent leur temps.

— Sans doute, leur direz-vous, vous vous livrez
au charme de la pêche à la ligne?

Vous serez bien reçus, votre interlocuteur se re-
tournera furieux vers vous.

— Moi pêcher à la ligne! et pour qui me prenez-
vous? Je méprise souverainement quiconque n'a pas
d'autre moyen d'égayer son existence. Un pêcheur
à la ligne, pour moi, est un être malingre, un animal à sang froid; il tient sa ligne à la main, mais on
serait vraiment fort embarrassé de décider quel est
le plus stupide de lui ou du goujon qui se laisse
prendre à son hameçon.

On le voit, d'après ce qui précède, il est bien
constaté qu'un exercice, un travail de l'esprit ou du
corps n'est ni agréable, ni désagréable, ne porte en
soi aucune qualité de plaisir ou de peine. C'est nous,
hommes, âmes humaines, qui lui donnons tout entiers ses agréments.

De même il est vrai de dire r en dehors de nous les objets n'ont ni couleurs, ni odeurs, ni saveurs, ne sont ni chauds, ni froids.

Quelle différence entre un glaçon et une chaudière d'eau bouillante ? nulle autre qu'un état physique différent, un arrangement des molécules tout autre dans le glaçon que dans l'eau en ébullition, mais de chaud, de froid en eux nulle trace ; c'est notre âme qui prête au glaçon sa froidure et à l'eau bouillante sa chaleur.

Supposez une île perdue au milieu de l'Océan, peuplez ses forêts de lianes dures et tendues comme les cordes d'un violon, faites plier ses arbres sous la violence de l'ouragan; qu'aucune âme humaine ne l'habite, cette île. Pourriez-vous dire que ces lianes gémissent en des sons étranges, que les arbres entrechoquent leurs branches avec des bruits sinistres, effrayants? Non; l'île aura beau être bouleversée par la tempête la plus effroyable, le silence le plus complet y règnera.

Mais jetez y un humain, fusse un enfant, et aussitôt toute cette nature acquerra des propriétés, qu'elle ne possédait pas auparavant; dans le sein de ses forêts des hurlements se feront entendre, des sifflements singuliers, d'une intensité extrême, qui sembleront les voix de puissances mystérieuses et terribles.

Quand notre terre ne portait pas encore les nobles représentants de l'humanité, pouvait-on dire qu'il y faisait jour ou nuit, clair ou obscur ? pouvait-on dire que les prairies étaient vertes, le ciel bleu, que des fleurs aux mille couleurs paraient les herbes et les arbres ? Non certainement.

Toutes ces merveilles de coloration n'ont existé dans la nature que du jour où l'homme a foulé notre globe, et l'a parcouru y mettant tous les charmes des plus délicieuses peintures ; son âme revêtait, embellissait tout ce que ses yeux touchaient.

Y a-t-il vraiment dans ce qui n'est pas nous de la beauté, de l'harmonie, de l'ordre, de l'art ?

Vous connaissez peut-être cette histoire.

Un prisonnier d'Etat, Pélisson, n'avait trouvé d'autres moyens d'adoucir les longues heures de sa captivité qu'en apprivoisant une araignée. Comme on lui avait laissé je ne sais quel instrument de musique, il l'avait dressée à venir quand il jouait certains airs.

Un jour qu'il allait se livrer à ce passe-temps, le geôlier entre dans le cachot. Pélisson le met au courant de ce qui va arriver.

Effectivement, dès les premiers sons de l'instrument, l'araignée sort de sa retraite, s'avance vers le prisonnier, puis s'arrête devant lui et y reste, comme dans une sorte d'extase.

Que fait alors le geôlier ?

Au moment le plus pathétique de la petite scène, il s'approche de l'insecte, lève le pied et l'écrase.

Quelles différences de vue dans ces deux hommes !

Pélisson admire l'instinct, la gentillesse de sa petite compagne ; il lui trouve dans sa marche, lorsqu'elle s'avance vers lui, une souplesse admirable, une combinaison de mouvements merveilleuse.

L'autre, le geôlier, voit cette bête ; il la voit affreuse, difforme, répugnante; il ne peut la souffrir sous ses yeux, il lève sa botte et l'écrase.

D'où vient cela ? c'est que, par elle-même, cette araignée n'était ni belle, ni pas belle; c'était un ensemble d'organes combinant de concert des mouvements, ni plus ni moins. Pélisson y avait ajouté l'art, l'à propos, l'intelligence harmonisant le tout. Le geôlier n'avait vu là dedans qu'un chaos, qu'une suite de chocs discordants, qu'un monstre, et lui aussi avait vu là ce qui n'y était pas.

Que de gens s'extasient devant le spectacle imposant, disent-ils, des pays montagneux.

Ecoutez l'un d'eux, celui qui signe Saint-Genest; il vous parle d'une excursion au Mont-Blanc.

En ce moment, nous dit-il, assis sur la roche,

enveloppés du manteau de montagnard, nous attendons le lever du soleil...

Les premières lueurs de l'aube apparaissent, et lentement les étoiles s'évanouissent. Il semble qu'un souffle venu d'Orient les éteigne une à une. Il y en a qui s'obstinent, qui même semblent briller d'un plus vif éclat, comme si elles voulaient lutter contre le jour qui s'avance. Puis, soudain, elles pâlissent et meurent comme les autres. Je suis cette progression avec tout l'intérêt d'un drame. Ce n'est pas comme l'aurore de nos pays, où les rayons tristes et blafards de l'aube prêtent aux objets des formes indécises. Il n'y a pas ce malaise, cet engourdissement qui fait croire que la nature alourdie a peine à se réveiller. Ici tout est à arêtes vives : ombres profondes, cadre superbe, comme préparé pour une solennelle représentation. On distingue nettement les sombres et gigantesques silhouettes des montagnes...

Déjà l'Orient a pris cette teinte émeraude qui précède la vraie lumière, et les brouillards de la vallée s'éclairent d'une blancheur de ouate. Ce n'est plus la nuit, ce n'est pas encore le jour. Il y a dans la nature une sorte d'attente. Tout est immobile. Les tiges se dressent droites ; aucun souffle n'agite les moindres herbes. Il semble que la création est en suspens.

Bientôt même ou trouve que le soleil tarde beaucoup. Ce décor magnifique semble tellement fait pour une représentation, que l'on se plaint que le grand acteur soit trop long à venir. S'il ne paraissait pas, se dit-on!... si aujourd'hui il n'y avait pas de soleil!...

Tout à coup, pendant que nous le cherchons à l'Orient, les montagnards nous frappent sur l'épaule et nous montrent, de l'autre côté, un point lumineux.

C'est le glacier. Il l'a vu, lui, ce soleil dont il est le précurseur; il l'a vu, et il l'annonce à toute la nature. D'un blanc éblouissant, il a pris déjà les teintes d'un rose vif frangé d'or; il grandit, il avance, il rayonne; et depuis longtemps il resplendit au milieu de ces gigantesques ombres, quand, enfin, le vrai soleil paraît; soleil de feu qui émerge au-dessus de l'horizon, semble hésiter un instant, s'élargit et s'élance dans l'espace où il flotte comme poussé par la brise du matin.

Alors tout s'allume, tout s'embrase. Des rayons avides sont dardés à travers l'enchevêtrement des monts. Partout ils cherchent une issue, courent sur la crête des montagnes, et jaillissent en torrents de lumière!

Spectacle superbe, devant lequel on s'écrie avec l'Apôtre...

Vous l'avez bien entendu; voilà un homme tout
enflammé d'enthousiasme, aux regards qu'il jette
tout autour de lui, alors qu'il est assis sur une roche perdue dans l'immensité du Mont-Blanc; je dis
immensité, car pour lui le Mont-Blanc est immense,
grandiose, majestueux, silencieux, impressionnant;
il lui remplit l'âme de sentiments d'étonnement, de
crainte respectueuse, divine pour ainsi dire.

Mais voilà que, près de celui qui signe ses articles
Saint-Genest, passe un Anglais, en guêtres, habit
jaune, casquette melon; il mord à belles dents
dans une cuisse de poulet, boit d'instants en instants
d'un liquide jaune à même une bouteille historiée de
bandes de papier multicolore; il marche d'un bon
pas, n'a évidemment d'yeux que pour sa cuisse de
poulet et sa bouteille.

Saint-Genest lui crie :

— Monsieur l'Anglais, arrêtez-vous donc un moment à contempler le coup d'œil féerique que présente à cette heure le Mont-Blanc.

L'Anglais contrarié fortement d'être dérangé dans
l'acte de sa mastication laborieuse, s'arrête, regarde
l'importun qui l'interpelle, et il lui dit, sa voix est
maussade, dédaigneuse.

— Le Mont-Blanc, je l'ai vu hier pour la première
fois, je ne vois pas pourquoi je le regarderais une
seconde fois.

Evidemment, le Mont-Blanc, même avec son lever de soleil, n'avait rien dit à l'âme de cet Anglais, tandis qu'il avait jeté hors d'elle-même l'âme de Saint-Genest.

N'est-ce pas là une preuve que le Mont-Blanc n'est nullement la cause de l'enthousiasme ou de l'indifférence que sa vue provoque; enthousiasme ou indifférence ont pour auteurs uniques ceux qui le voient. Le Mont-Blanc n'est qu'un simple amas de terres et de rochers, d'où sortent, d'ici, de là, des sources, où se trouvent des glaciers, que couronnent des neiges éternelles; ce n'est que cela. De là à la beauté, à la majesté, au grandiose, il y a un espace infini, toute la distance qui sépare l'âme humaine des rochers du Mont-Blanc.

Tous les jours, des amateurs, des artistes ou soi-disant tels, se pâment d'aise à l'audition de morceaux de musique exécutés sur un piano Erhard. A côté de ces dilettanti, regardez, vous en verrez qui se tamponneront la bouche pour réprimer un bâillement; ils s'ennuient mortellement, ils ne comprennent rien à ces sons qui partent en fusée; ils admirent la conviction du pianiste qui porte les yeux au ciel, lève langoureusement les mains, ou s'élance dans une fugue furieuse, l'œil allumé, la bouche tremblante.

— De quoi peut-il bien être convaincu, ce crétin-là, pensent-ils?

Ainsi voilà qui est surabondamment démontré, c'est convenu, admis, réglé. Le monde en dehors de nous, y compris le soleil, la lune et les étoiles, n'est que des phénomènes qui s'enchevêtrent, un amoncellement de choses, mais ne concluant en rien en fait de beauté ou de laideur, d'ordre ou de désordre; c'est l'homme qui y met tout ce qu'il veut.

Ceci paraît un peu hasardé comme opinion, et cependant c'est une opinion qui n'en est plus une, car, c'est la réalité. Qu'on veuille bien me suivre.

Tenez, simplement en passant, une petite remarque sur le langage articulé, qui nous fait communiquer nos pensées entre nous?

Supposez le meilleur de nos déclamateurs, sorti premier au concours du Conservatoire, consacré maître en diction par la vogue publique; supposez ce monsieur seul au milieu du désert du Sahara, prêtez-lui un parasol, de peur d'une insolation, puis imaginez, qu'émoustillé par ce phénomène nouveau pour lui de la mer de sable, il sente le délire lyrique soudain l'échauffer, l'enflammer, qu'il se mette à débiter les plus belles pages de son répertoire. Ce sera si beau, si pathétique, que l'émotion le gagnera, son sang bouillonnera dans ses veines, son cœur battra avec force; il sera bientôt même, si vous le voulez, à bout de forces, et tombera faible et impuissant sur le sable moelleux.

Oui, mais sa belle tirade aura-t-elle arrêté le soleil, rafraîchi l'air embrasé, empêché le simoun de se lever, humecté à ses pieds le sable torréfié? Non, elle n'aura produit qu'un très faible ébranlement de l'air à quelques pas de lui, pas plus que le battement de l'aile de l'oiseau ou le mouvement de la queue du lion du désert.

Mais allons plus loin. Notre artiste, remis de ses récitatifs débilitants, poursuit ses explorations à la Stanley. Lui le maître mille fois applaudi sur les scènes parisiennes, il dédaigne pour sa sûreté personnelle l'escorte des noirs enrégimentés et exercés au tir d'un fusil dernier modèle ; il a son langage merveilleux, sa diction si pure détaillant avec tant de netteté toutes les finesses de sentiment d'un morceau d'éloquence. A ses accents, sans nul doute, ramperont doux, soumis, à ses pieds, les plus indomptables négrillots du sol africain.

Le pauvre ne tarde pas à mettre à l'épreuve sa magique puissance; il est pris par quelques moricauds qui le conduisent, joyeux, triomphants, au chef de leur tribu. Toute 'a bande des nègres s'assemble autour de lui ; les bras s'agitent, les armes se dressent menaçantes, un bruit assourdissant de voix remplit l'air.

Notre artiste sent vaguement quelque danger le menaçant. Alors il recourt à son grand, à son infaillible moyen. Il se met en position, ajuste son habit, se détend les bras, puis promène tranquillement ses regards sur l'assistance. Il va commencer; il commence.

La voix sort sonore, timbrée, redondante de ses poumons. L'effet ne tarde pas à se faire sentir sur les spectateurs. Tous les négrillots sont médusés; un silence profond écoute les magnifiques intonations du maître de la scène.

Mais ça ne dure pas; ce n'est que l'étonnement, la nouveauté qui ont étourdi un moment ces sauvages. Bientôt ils s'amusent de voir ce visage pâle se trémousser des bras, des jambes, du torse, de l'entendre crier des sons drôles, bizarres, qui leur cassent les oreilles, qu'ils cherchent à imiter à force de contorsions de la bouche.

Ce spectacle à la fin les impatiente; ils ont devant eux un fou, un maniaque. Il sera bien autrement amusant, quand, attaché au poteau, on lui crèvera les yeux, on lui coupera les lèvres, on lui enlèvera une à une les articulations des doigts des pieds, des mains, quand on lui arrachera des lambeaux de peau, etc., etc.

Notre malheureux fou de l'art oratoire est perdu, bien perdu, lorsque tout d'un coup un nègre jusque là silencieux, lui seul attentif et écoutant les p. oles du visage pâle, lorsque ce nègre, voyant le péril, se lève, fait entendre une voix de commandement.

Tous les noirs s'immobilisent, le silence se refait, nul bruit ne vient plus troubler l'orateur que seul continue à écouter le nègre, dont l'intervention a si heureusement modifié les dispositions de l'assemblée. Il écoute, il est charmé, il jouit. Tout autour de lui, ses semblables écoutent aussi, mais ils ne sont nullement charmés, ils ne regrettent qu'une chose, de ne pouvoir faire mourir à petit feu l'énergumène qui s'agite devant eux.

Dites après cela : le langage humain par lui-même signifie-t-il quelque chose ? dit-il plus que tout autre bruit? Non, il n'est qu'un choc de sons, sans portée, qui ne commencera à avoir une valeur qu'autant qu'une âme humaine voudra bien lui prêter quelque chose d'elle-même, en l'imprégnant de ses idées, de ses sensations.

Poursuivons nos observations.

J'ai lu quelque part dans un récit de voyage, qu'un jour un missionnaire protestant abordant avec sa femme une côte du continent africain, les indigènes femmes présentes à son débarquement se jetèrent sur sa femme, dès qu'elle eut mis pied à terre, s'efforçant de lui arracher ses habits.

Le missionnaire eut grand'peine à protéger sa douce moitié contre un tel acharnement, ne comprenant pas quelle pouvait en être la cause. Aux questions qu'il fit, on lui fit comprendre que les femmes indigènes agissaient ainsi par bonté d'âme; elles voulaient soulager et mettre à l'aise cette nouvelle venue toute emmaillotée dans un tas d'habits qui devaient l'étouffer. Pourquoi cette inconnue se mettait-elle ainsi à la gêne? c'était un mystère pour elles.

Allez donc voir qu'une femme dans nos rues de Paris se présente en costume d'Eve; tous nous nous sauverions, nous cachant les yeux, rouges de honte. Pourquoi? parce que la pudeur aurait été blessée.

Je vous le demande, la pudeur est-elle ou n'était-elle pas dans la nudité de la femme?

Evidemment, elle ne se trouvait que dans nos idées européennes, nullement dans la nudité de la femme; c'est nous qui prêtions la pudeur à cette nudité.

Mieux que cela; je me rappelle encore avoir lu le récit d'un capitaine de vaisseau.

Il avait fait terre sur une côte d'Australie, là il s'était attaché à son service un indigène des plus marquants de la tribu habitant les parages.

Cet Australien s'était épris d'un véritable attachement pour son nouveau maître; son plus grand bonheur était de l'accompagner et de le guider dans les excursions nombreuses qu'il faisait aux alentours.

2.

Un jour, tous deux arrivent sur les bords d'une rivière aux eaux limpides, coulant paisiblement sous l'ombre de nombreuses branches d'arbres se penchant complaisamment sur l'onde. Le soleil était ardent, en plein dans sa course, le temps était lourd, l'excursion durait depuis le matin, les voyageurs étaient fatigués.

— Si je prenais un bain, dit le capitaine à son compagnon, cela me referait les membres, me délasserait.

— Tu as raison, maître, prends un bain, répond l'indigène.

Le capitaine de navire n'hésite pas; il sera si fraîchement une fois dans la rivière. Vite il se défait de ses vêtements, et le voilà barbotant délicieusement dans cette baignoire naturelle.

Mais il s'étonne, son ami n'est pas près de lui. Certes, ce ne sont pas ses habits qui ont dû le retarder pour se mettre à l'eau. Il regarde sur la rive, personne. Il appelle, on ne lui répond pas. Enfin, tant pis; une idée peut être qui lui aura pris d'aller faire un tour dans les bois.

Son bain pris, il se sèche, se remet dans son costume d'homme civilisé. Mais alors il commence à s'inquiéter, à s'impatienter. Il crie, il appelle.

Une voix bientôt lui répond; elle part du fond d'un taillis; c'est bien celle de son compagnon.

Cette voix lui crie :

— Maître, avez vous repris vos habits ?

— Quelle étrange question !

Le capita : ne comprend pas à quoi elle rime; impatienté, il répond :

— Mais oui, je suis habillé; mais viens donc.

L'indigène sort alors de sa cachette, accourt joyeux.

— Pourquoi t'es-tu sauvé? pourquoi ne t'es-tu pas baigné avec moi? lui demande l'Européen.

— Maître, c'est parce que vous étiez nu.

Notez qu'en bon Australien qu'il était, ce brave sauvage ne portait sur lui pas même une feuille de vigne. Pourtant la pudeur, que ne lui inspirait pas sa nudité, à lui, tout à coup s'éveille dans son âme à l'idée de son ami nu.

La nudité humaine n'était donc absolument pour rien dans la production de ce sentiment de pudeur, qui ne provenait tout entier que des petites combinaisons intellectuelles de l'Australien.

Ce qui se dit de la décence peut s'appliquer à toute autre vertu qui orne l'âme humaine.

Tout acte matériel n'est ni bon, ni mauvais, ni permis, ni défendu; la moralité n'existe pas dans l'être tangible, visible, c'est un attribut du monde spirituel.

Que conclure de ces réflexions ? c'est que l'homme est indispensable au monde ; sans lui il n'aurait pas de sens, pas de signification, pas de but. C'est lui qui lui donne l'ordre qui y règne, l'art, la science qui combine ses mouvements; c'est lui qui l'éclaire, qui l'illumine, qui le pare des couleurs les plus éclatantes; c'est lui qui le remplit des concerts si harmonieux de mille espèces d'oiseaux, c'est lui qui l'élève jusqu'à la morale, qui marque d'un signe indélébile de honte certains actes, tandis qu'il glorifie et met en honneur le marbre des statues, les pierres des temples, les images des héros.

L'homme par son intelligence est le phare qui illumine l'univers dans son ensemble comme dans ses parties; sans l'homme cet univers ne serait qu'un chaos, qu'un amas d'êtres sans but, sans destinée; l'univers est fait pour lui, il est l'instrument qu'il fait vibrer, qu'il anime de sa vie, et auquel il fait rendre des accents au-dessus de sa nature.

Est-ce bien compris, bien conclu? Douterons-nous encore que l'homme est le roi du monde, son maître, son dominateur?

Otez l'homme, et ce monde n'est plus bon, n'est plus utile. Toute sa beauté, toute sa grandeur, il les tire de l'homme. La licéité, l'honorabilité de son existence sont en l'homme.

C'est dire que du jour où l'homme dans son ensemble cesserait d'être bon, vertueux, de ce jour-là le monde aurait une fin mauvaise, c'est-à-dire ne pourrait plus subsister, il périrait.

Mais par quoi l'homme est-il bon ou mauvais ?

Est-ce par son corps ?

Non.

Par son intelligence, sa mémoire, son imagination, sa raison ?

Non.

Par quoi donc ?

On ne me contredira pas : par sa volonté.

La volonté, c'est tout l'homme. C'est elle qui lui fait rejeter le bien, poursuivre le mal, affectionner l'erreur, se plaire dans le désordre, se moquer de la vertu, c'est elle qui en fait une sentine de vices. Mais c'est elle aussi qui l'anoblit, lui fait piétiner les plus fougueuses passions, le rend capable des plus sublimes dévouements, tout à coup le transforme, l'élève en lui donnant le repentir, le regret, l'horreur du mal, d'un être vil et bas, dont la conduite n'inspire que le dégoût, l'écœurement, le change en l'objet d'un culte pieux, parce que ses semblables découvrent en lui le retour sincère à la vérité, à la morale, la détestation vraie d'une existence passée dans le crime.

Moi j'aime les histoires ; laissez-moi vous redire, à ce propos, celle que j'ai lue, il y a longtemps pour la première fois et qui est signée Paul Bonjean. Voici le récit de cet auteur.

Ces jours derniers, j'ai retrouvé sur le boulevard plusieurs camarades de régiment qui firent avec moi la première expédition du Tong-King. Naturellement, on dîna ensemble, et, comme on le pense bien, les souvenirs allèrent leur train.

Nous en étions à nous rémémorer l'époque où nous occupions la citadelle de Ha-Noï, quand le nom de d'Uzac, jeté brusquement par un convive, nous cloua un instant le silence sur les lèvres.

— Ah! ce d'Uzac, fit un camarade, quelle brute c'était! Comment en arrive-t-on au degré d'avilissement où nous l'avons connu? Pour moi, j'ai toujours pensé qu'il y avait une énigme dans sa vie.

— L'énigme, je l'ai déchiffrée, répondis-je. Son secret est sorti de sa poitrine avec son dernier souffle, et ce dernier souffle, c'est moi qui l'ai recueilli. Je peux dire que j'ai assisté à sa résurrection, ayant assisté à sa mort.

Et, sans autre préambule, je racontai ce qui suit :

Le vicomte Louis-Charles-Henri Brettant d'Uzac était le fils unique d'un gentilhomme de superbe race, dont les ancêtres, comme une femme qui donne la vie en mourant, avaient fait la première pourpre de nos rois avec leur sang. Dans ces familles-là, l'uniforme était encore la robe virile; aussi, quand d'Uzac eut atteint sa vingtième année, il s'engagea.

Il avait l'instruction et les aptitudes nécessaires

pour passer officier; il renouvela son engagement par trois fois, et cependant il est mort sergent, n'ayant hérité de son père qu'un nom et une épée. J'ajoute qu'une jeune fille, sa fiancée, avait repris sa parole, lassée d'attendre sa première épaulette d'or.

Je vous donne ces détails, parce qu'il convient de chercher des circonstances atténuantes à cette existence manquée; car, le destin, en frappant sans relâche un cœur d'homme comme un marteau de forge frappe une enclume, le mollit d'abord, puis le brise, quoique les cœurs soient toujours plus durs que l'enclume.

Le découragement s'empara-t-il de d'Uzac? C'est probable, car de ce jour-là il s'assombrit, vécut à l'écart, et finalement se mit à boire, ainsi qu'il arrive aux solitaires qui ne sont pas des saints.

Il ne buvait pas comme avait bu Bassompierre qui vidait sa botte à entonnoir à la santé des treize cantons, et sans tacher les dentelles de son pourpoint; non, il buvait comme un valet d'écurie, comme un goujat, par amour du vin et de l'eau-de-vie et de leur ivresse bestiale. En très peu de temps il devint non pas méchant, mais féroce, sanguinaire, disait la légende du régiment... Je tiens le fait de Raugeval, lieutenant de spahis, qui avait demandé son changement de corps pour ne pas céder à la tentation de dénoncer son compagnon d'armes à la justice de ses chefs.

Quand nous connûmes d'Uzac, ce n'était plus que la brute dont vous vous souvenez, cette brute dont la face, sous l'action persistante de la boisson, avait fini par perdre son humanité.

Il ne vivait réellement que pour boire et pour blasphémer, car il avait peu à peu chassé de sa poitrine toutes les croyances de ses pères, il en avait chassé la croyance en Dieu, estimant sans doute que son cœur, non moins pourri que son corps, était trop sale pour être un tabernacle...

Un jour, nous étions sous les armes pour donner à une exécution de pirates la solennité de la représentation militaire. Vous savez, comme moi, quel silence profond, poignant, quel silence religieux descend, comme un suaire, sur ce terrain où le condamné entend ou donne le dernier commandement. Cette fois là, bien que les condamnés fussent des pirates et l'exécuteur un Annamite, le silence était aussi profond, aussi poignant, aussi religieux que si les malheureux eussent été des nôtres et que nous eussions composé le peloton fatal.

Les pirates étaient au nombre de quatorze, et placés les uns derrière les autres à égale distance, de façon à ce qu'un condamné vînt immédiatement prendre la place de l'exécuté, et rendît ainsi le temps du sombre drame plus court.

Le hasard m'avait placé à la gauche de d'Uzac, et jugez de ma stupéfaction, de mon foudroiement, quand j'entendis cet animal me dire à voix basse en me poussant le coude : « Nous allons bien rire. » J'eus un tel soulèvement de cœur que je ne trouvai rien à lui répondre, pas même une parole de blâme, un cri de dégoût. D'ailleurs un roulement de tam-tam venait de se faire entendre et l'exécution allait commencer.

Sur un signe du bourreau, le premier pirate s'avança, releva ses cheveux sur le sommet de sa tête, puis s'agenouilla devant la pierre qui servait de billot ; et, sans une plainte, sans un soupir, sans un frisson, calme sans fanfaronnade, reçut le coup mortel.

Après chaque exécution, le bourreau repoussait les deux tronçons du cadavre et se remettait à la besogne. Malgré mon épouvante, il m'était impossible de détourner mon regard de ce spectacle, comme si ma volonté eût voulu accoutumer alors mes yeux et mon esprit à je ne sais quelles sanglantes choses futures.

Dix condamnés avaient été exécutés, et depuis un instant j'entendais un rire étouffé, un rire en dedans, qui me figeait la moelle dans les os, le rire aviné,

le rire bestial de d'Uzac, qui semblait aspirer une
volupté dans chaque goutte de sang qu'il voyait
tomber, comme dans une goutte d'une enivrante essence.

L'exécution continuait; il ne restait plus qu'un
seul condamné. L'image de celui-là ne s'effacera
jamais de ma mémoire, car elle y fut comme incrus-
tée par le rire de fauve que j'entendais toujours, ce
rire qui, dans l'épouvante où j'étais, avait pris pour
moi un corps et me martelait le cœur.

Le pirate était un homme de petite taille, mince,
osseux, avec des jambes grêles et une tête moins
grosse qu'une tête d'enfant. Quand ce fut son tour,
le bourreau, qui en avait déjà décapité treize, étira
son bras pour lui rendre l'élasticité voulue. Distrait
sans doute, il n'avait repoussé que légèrement loin
du billot la tête du dernier condamné. Celui dont je
vous parle vint s'agenouiller comme les autres, mais
au moment de s'incliner, il se retourna, sentant son
pied en contact avec quelque chose de tiède. Il reconnut la tête de son camarade, se releva et la sou-
levant doucement dans ses mains comme un prêtre
eût fait d'un vase sacré, il alla la déposer à l'écart,
reprit sa position première et pencha le front.

Le bourreau fatigué calcula mal son coup, car le
col du malheureux ne fut qu'entamé à peine; une
fine zébrure rouge, pareille à une fêlure qui ferait le

tour d'un vase de marbre, le cercla seulement comme d'un étroit collier. Le sabre de l'exécuteur décrivit une seconde ellipse et retomba sur le condamné. Mais cette fois encore, le coup était mal porté; la tête pendait un peu plus bas sans être détachée du tronc.

Le croiriez-vous? A ce moment même où une angoisse poignante courait dans nos rangs ainsi qu'une étincelle sur une traînée de poudre, j'entendis encore et plus distinct même, le rire effroyablement sinistre de cette brute de d'Uzac.

Un petit soldat de la Vendée, placé immédiatement derrière moi, entendit, lui aussi, ce hoquet monstrueux, et il m'avoua depuis qu'il s'était signé en ce moment, comme son aïeul, qui avait servi sous La Rochejacquelein, se signait avant d'aller à la mort.

Le bourreau dut s'y prendre à neuf fois avant d'essuyer son glaive. Enfin! c'était fini.

Je suivis d'Uzac, voulant avoir le mot de cette gaieté de démon. Ce gredin-là était entré dans la pagode dont nous avions fait une chambrée; et sans parler, riant toujours, mais à gorge déployée maintenant, il s'était roulé dans sa couverture où sans doute il allait dormir.

Le sommeil sur ce ricanement! La brute était complète. Mais je ne l'entendais pas ainsi. Je le poussai du pied et me penchant vers lui :

— Je veux savoir pourquoi vous avez ri comme une goule, comme un vampire, pendant l'exécution des pirates, lui dis-je, vous entendez, je veux le savoir.

Il se retourna dans sa couverture et du ton le plus naturel :

— Eh bien ! me répondit-il, est-ce que les oiseaux ne chantent pas dans les cimetières ? Est-ce que les fleurs ne poussent pas sur les tombes ? Est-ce que le rire ne s'épanouit pas toujours sur les lèvres des hommes au dessus de ces laideurs qu'ils appellent leurs âmes ?

Son rire le reprit, mais cette fois c'était bien un hoquet, le hoquet du *delirium tremens*, et ce hoquet lui secouait le corps comme aurait fait une pile électrique.

Un écœurement indicible me prit en face de ce cynisme qui s'étalait devant moi ainsi qu'un ulcère devant un chirurgien, et du coup, je fondis en larmes, en sanglots, comme si mon être tout entier avait eu besoin de cette rosée bienfaisante des pleurs pour ne pas crier de dégoût.

— Mais, repris-je, vous êtes donc un de ces monstres qui feraient douter de la conscience ?

— Précisément, répondit-il.

Je reculai, glacé.

D'Uzac me considéra un instant sans mot dire,

s'appuya sur son coude, et, sans plus rire, cette fois :

— Volontiers, l'homme jette, comme un manteau, l'hypocrisie sur ses turpitudes, dit-il ; mais que deux compagnons francs jusqu'à la brutalité se rencontrent, ils mettront bientôt leur orgueil à fouler aux pieds toutes les conventions sociales. Pour qui ferais-je parade de vertu? Je n'appartiens plus au monde, et pour l'Etat, qui forme aujourd'hui ma seule famille, je ne suis qu'un numéro matricule. Je n'aime plus personne. Depuis quinze ans, tu es le seul auquel j'ai parlé si longtemps; mais en voilà assez.

Je m'étais assis près de lui, tandis qu'il parlait. A ces dernières paroles, mon front était tombé dans mes mains.

— Oh! murmurai-je, je voudrais bien savoir le secret de cette vie!

— Il est écrit sur la peau de mon bras gauche, tu pourras le lire quand je serai mort. Et ce jour-là est proche, ajouta-t-il en faisant signe de prêter l'oreille aux croassements d'une volée de corbeaux qui passaient au-dessus de la pagode; tu le vois, ils sentent la charogne.

Depuis l'exécution des pirates deux mois s'étaient écoulés. D'Uzac ne parlait plus à aucun de nous que pour affaires de service. Les quelques phrases incohérentes qu'il m'avait jetées comme une mauvaise explication de sa vie n'étaient peut-être que le masque de pensées intérieures plus hautes, car, je vous l'ai dit, il se sentait mourir, et je ne serais pas étonné qu'il eût eu, dès lors, un peu de ce dégoût qui est le commencement du repentir pour les mourants qui ont les visions d'outre-tombe.

Lui qui avait fait son lit sur l'autel même de Bouddha, , non pas pour se rire d'un manitou d'Asie, mais pour insulter au principe divin, évitait maintenant de se mêler à la conversation quand nous faisions les esprits-forts à table. Son regard s'enfonçait dans son orbite, comme s'il eût voulu en concentrer la clarté sur sa pensée en la détachant du dehors.

Quelques temps après ces évènements, une trentaine d'hommes, dont d'Uzac et moi, avaient été embarqués sur une canonnière pour protéger une exploration. Depuis le pénible entretien que j'avais eu avec lui dans la pagode, ce malheureux avait pris soin de m'éviter plus que les autres encore. Il avait deviné juste : l'heure de sa mort allait sonner bientôt. Il ne levait plus son bras que pour lever son verre. Cependant, quand il fut désigné pour monter sur la canonnière, il ne fit aucune observation, quoiqu'il fût assez faible pour se faire remplacer, s'il l'avait demandé seulement.

Vers le soir du second jour de l'exploration, la canonnière s'étant ensablée, on appareilla un canot afin d'aller sonder le bras du fleuve dans lequel

nous étions. Comme, avec les pirates, il fallait toujours se tenir sur la défensive, d'Uzac et moi avec
un officier du bord et deux matelots, prîmes place
dans le canot, le fusil entre les jambes.

Ce pauvre diable d'ivrogne, — je deviens clément
en face de ce prochain cadavre, — était de plus en
plus faible, faible à ne pas pouvoir marcher d'a-
plomb. Son regard d'où, plus encore que dans ces
derniers jours, la vie se retirait, semblait perdu,
peut-être dans la vision rapide de ce qu'il aurait pu
être, et son visage était devenu d'une pâleur de
neige.

Tout d'un coup il s'affaissa sur le banc du canot.

Je me penchai vers lui, et au risque de le tuer
plus vite :

— Tu vas mourir, lui dis-je ; as-tu quelque volonté suprême à manifester ? Parle, et sur mon âme
tu seras obéi. Tu as bien quelque lien sur la terre ?

— Merci ! me répondit-il avec une douceur dans
la voix que personne ne lui avait jamais connue.
Mon père est mort depuis longtemps, ainsi que ma
mère : je suis le dernier de ma race.

Il s'arrêta un instant, puis plus bas :

— C'est ce rire de l'autre jour qui m'aura tué,
ajouta-t-il en me pressant la main. Je ne te charge
que d'une chose : à ceux qui savent comment j'ai vécu, tu diras comment je suis mort. Tiens! regarde.

Il s'étendit sur le banc de l'embarcation, tira son sabre hors du fourreau, et le plaça sur sa poitrine, puis il joignit les mains :

— Qu'on me pardonne! dit-il, j'ai bien souffert.

Ce furent ses dernières paroles, et je vis passer le dernier souffle sur les lèvres de cette brute, de cet infortuné qui voulait mourir avec Dieu, s'il avait vécu sans lui, et qui, pour que je pusse dire qu'il était mort comme son père, avait étendu sur son corps son sabre de soldat, dont la poignée, à tout prendre, représentait encore une croix.

Dans le récit de cette vie si malheureusement gâchée, perdue, ne suit-on pas, pas à pas, les bonnes qualités, qui auraient pu porter de si beaux fruits dans ce d'Uzac, étouffées, annihilées par la volonté perverse, résolument vouée au mal de l'infortuné? On le sent se dégradant volontairement, à plaisir, il ne veut laisser germer en lui aucune vertu; toutes ses forces, toute son activité intellectuelle et physique sont employées par sa volonté à l'abrutissement de l'être tout entier.

Mais cette même volonté ne la voit-on quelques instants avant la mort faisant surgir de la fange l'âme du pauvre d'Uzac, la faisant s'élever au-dessus du cloaque dans lequel jusque là elle était restée noyée, pour la ramener au monde de l'esprit, au monde du bien, de la vertu, de la grandeur morale?

La volonté est donc maîtresse de tout l'homme; c'est par elle qu'il est ce qu'il est, bon ou mauvais, noble ou vil.

J'ai dit, j'ai démontré que l'homme était le maître du monde.

En définitive la volonté humaine est par suite le dernier mot de l'univers, elle y est la note dominante, elle est la moralité du monde.

Que l'homme par sa volonté est haut placé, que sa nature lui a fait un piédestal grandiose, imposant! Qu'il est puissant!

Peut-on s'étonner après cela que son orgueil soit si immense, son dédain pour tout ce qui n'est pas lui, si souverain; il sent instinctivement, invinciblement sa très haute dignité.

CHAPITRE II

Au chapitre précédent nous sommes arrivés à nous convaincre que la volonté de l'homme était l'expression de l'univers.

Chez l'homme pervers, le monde perd son but, cesse d'être une utilité, une réalité, il ne trouve pas sa raison d'existence. Chez le bon, dans l'intelligence et la volonté de l'homme honnête, moral, le monde monte vers sa destinée, rencontre le lien qui combine tous ses mouvements, qui les harmonise pour en faire un fait au-dessus de sa nature, un fait intellectuel. Le méchant ne compte donc plus dans l'ensemble des choses; le juste seul y joue un rôle, y tient une place.

Mais cette place est-elle la plus élevée dans l'échelle des êtres?

Non.

La volonté humaine reconnaît le monde matériel formé sans elle, ayant sa substance indépendante d'elle; elle ne peut que découvrir les lois qui le régissent, elle constate que toutes choses sont combinées pour les besoins de son intelligence, de sa raison, pour ses propres besoins. Une volonté seule, au moins égale, a pu faire ces combinaisons, les établir, et comme la volonté humaine n'est faite que pour manifester ces harmonies, en définitive elle n'est faite elle-même que pour cette volonté créatrice du monde matériel, volonté que nous appelons Dieu.

Donc de l'étude de nous-mêmes et des êtres au milieu desquels nous nous agitons, nous arrivons à conclure à la vie d'une volonté suprême, auteur et de nous-mêmes et du reste de la terre et des cieux.

Nous disons de cet être qu'il est une volonté, ou mieux, qu'il est la volonté par essence, parce que la volonté étant la première, la plus éminente des facultés en nous, étant en nous la plus haute expression de l'être, le plus sublime des êtres doit donc être une volonté substantielle.

Pour nous l'Etre suprême sera la volonté absolue, essentielle, et toute son action sur la créature ne nous paraîtra que comme une action de sa volonté. Et c'est ainsi, en effet, que partout, dans tous les temps, les hommes ont conçu le Grand Etre. C'est l'être qui n'a besoin que de sa volonté pour produire.

Au commencement, dit la Genèse, la terre, en

sortant du néant, était toute nue, sans arbres, sans fruits et sans aucun ornement ; les ténèbres couvraient la face de l'abîme d'eau, où la terre était comme absorbée.

Or, Dieu, voulant tirer cette matière informe des ténèbres, où elle était ensevelie, dit : Que la lumière soit faite. Et à l'instant la lumière fut faite.

Dieu dit aussi : Que le firmament soit fait au milieu des eaux, et qu'il sépare les eaux de la terre d'avec les eaux du ciel. Et Dieu fit le firmament, et il sépara les eaux qui étaient sous le firmament, de celles qui étaient au-dessus du firmament. Et cela se fit ainsi.

Dieu dit encore : que les eaux qui sont restées sous le ciel, et qui couvrent la face de la terre, se rassemblent en un seul lieu, et que l'élément aride paraisse. Et cela se fit ainsi...

Dieu dit encore : que la terre produise de l'herbe verte qui porte de la graine, et des arbres fruitiers qui portent du fruit chacun selon son espèce, et qui renferment leur semence en eux-mêmes pour se reproduire sur la terre et cela se fit ainsi.

Dieu dit aussi que des corps de lumière soient faits dans le firmament du ciel, afin que par l'inégalité de leur éclat, ils séparent le jour d'avec la nuit et que, par leurs mouvements réglés, ils servent de signes pour marquer les temps, les jours et les années. Qu'ils luisent dans le firmament du ciel et qu'ils éclairent la terre. Et cela fut fait ainsi.

Dieu dit encore : Que les eaux produisent des animaux vivants qui nagent dans l'eau, et des oiseaux qui volent sur la terre, sous le firmament du ciel... Dieu dit aussi : que la terre produise des animaux vivants, chacun selon son espèce, les animaux domestiques, les reptiles, et les bêtes sauvages de la terre, selon leurs différentes espèces. Et cela se fit ainsi.

Dieu dit ensuite : Faisons l'homme à notre image et à notre ressemblance, et qu'il commande aux poissons de la mer, aux oiseaux du ciel, aux bêtes, à toute la terre, et à tous les reptiles qui se meuvent sur la terre. Dieu créa donc l'homme à son image.

Rien n'est plus évident par ce récit de la création de l'univers : Dieu n'a qu'à vouloir, qu'à exprimer sa volonté, et aussitôt la matière apparaît, elle s'organise, s'embellit, et de son sein s'échappe une foule d'êtres vivants destinés à l'animer.

De même aussi les saintes Écritures nous montrent Dieu dérangeant par le seul acte de sa volonté les lois si fermes, si stables, si admirablement combinées de la nature, tellement que le Psalmiste s'écrie, vantant les prodiges du pouvoir divin : « Maintenant les nations ont vu les merveilles de votre toute puissance, elles sont forcées de reconnaître que notre Dieu est dans le ciel, et que tout ce qu'il a voulu, il, l'a accompli. »

Ce fait éclate évident dans les miracles nombreux opérés par Jésus-Christ, Dieu incarné.

Un jour Jésus apprend que Lazare son ami est mort. Il dit à ses disciples :

— Retournons en Judée. Notre ami Lazare dort, mais je vais le réveiller.

Ses disciples lui répondirent :

— Seigneur, s'il dort, il sera guéri.

Mais Jésus leur dit ouvertement :

— Lazare est mort.

Jésus, étant arrivé à Béthanie, trouva que son ami était dans le tombeau depuis déjà quatre jours. Marthe, sœur du mort, ayant appris que Jésus venait, alla au-devant de lui, elle lui dit :

— Si vous eussiez été ici, mon frère ne serait pas mort.

Jésus lui répondit :

— Votre frère ressuscitera.

Puis il dit :

— Où l'avez-vous mis ?

On lui répondit :

— Seigneur, venez et voyez.

Jésus donc, frémissant en lui-même, vint au sépulcre. Jésus dit :

— Otez la pierre.

Marthe lui dit :

— Seigneur, il sent déjà mauvais, car il y a quatre jours qu'il est là.

Jésus lui répondit :

— Ne vous ai-je pas dit que si vous croyez, vous verrez la gloire et la puissance de Dieu éclater dans la résurrection de votre frère.

On ôta donc la pierre qui fermait l'entrée du lieu où était le mort. Et Jésus levant les yeux en haut dit ces paroles :

— Mon Père, je vous rends grâce de ce que vous m'avez exaucé.

Ayant dit ces mots, il cria d'une voix forte :

— Lazare, venez dehors.

A l'heure même, le mort sortit, ayant les pieds et les mains liés de bandes, et le visage enveloppé d'un linge.

Jésus s'adressant à ses disciples, leur dit :

— Déliez-le et le laissez aller.

Dans une autre circonstance Jésus était revenu dans la Galilée, le peuple le reçut avec joie, parce qu'il était attendu et désiré de tous.

Sitôt qu'il y fut arrivé, il vint à lui un homme appelé Jaïr, qui était chef de synagogue; et, se prosternant aux pieds de Jésus, il le suppliait de venir dans sa maison, parce qu'il avait une fille unique, âgée d'environ douze ans, qui se mourait.

Jésus y alla.

Mais en route quelqu'un vint dire au chef de la synagogue :

— Votre fille est morte : ne donnez point davantage de peine au Maître, et ne l'obligez pas d'aller plus loin.

Mais Jésus ayant entendu cette parole, dit au père de la fille :

— Ne craignez point, croyez seulement et elle sera guérie.

Étant arrivé au logis, il ne laissa entrer personne avec lui, sinon Pierre, Jacques et Jean, et le père et la mère de la fille. Et comme tous ceux de la maison la pleuraient et se lamentaient en se frappant la poitrine, il leur dit :

— Ne pleurez point, elle n'est pas morte, elle n'est qu'endormie.

Mais ils se moquaient de lui, sachant bien qu'elle était morte.

Jésus donc, ayant fait retirer tout le monde, entra dans la chambre de la fille, et la prenant par la main il lui cria :

— Ma fille, levez-vous.

Et son âme étant revenue dans son corps, elle se leva à l'instant ; et il commanda qu'on lui donnât à manger, pour les assurer de la vérité de sa résurrection.

Une autre fois, Jésus allait à une ville de Galilée appelée Naïm, suivi de ses disciples et d'une grande foule de peuple. Et comme il était près de la porte de la ville, il arriva qu'on portait en terre un mort ; c'était un fils unique dont la mère était veuve. Elle assistait aux funérailles de son fils, et elle était accompagnée, dans cette cérémonie, d'une grande quantité de personnes de la ville.

Le Seigneur l'ayant vue toute fondante en larmes, fut touché de compassion pour elle ; et il lui dit :

— Ne pleurez point.

Puis s'étant approché, il toucha le cercueil ; ceux qui le portaient s'arrêtèrent, et il dit :

— Jeune homme, levez-vous, je vous le commande.

En même temps le mort se leva sur son séant et commença de parler, et Jésus le rendit à sa mère.

Tous ceux qui étaient présents furent saisis de frayeur.

Une fois, Jésus entra dans une barque suivi de ses disciples.

Aussitôt il s'éleva sur la mer une si grande tempête, que la barque était couverte de flots ; et lui cependant dormait.

Alors ses disciples, effrayés par la vue d'un danger si pressant, s'approchèrent de lui, et le réveillèrent en lui disant :

— Seigneur, sauvez-nous, nous périssons.

Jésus leur répondit :

— Pourquoi avez-vous peur, m'ayant avec vous, hommes de peu de foi ?

Et se levant en même temps, il commanda aux vents et à la mer de s'apaiser, et il se fit un grand calme.

Alors ceux qui étaient présents, furent saisis d'étonnement, et ils dirent :

— Quel est celui-ci à qui les vents et la mer obéissent ?

C'est très clair, très patent, n'est-ce pas ? le Dieu homme, Jésus-Christ n'opère ses merveilles que par la simple application de sa volonté. Il a créé le monde, les astres, le soleil, la lune, la terre, le moindre grain de sable non pas d'une matière préexistante, mais en leur donnant pour premier support de tout leur être, l'acte de sa volonté, en sorte que suivant la modification de cet acte l'être lui-même matériel est modifié.

Par là on comprend l'omniprésence de Dieu en toutes choses. Il est présent à tout par sa volonté, et là où est sa volonté il est tout entier, et du jour où cette volonté se retirerait de l'être créé, l'être créé s'anéantirait.

Saisit-on maintenant le rôle de la volonté divine dans l'univers ? Se fait-on une idée de sa pénétration dans l'intime de tout ce qui n'est pas d'essence incréée ?

Depuis le premier moment de la création universelle le Maître du ciel et de la terre n'a cessé de vouloir sans discontinuation chacune des molécules qui composent l'air, l'eau, la terre, la pierre; il ne peut cesser un seul instant de les vouloir, sans risque certain de les voir s'évanouir, disparaître irrémédiablement.

Otez le poisson de l'eau, ôtez l'oiseau de l'air, la vie les abandonne; ôtez les hommes, les animaux, les plantes, les éléments matériels, de la volonté divine, il ne reste plus rien d'eux. Tout est tout par cette puissante volonté; rien sans elle; elle est le souffle vivifiant du monde, la respiration, si je puis dire de la créature.

La volonté de Dieu est la grande, l'unique force de la nature. Qui verrait, qui palperait, qui manierait cette volonté, manierait le levier qui donne le mouvement, le branle à tout ce qui existe. La volonté divine est l'atmosphère au milieu de laquelle tout respire, tout prend vie.

A ce propos, on m'excusera de citer des séances de magnétisme rapportées par Alphonse Esquiros, et qui sont bien une image de la thèse que je viens d'exposer.

I

C'était au tomber du jour. Une dame, chez laquelle je me trouvais, se plaignit d'un violent mal de tête. Autour de nous, la causerie flottait depuis quelques instants indécise et vague, je l'attirai peu à peu sur le terrain du magnétisme.

D'abord on opposa à mes récits et à mes souvenirs un doute railleur, mais faible, timide, facile à désarmer. Cette dame, après quelque résistance, consentit d'ailleurs à me servir de *sujet*. J'acceptai de bon cœur. Dès lors, ce ne furent plus autour de moi que rires étouffés et regards défiants et curieux. Je n'en continuai pas moins à diriger gravement sur mon *sujet* une série de signes monotones. Bientôt on vit cette dame pâlir; ses yeux se fermèrent.

— O mon Dieu ! s'écria-t-elle en faisant de vains efforts pour les rouvrir, il me semble que je deviens aveugle !

Peu à peu le mouvement se fit plus rare, le souffle devint plus sourd, les mains plus blanches. Ses lèvres essayèrent en vain quelques mots, puis retombèrent immobiles. Au bout d'un quart d'heure, il y avait toutes les apparences d'un profond sommeil. La sensibilité même semblait éteinte. Le grand bruit que l'on faisait autour de nous n'arrivait plus à son oreille, et la lueur d'une lampe tombait en vain sur ses paupières closes. Je commençai à l'interroger.

— Dormez-vous ?

Ma question fut quelques secondes avant d'arriver jusqu'à elle. An bout de ce temps, elle dit :
— Oui.

La voix était altérée; la tête penchait en avant; le corps restait immobile; il y avait comme des symptômes de mort à la surface.

— Vous trouvez-vous bien ?

— Oui, je suis heureuse.

— Qu'éprouvez-vous ?

— Je sens comme de l'huile, du vin, du feu, qui circulent dans mes veines. Je ne puis m'expliquer ce que sont ces images, autrement vous ne m'entendriez pas.

— Que voyez-vous?

— Je vous vois autour de moi. Mlle A... rit. Vous me regardez tous d'un air bien étonné.

— Comment voyez-vous ? Vos yeux sont fermés.

— Je ne sais, mais je vois.

Alors, je demandai deux lettres et je lui présentai la suscription.

— A qui cette adresse ?

— A M. M...

— Et celle-ci?

— A M . C...

C'était vrai.

— Verriez-vous à travers ce mur?

— Sans doute.

Je priai quelqu'un de s'en aller dans la chambre voisine, et d'y exécuter tel acte qui lui passerait par la tête. La personne sortit et ferma la porte sur elle.

— Que fait maintenant M. E...?

— Il touche au miroir cassé.

M. E... rentra et avoua qu'il s'était amusé à tourmenter les débris d'une glace.

— Quelle heure est-il?

— Sept heures trois quarts, deux minutes.

C'était exact.

Une demoiselle pose sa main sur celle de la somnambule.

— Oh! s'écrie-t-elle, c'est Mlle A... qui me touche.

Je priai trois personnes d'aller dans la chambre voisine couper une mèche de leurs cheveux. Je présente ces cheveux au *sujet*, qui les soumet à son tact et réfléchit.

— Ah! ceux-ci, ce sont les cheveux de M. E..; ceux-ci, de votre frère; ceux-ci, d'Alphonse, ils sont doux et plus soyeux.

La somnambule avait rencontré juste. Elle sembla dès lors enfoncée dans une profonde rêverie, d'où j'eus quelque peine à la tirer. Ma voix n'arrivait plus jusqu'à elle.

— A quoi pensez-vous ?

Après quelques instants de silence elle me dit :

— Magnétisez-moi encore, pour que je voie mieux.

— A quoi pensez-vous ?

— Je pense à Mme la comtesse de Saint S..

— S'occupe-t-elle toujours de l'affaire d'Eugène?

— Elle ne le peut pas. Son mari est malade, bien malade.

La dame, avant son sommeil, en était moins instruite que toute autre.

— Quel est son mal ?

— Je le vois tout enflé. Les médecins lui ordonnent des bains de vapeur. Ce n'est pas bon.

— Voyez-vous un remède plus efficace?

— Il faut lui faire prendre une décoction de feuilles de cassis. Il est bien dangereusement attaqué

Quelques jours après, une lettre de Mme de Saint S..., sa cousine, ne laissa plus aucun doute sur tous les témoignages de la somnambule. Le régime indiqué par elle ne fut pas suivi. Le général mourut.

— Où voyez-vous tout cela ?

— Je ne vois pas directement. C'est quelque chose qui me parle. C'est une pensée qui m'enveloppe. Je vois dans cette pensée.

Alors me revint en mémoire un verset de la Bible touchant ce milieu vivant et intelligent dans lequel nous sommes, nous remuons, nous vivons, *in quâ vivimus et movemur et sumus.* C'est sous l'influence de ce souvenir que je hasardai quelques questions.

— La comprenez vous toute entière cette pensée?

— Oh ! j'en suis bien loin. Elle est trop vaste.

— Ce que vous en saisissez, vous semble-t-il clair, vrai, infaillible ?

— Oui. Si l'homme dans l'état de veille, ne s'ouvre pas à elle, c'est qu'il est étourdi par le bruit et le mouvement.

— Cette pensée qui vous entoure et qui vous parle, ne serait-ce pas Dieu ?

— Je ne sais...

— Voyez !... Recueillez vous; essayez de me répondre !

— Peutêtre...

Ici mon *sujet* rentre dans son silence et sa rêverie. Il en sort en disant :

— Je vois ce que c'est que Dieu; le bonheur est dans cette vie intime et profonde.

Poursuivie par mes questions, la somnambule se retranche encore une fois dans un mutisme obstiné. Elle reprend en disant :

— La volonté de Dieu est une chose bien forte. On ne peut rien contre elle... Dernièrement, vous vouliez lui faire violence. Vous avez eu tort. Il faut subir les évènements.

Ce reproche s'adressait à moi, et il frappait juste. Je pouvais seul en comprendre le sens; seul, je rendis témoignage de son exactitude. La somnambule continua d'elle-même :

— Quand on voit des choses comme j'en vois, on ne pense plus à rien de ce qui est sur la terre..... Ecoutez ! ceci est vrai : l'homme ne peut être heureux de lui seul. Il faut que Dieu s'en mêle. Ceux qui sont heureux sans lui ne le sont que par hasard et à la surface.

Peu à peu l'attention de la somnambule semble se détacher de ces idées sérieuses, pour se reporter sur les personnes qui l'entouraient.

— Vous êtes tous debout, cela doit vous fatiguer.

— Souffrez-vous ?

— Non, enfoncez-moi une épingle dans la main, je ne la sentirai pas.

Mon *sujet* était réellement impassible. Il provoquait et défiait la souffrance avec une sorte d'orgueil :

— Enfoncez plus avant, vous dis-je, vous ne me ferez pas de mal.

Cependant tous les doutes étaient tombés devant les faits. Autour de moi circulaient mille questions;

4

j'en recueillis une ou deux que je soumis à la somnambule.

— Pourriez-vous broder ou écrire dans cet état ?

— Sans doute. Mais je ne veux pas aujourd'hui, je suis fatiguée.

On parlait d'une intervention française en Espagne. Quelqu'un, que cette nouvelle intéressait, me pria de demander avis à ma somnambule.

— L'intervention n'aura pas lieu, dit-elle.

— Pourquoi ?

— Louis-Philippe n'en veut pas. Je le vois dans son salon qui en parle à de grands dignitaires. Il s'échauffe. Il la repousse. Je vous dis qu'elle n'aura pas lieu.

Le sommeil durait depuis trois quarts d'heure. M'adressant à ma somnambule :

— Quand voulez-vous être réveillée ?

— Tout de suite.

A son réveil, cette dame crut sortir d'un rêve profond et effacé. Sa santé était meilleure ; sa mémoire n'avait conservé aucune trace, aucun souvenir, mais il lui restait de ce sommeil une impression suave et mélodieuse.

II

Saint-Maur, 12 Août 1835.

Ce jour là le ciel était bleu. Le soleil laissait tomber ses rayons brûlants sur les saules et les peupliers qui bordent la Marne.

Nous étions à Saint-Maur, dans une île verte de feuillages et de prairies. A nos pieds, la rivière roulait sur un lit de glaise ses eaux limoneuses. Sur la gauche fuyaient des villages, des clochers, des collines. En face, s'élevait un château moderne; à droite, tout l'à bas, le vieux pont de Saint-Maur jetait son ombre sur les flots et les gazons. Autour de nous, tout était silence, repos et solitude. Nous nous assîmes sur l'herbe, au pied d'un gros saule. C'est là que je répétai sur le même *sujet* mes expériences magnétiques. J'avais avec moi deux témoins.

— Dormez-vous ?

— Oui, actionnez-moi davantage. C'est cela.

— Comment vous trouvez-vous ?

Très bien.

— Où êtes-vous ?

— Dans les champs.

— Quelle heure est-il ?

— Une heure et demie :

La somnambule semblait écouter depuis quelque temps des bouches invisibles.

— Oh ! dit elle, j'entends mon frère qui parle de moi. Il est à déjeuner chez Mlle D..., Comme il dit du bien de moi! Il m'a toujours beaucoup aimée.

Ce frère était allé faire un voyage de quelques jours à Epernay.

A son retour, ma somnambule à qui je confiais le bulletin de nos séances, lui dit: tu déjeunais le 12 août, à deux heures chez Mlle D.., tu parlais de moi.

Il resta frappé d'étonnement et avoua que c'était la vérité.

— Que je suis heureuse ici, poursuivit-elle ! Ce vent me rafraîchit et me pénètre. On étouffe à Paris. Je me sens revivre.

— Qu'est-ce qui vous fait le plus de bien ?

— C'est le grand air et le grand soleil. Je verrai encore bien mieux et plus loin aujourd'hui.

L'air avait en effet ce ressort et cette élasticité des beaux jours. Le soleil brillait sans nuages.

— Ah ! poursuivit-elle, je vois l'intérieur du château qui est devant nous. Plusieurs salles ont une forme circulaire. Ses maîtres ne l'habitent pas.

Elle disait vrai. Cette dame, pourtant, n'était jamais entrée dans le château.

— Je vois, ajouta-elle, une voiture passer sur le pont.

Ma somnambule avait toujours les yeux fermés.

Il nous fallut le secours d'une lorgnette pour distinguer un tombereau qui passait sur le pont, dans ce moment-là. Elle continua :

— Je voudrais boire de l'eau qui coule au bas de ces buissons.

On lui en puisa un verre. Elle le prit avec adresse et le porta elle-même à ses lèvres. Après, elle sembla s'enfoncer de plus en plus dans une idée pénible.

— A qui pensez-vous?

— A Eugène qui a été malade. Il va sortir de l'infirmerie. Son lit est vert. Je le vois tout debout. Il se promène en casaque grise. Il regrette Paris.

C'était son fils, sous-officier à la Rochelle; il n'avait donné avis ni de sa maladie, ni de sa convalescence. Une lettre de lui, que j'ai entre les mains vint bientôt confirmer, dans les plus petits détails, toutes les dépositions de la somnambule. Son lit était vert. Ses souvenirs se tournaient ce jour-là même vers Paris. Le jeune homme sortit de l'hôpital militaire quelques jours après.

— Que voyez-vous encore?

— Ah! je me promène dans des lieux qui sont bien loin d'ici. J'y vois des campagnes, des châteaux et des bois. C'est très beau.

— Si vous découvrez le présent à distance, pourriez-vous aussi pénétrer l'avenir?

4.

— Vous recevrez dans deux jours d'ici un de vos amis qui revient de province.

Deux jours après, un ami de collège, que j'avais perdu de vue depuis trois ans, vint frapper à ma porte.

Les paroles de la somnambule étaient déjà sorties de ma mémoire.

Elles y rentrèrent alors. Je demeurai saisi et immobile. Le jeune homme était arrivé la veille de Senlis.

— Où voyez-vous cela ?

— Je vous l'ai déjà expliqué. C'est quelque chose qui me le dit.

Elle sembla réfléchir quelque temps, et reprit :

— M. C''' s'occupe de vous maintenant. Il viendra vous voir ou vous écrira dans quelques jours.

Je reçus la visite de cette personne le 15 du même mois.

— Pourriez-vous prévoir aussi bien un avenir qui reposerait tout entier sur le hasard ?

— Que voulez-vous dire ?

— Pourriez-vous, par exemple, fixer les chances d'une loterie.

— Je ne crois pas. Ce serait difficile.

— Essayez.

Ici la somnambule se fait violence ; ses efforts amènent une réponse lente et pénible.

— Je vois un numéro..

— Lequel?

— Le 89. Il est bon. Il va sortir.

— En voyez-vous d'autres ?

— Non.

— Pourquoi?

— Dieu ne veut pas.

— Le 89 sortit au tirage suivant à Paris

La séance durait depuis vingt minutes. Je réveil-
lai ma somnambule. Avant d'avoir tout à fait secoué le sommeil magnétique, elle frottait ses m a ir s
l'une contre l'autre en disant : « ô mon Dieu, je ne
es sens plus.»

Je ne sais quelle créance on peut accorder à cette
femme magnétisée, quand elle se mêle de nous
donner les explications de ses visions étranges;
mais quand elle nous dit que les humains sont enveloppés de toutes parts de la pensée, de l'essence
de Dieu, et que c'est dans cette pensée qu'elle lit,
entend, voit tout ce que sa bouche nous traduit, je
me rappelle sainte Hildegarde essayant de nous
donner une idée de la manière dont elle percevait
les visions merveilleuses dont elle était gratifiée.

Il est difficile à l'homme charnel , dit-elle, de
comprendre comment les visions sont perçues. De-

puis mon enfance jusqu'à mon âge actuel de soixante-dix ans, je n'ai pas cessé de voir dans mon
âme la lumière que Dieu m'a donnée, mais je ne la
perçois pas avec les yeux du corps, ni par les pensées du cœur, ni par l'intermédiaire des cinq sens.

Toutefois les yeux du corps ne perdent pas plus
leur faculté visuelle auprès de cette lumière que les
autres sens leur activité. Car la lumière que je possède n'est point circonscrite dans l'espace, ni matérielle, mais elle est plus éclatante que celle de
l'astre du jour : je ne vois en elle ni profondeur, ni
longueur, ni largeur. On me dit qu'elle s'appelle
l'ombre de la lumière vivante; et de même que le
soleil, la lune et les étoiles se réfléchissent dans
l'eau, de même ce qui est écrit, ce qui est dit, les
qualités et les œuvres des hommes me deviennent
visibles en elle.

Ce que j'aperçois et apprends de cette intuition,
je le conserve longtemps; et je vois, je perçois, je
sais tout à la fois, comme en un clin d'œil, ce que
je dois savoir et apprendre. Mais ce que je ne contemple pas, je ne le sais pas non plus : car je suis
comme une personne qui n'a jamais reçu d'enseignement, et pour ce que je dois écrire de cette
lumière, je ne me sers d'autres paroles que de celles
que j'entends. Mais je n'entends pas ces paroles
comme celles qui rendent un son en sortant de la

bouche d'un homme, je les vois comme une flamme, comme une nuée lumineuse dans le pur éther. Je ne puis pas plus distinguer une forme dans cette lumière que je ne suis en état de regarder fixement le disque du soleil.

Outre cela, dans cette lumière, j'en vois quelquefois une autre dont il m'est dit qu'elle s'appelle *la lumière vivante.*

Cependant je ne la vois pas si souvent, et je puis moins exprimer son essence que celle de la première. Mais quand je la perçois, alors toute tristesse et toute peine sensible s'évanouissent pour moi, en sorte que je suis comme un enfant naïf, et non comme une vieille femme.

Mon âme n'est jamais privée de la première lumière, de l'ombre de la lumière vivante, et je la vois quelquefois de même qu'à travers un nuage transparent, je regarde le firmament sans étoiles, et que je contemple en lui ce que je dis de l'éclat de la lumière vivante.

Cette lumière vivante où tout se reflète, où tout vit, où tout s'agite, où tout se passe, si elle n'est pas encore la Divinité, certainement est déjà une image, une irradiation de l'essence, de la pensée, de la volonté de l'être essentiel.

Ce phénomène de vision est décrit aussi, par à

peu près, par cette pieuse stigmatisée, Anne Catherine Emmerich, qui nous a transmis des révélations si étonnantes; et il est décrit de cette sorte.

Pendant mon travail (elle veut parler des travaux de couture pour les pauvres et les malades auxquels elle s'occupait nuit et jour avec le plus grand zèle, quand ses souffrances le permettaient, pendant mon travail, j'ai des visions tellement continuelles, que je vois comme en songe courir le tranchant des ciseaux et que parfois il me semble que je coupe au beau milieu des objets dont je suis entourée dans la vision.

Ce qui m'entoure *réellement* est pour moi comme un rêve; tout s'y montre si trouble, si opaque et si décousu que c'est comme un songe informe du milieu duquel je regarde dans un monde lumineux, tout pénétré de clarté, où les choses bonnes et saintes réjouissent plus profondément parce qu'on voit comment elles viennent de Dieu et vont à Dieu.....

Cette vie dans laquelle rien ne fait obstacle, où il n'y a ni temps, ni espace, rien de matériel, rien de caché; cette vie, où tout parle et où tout reluit, apparaît si parfaite et si libre que la réalité aveugle, boiteuse et bégayante y semble un vain songe.

Sainte Thérèse aussi va nous donner quelque
éclaircissement sur la nature de cette lumière vivante, qui découvre d'admirables secrets aux vision-
naires.

Dans un passage de son livre sur le *Can-
tique des Cantiques*, parlant de l'union inexprimable
d'une sainte âme avec la Divinité, elle fait cette
remarque :

Il semble que l'âme, étant dans ces délices dont
nous avons parlé, se sent tout absorbée et en même
temps toute protégée par une certaine ombre et
comme par une nuée de la Divinité ; d'où lui viennent
des influences et une rosée si délicieuses, qu'elles
lui enlèvent, et avec raison, la fatigue que lui avaient
causée les choses du monde.

Quant à cette ombre de la Divinité, qu'elle est à
juste titre appelée ombre! Car ici-bas nous ne pouvons voir Dieu dans sa clarté, mais seulement dans
une nuée.

Ailleurs dans son Château intérieur, la même
sainte Thérèse, décrivant ce qui se passe dans l'âme
sujette aux phénomènes extra-naturels, nous dépeint
encore cette même lumière vivante et ses effets :

Je reviens, dit-elle, à ce ravissement si impétueux.

Il est tel qu'il semble que véritablement il sépare
l'esprit du corps. Néanmoins cette personne dont
j'ai parlé plus haut n'en est pas morte, mais elle ne
sait, durant quelques instants, si son âme anime ou
n'anime plus son corps. Il lui semble qu'elle est
dans une autre région entièrement différente de celle
où nous sommes; elle y voit une lumière incompa-
rablement plus brillante que toutes celles d'ici-bas
et elle se trouve instruite en un instant de tant de
choses merveilleuses, qu'elle n'aurait pu, avec tous
ses efforts, s'en imaginer, en plusieurs années, la
millième partie. Cela n'est point une vision intellectuelle, mais imaginaire, dans laquelle on voit plus
clairement des yeux de l'âme que l'on ne voit des
yeux du corps. On comprend aussi alors certaines
choses sans qu'il soit besoin de paroles pour les
faire entendre, et si l'on voit quelques saints, on les
reconnaît comme si l'on avait eu avec eux des rapports intimes dans le monde.

Plus loin, dans ce même Château intérieur, sainte
Thérèse est plus claire, plus explicite encore, témoin
le passage suivant :

Il arrive que l'âme étant en oraison et avec une
entière liberté de ses sens, Notre-Seigneur la fait entrer tout à coup dans une extase, où il lui découvre

de grands secrets qu'elle croit voir en Dieu même.
Quoique j'use de ce terme de voir, l'âme cependant
ne voit rien, parce que ce n'est pas ici une vision
imaginaire où la très sainte humanité de Jésus-
Christ lui soit représentée.

C'est une vision intellectuelle, qui fait connaître
à l'âme de quelle manière toutes les choses se voient
en Dieu, et comment elles sont toutes en lui. Cette
vision est très utile : malgré sa courte durée, qui
n'est que d'un moment, elle demeure profondément
gravée dans l'esprit, et donne une très grande confusion à l'âme par la manière si claire dont elle lui
fait voir la grandeur du péché, puisque, étant en
Dieu ainsi que nous y sommes, ce n'est pas seulement en sa présence, mais en lui-même que nous le
commettons.

Je le demande, peut-on mieux dire ? Tout est en
Dieu, tout est par Dieu, puisque même le mal, le
péché ne se passent pas en dehors de lui, ne pourraient sans lui être commis, n'ont de réalité que par
lui.

Qui donc verrait Dieu, cette volonté souveraine,
combinant incessamment chacune des choses de la
nature, en un clin d'œil verrait en elle tout le problème du monde.

Quoi d'étonnant après cela que la lucidité accordée à certaines âmes privilégiées, qui ont aperçu quelques rayons de cette lumière ambiante, volonté vivante, dans laquelle tout est plongé, conservé.

Cette lucidité, cette clairvoyance est une preuve de la justesse de notre raison, quand elle nous amène à conclure, comme nous venons de le faire au commencement de ce chapitre, à l'existence d'une volonté puissante, immatérielle, infiniment au-dessus de la nôtre, causée par aucune autre volonté, qui est à elle-même sa fin, mais qui est la raison de tout ce qui n'est pas elle, qui illumine, vivifie absolument toutes choses.

Nous l'avons dit dans les premières pages de ce livre, sans l'homme, sans sa pensée, sans sa volonté, le monde matériel serait morne, terne, silencieux, sans symétrie, sans proportion ; cette volonté est comme le phare projecteur, qui en un instant, lorsqu'il se porte sur lui, l'inonde de clartés, le revêt de mille nuances, de mille beautés.

A cette heure, à la fin de ce second chapitre, nous avons fait un pas de plus, nous pouvons dire que cette lumière de la volonté humaine n'est qu'une lumière d'emprunt, qui puise en une autre source qu'elle-même toutes ses forces, qui ne répand le vrai, le beau, le bien, l'ordre, la morale sur la nature visible qu'elle embrasse, que parce qu'elle-même n'est qu'un réservoir où se concentre une certaine participation du vrai, du beau, du bien, de l'ordre, de la morale absolus qui sont Dieu, volonté suprême.

Dieu, en un mot, est le grand foyer toujours ardent, essentiellement actif, agissant, où s'allument les petites lumières, les petites flammes qui sont les âmes humaines : foyers, lumières, flammes non matériels, grossiers comme un feu terrestre, mais d'une nature qui échappe à notre perception. nature qui n'est autre que la nature même de notre âme, que la nature même de la Divinité.

CHAPITRE III

Nous sommes arrivés et par le raisonnement et par l'expérience à constater dans le monde l'existence de deux sortes d'êtres extra-matériels, principes d'unité, d'harmonie pour les molécules matérielles, eux-mêmes par suite essentiellement simples, coordonant les corps inertes, résultats de molécules, pour leur faire produire des mouvements proportionnés à une fin ; ces deux sortes d'êtres extra-matériels sont donc par nature des forces, des puissances.

Dieu et les âmes humaines, nous le savons maintenant, sont d'essences spirituelles, sans composition, ni inertie, principes d'action par elles-mêmes; ce sont les deux forces agissantes dans l'univers.

Mais poursuivons nos recherches, tâchons de découvrir si d'autres créatures, volontés par essence, spirituelles, n'existeraient pas.

Nous n'avons que deux voies pour aboutir dans

cette tâche : ou interroger Dieu, vers qui tout revient comme premier auteur, comme créateur, ou consulter les faits, nous baser sur l'expérience.

A la question posée au Maître des maîtres — à côté des âmes humaines existe-t-il d'autres âmes intellectuelles, volontaires, spirituelles? — il a été répondu maintes et maintes fois dans les Ecritures saintes, paroles de la Divinité.

Nous apprenons par elles au psaume trente-trois que :

L'Ange du Seigneur environnera ceux qui le craignent, et il les délivrera de tous leurs maux.

Au psaume 90 on entend ces mots :

Parce que vous avez dit à Dieu : Seigneur, vous êtes mon espérance; et que vous avez choisi le Très-Haut pour votre refuge : le mal qu'il envoie aux pécheurs ne viendra pas jusqu'à vous; et les fléaux dont il frappe les méchants, n'approcheront point de votre tente; car il a commandé à ses Anges de vous garder dans toutes vos voies. Ils vous porteront dans leurs mains, de peur que vous ne heurtiez votre pied contre quelque pierre.

Au psaume 102 nous lisons :

Le Seigneur a préparé son trône dans le ciel pour juger le monde; alors toutes choses seront assujetties à son empire, et il rendra à chacun selon ses œuvres. Bénissez-en le Seigneur, vous tous qui êtes ses anges, qui êtes puissants et remplis de force, qui faites ce qu'il vous dit, pour obéir à sa voix et à ses ordres. Bénissez tous le Seigneur, vous qui composez ses armées célestes, qui êtes ses ministres, et qui faites sa volonté. Enfin que tous les ouvrages du Seigneur le bénissent dans tous les lieux de son empire; et vous, mon âme, bénissez aussi le Seigneur.

Ailleurs le psalmiste s'adressant à Dieu, s'exprime comme il suit :

Vous êtes revêtu de la lumière comme d'un vêtement; et vous étendez le ciel comme une tente. C'est vous qui couvrez d'eaux sa partie la plus élevée, qui montez sur les nuées, et qui marchez sur les ailes des vents; qui rendez vos anges aussi légers que les vents, et vos ministres aussi prompts et actifs que des flammes ardentes.

Isaïe nous raconte cette vision :

L'année de la mort du roi Ozias, je vis le Seigneur sous la figure d'un homme, assis sur un trône sublime et élevé; et le bas de ses vêtements remplissait le temple tant ils étaient amples et magnifiques. Les séraphins étaient autour du trône : ils avaient chacun six ailes, deux dont ils voilaient leur face, deux dont ils voilaient leurs pieds, et deux autres dont ils volaient. Ils criaient l'un à l'autre, et ils disaient : Saint, saint, saint est le Seigneur, le Dieu des armées, etc.

Jésus-Christ disait à ses disciples :

— Le royaume des cieux est semblable à un filet jeté dans la mer, qui prend toutes sortes de poissons ; et, lorsqu'il est plein, les pêcheurs le tirent sur le bord du rivage, où s'étant assis, ils mettent ensemble tous les bons dans des vaisseaux, et ils jettent dehors les mauvais. Il en sera de même à la fin du monde : les anges viendront, et ils sépareront les méchants du milieu des justes.

— Croyez-vous, disait encore Jésus-Christ, que j'aie besoin de votre secours ? et pensez-vous que je ne puisse pas prier mon Père, et qu'il ne me donnerait pas aussitôt plus de douze légions d'anges, pour m'arracher des mains de ces faibles ennemis ?

Ces anges dont les Ecritures nous affirment l'existence, comme créatures capables de vouloir, d'aimer, comme assistant le Très-Haut, se sont révélés aux hommes.

On connaît les histoires des anges devant qui se prosterna Abraham, des anges qui sauvèrent Lot. Un ange parle à Jacob. Un ange apparaît à Moïse dans le buisson. Un ange conduit le peuple d'Israël dans le désert, etc., etc.

Un ange se montre à Marie, aux bergers, à Jésus-Christ dans son agonie, aux disciples, etc., etc.

Tous ces faits consignés dans les Ecritures nous

donnent la certitude de l'existence d'êtres spirituels, ministres de la puissance divine, occupés à louer le Seigneur, et à protéger les bons. Ils aiment le bien, ils servent le bien ; ces anges, comme on les appelle, sont les bons anges.

Fouillons encore les Ecritures sacrées.

Job nous raconte ce qui lui arriva :

Une image inconnue s'arrêta devant mes yeux, dit-il, et j'entendis sa voix comme un léger souffle : — L'homme sera-t-il justifié devant Dieu ? sera-t-il pur devant son créateur ? Ceux qui étaient ses ministres dans le ciel, n'ont pas été stables en sa présence ; et il a trouvé du dérèglement jusque dans ses anges.

Saint Jean dans son Évangile nous apprend que Jésus-Christ disait aux Juifs :

— Vous n'êtes point les enfants de Dieu, mais vous êtes les enfants du diable, et vous ne voulez qu'accomplir les désirs de votre père. Il a été homicide dès le commencement du monde. Et de plus, il n'est point demeuré dans la vérité, parce que la vérité n'est point en lui : de sorte que lorsqu'il dit des mensonges, il dit ce qu'il trouve en lui-même ; car il est menteur et le père du mensonge.

Dans une autre circonstance Jésus-Christ parlant à ses disciples leur disait :

— Je n'ai plus guère de temps à m'entretenir avec vous, car voilà le prince de ce monde qui vient exercer sur moi toute la cruauté de son empire, et cependant il n'y a rien en moi qui lui appartienne.

Saint Pierre écrivait aux fidèles :

— Soyez sobres et veillez, car le démon, votre ennemi, tourne autour de vous comme un lion rugissant, cherchant qui il pourra dévorer.

Jésus-Christ avait envoyé les soixante-douze disciples prêcher la bonne nouvelle du salut.

Or, nous dit saint Luc, les soixante-douze disciples s'en revinrent pleins de joie du succès de leur mission, disant à Jésus :

— Seigneur, les démons mêmes nous sont assujettis, lorsque nous leur parlons en votre nom.

Jésus leur répondit :

— Je voyais au commencement du monde Satan tomber du ciel comme un éclair, en punition de la vaine complaisance qu'il avait eue dans les dons dont Dieu l'avait enrichi. Prenez donc aussi garde à vous.

Vous voyez que je vous ai donné le pouvoir de fouler aux pieds les serpents et les scorpions, et toute la puissance de l'ennemi de votre salut; et rien ne pourra vous nuire. Néanmoins ne vous glorifiez point de cet avantage, et ne mettez point votre joie

5.

ce que les malins esprits vous sont soumis, mais
réjouissez-vous plutôt de ce que vos noms sont écrits
dans le ciel.

Je pourrais donner une foule d'autres passages, où
est affirmée l'existence de malins esprits ; je me
contenterai de rappeler ces faits que tout le monde
connaît :

L'histoire de la tentation d'Eve par le démon
caché sous la forme d'un serpent, celle de Jésus-
Christ tenté dans le désert par Satan, celle des
possédés délivrés des griffes du diable par la
puissance du Sauveur.

Je pourrais raconter cet épisode de la vie de saint
Pierre s'adressant à Ananie, et lui disant :

— Ananie, comment Satan vous a-t-il tenté,
jusqu'à vous faire mentir au Saint-Esprit, et vous
porter à détourner une partie du prix de ce fonds de
terre que vous feignez d'apporter ici tout entier ?

Mais ces quelques faits, ces citations suffisent
amplement pour nous convaincre qu'il est une sorte
d'anges, déchus de leur bonté native, chassés du
ciel, tout pétris de malice, de méchanceté, dont la
haine et l'envie les portent à nous inspirer de méchantes actions, telles que la désobéissance à Dieu,
voire même le blasphême et la révolte ouverte contre son autorité.

Cette conviction s'appuie sur la certitude qu'ont

pour nous les saintes Écritures, certitude qui a pour fondement la parole même de Dieu, certitude qui par suite est inébranlable, sûre, ferme comme l'évidence.

Nous pouvons à côté de cette foi religieuse, nous faire sur les anges bons et mauvais une assurance tout humaine, n'ayant d'autre base que notre propre expérience, assurance qui nous amènera à admettre qu'au-dessus de nous, que tout autour de vous, invisibles, mais souverainement agissant, pullulent des êtres intelligents, volontaires de volontés substantielles, ministres et adorateurs de Dieu pour une partie, effrontés contempteurs de ce même Dieu pour une autre partie.

Tous les siècles depuis la création du monde sont remplis de manifestations des esprits bons et mauvais. Je n'irai pas chercher le témoignage des siècles passés, nos temps récents depuis l'année 1800 sont assez riches en faits incontestables pour asseoir notre créance.

Et d'abord les bons anges n'ont pas manqué d'y montrer qu'ils s'occupaient de nous et que nos petites affaires leur étaient à sollicitude.

On peut s'en convaincre par le fait suivant, arrivé hier, pour ainsi dire, et qui s'est passé en Amérique.

Il a eu pour héros un Jésuite français, le R. P.

Charles Charroppin. Ce missionnaire était parti de Saint-Louis du Missouri (Etats-Unis) avec quatre savants professeurs de cette ville, MM. Pritchett, Nipher, Engler et Valler, pour aller étudier l'éclipse de soleil qui devait se produire le 1er janvier 1889. Après un trajet de cinq jours et cinq nuits en chemin de fer, ils arrivèrent à Norman, lieu choisi pour les opérations, non loin de San-Francisco.

« Nous étions cinq astronomes, raconte le R. P. Charroppin; seul j'étais catholique, mes compagnons étaient protestants, mais c'étaient de parfaits gentilshommes, de sorte que l'expédition fut des plus agréables.

» Arrivés à Norman, cinq jours seulement restaient pour les préparatifs. Nous avions à déterminer d'une manière exacte notre latitude et notre longitude, et ceci ne pouvait être fait que par l'observation des étoiles, de sorte que nous travaillions jour et nuit, et ce fut seulement la veille de l'éclipse que notre horloge astronomique put marcher.

» Mais ce soir là, le temps commença à être nuageux, toutes les probabilités indiquaient un temps semblable pou. le lendemain, 1er janvier. Les astronomes étaient découragés. Nos préparatifs étaient complets, mais un simple nuage pouvait rendre inutiles tous nos efforts.

» Le premier contact devait avoir lieu, suivant

nos calculs, à midi douze minutes quinze secondes, et la totalité de l'éclipse environ une heure et demie après. Le souper fini, on alluma les cigares, on discuta sur les chances du lendemain. Pas une étoile ne perçait les nuages et mes compagnons étaient presque au désespoir. Je les rassurai en leur promettant que nous aurions deux minutes de soleil pendant la totalité.

Le professeur Pritchett me demande :

» — Père, êtes-vous prophète ?

» — Ni prophète, ni fils de prophète, répondis-je.

» — Comment pouvez-vous être si assuré ?

» — Je me sens assuré, mais, quelque positives
» que soient mes raisons, vous ne pourrez ni les
» croire, ni les comprendre.

» — Veuillez nous les dire, demandèrent-ils tous
» ensemble.

» — Eh bien, répondis-je; nous avons au ciel une
» bonne Mère, que vous, protestants, ne connaissez
» pas; elle est pleine de puissance auprès de Dieu
» et aime tendrement ceux qui l'honorent. Quand je
» désire beaucoup obtenir une faveur, je fais prier
» avec moi un grand nombre de ses enfants et elle
» ne refuse jamais. Il y a maintenant à Saint-Louis
» des centaines de saintes religieuses et d'innocents
» enfants qui lui disent : « Chère Mère, donnez au
» Père Charroppin deux minutes de soleil, » et ces

» deux minutes je suis certain de les avoir, parce
» qu'elle est une bonne Mère.

» Tous se mirent à rire d'un air incrédule et M.
Pritchett s'écria :

» — Père, je voudrais avoir votre foi. Mais, puisque vous êtes si certain, consentiriez-vous à aller à
pied d'ici à Ogden dans le cas où le temps serait
nuageux demain ?

» — Certainement, car j'ai servi la Mère de Dieu
» toute ma vie, elle ne me laissera pas faire 800
» kilomètres à pied.

» — Consentez-vous à signer un contrat à cet effet?

» — Je signerai votre contrat si vous signez le mien.

» — Et quel est-il ?

» — Si le temps est nuageux, j'irai à Ogden à
» pied; mais, si nous avons un beau soleil, vous
» vous engagez, de votre côté, à vous mettre à ge-
» noux et à reconnaître la providence de Dieu et la
» protection de la Vierge Marie. »

» Tous acceptèrent.

» Le professeur Nipher remarqua :

» — En supposant que le soleil se laisse entrevoir à travers les nuages ou que nous ayons un
temps brumeux, insuffisant pour l'observation, pré-
tendez-vous avoir gagné ?

» — Nous aurons un beau soleil; mais souvenez-
» vous que j'ai demandé seulement deux minutes

» de soleil. Vous perdrez le premier contact à cause
» des nuages, mais je suis certain d'un soleil clair
» et beau pour la totalité.

» Le matin suivant, jour de l'éclipse, le ciel entier
était couvert de nuages. Le déjeuner fut servi, mais
resta intact; les astronomes étaient désolés. A dix
heures, tout espoir semblait perdu. Je me retirai et
je récitai tout mon rosaire en disant :

» — Vierge bénie, bonne Mère, votre honneur est
en jeu, ne permettez pas que ces hérétiques puissent dire que vous n'avez pas de pouvoir.

» Le temps du premier contact arriva, et il fut perdu à cause des nuages. Les astronomes étaient dé-
sespérés. Je les pressai encore de prendre leur poste,
chacun à son instrument, leur disant que les nuages
se disperseraient quand le moment solennel serait
arrivé. Alors monsieur Nipher répliqua :

Espérez-vous que les anges balaieront les nuages ?

» — C'est justement ce que j'espère.

» — Prendrez-vous les anges sur votre photogra-
phie ?

» — Les anges ne laisseront nulle impression sur
la plaque sensible; ils seront là sans aucun doute.

» La lune s'avançait devant le soleil, l'obscurité
devenait sensible; la scène était imposante et avait
quelque chose d'effrayant.

» Juste dix minutes avant la totalité, les nuages

s'ouvrirent. Ce fut une explosion de joie : Vénus,
Jupiter, Mars et Mercure, tout près du soleil, brillaient avec éclat. Un petit croissant du soleil restait
encore, et la nature semblait dans un deuil profond.
Une lumière verdâtre donnait un étrange aspect aux
montagnes environnantes. Enfin la dernière trainée
lumineuse disparut et la couronne se montra à nos
yeux dans toute sa grandeur et sa gloire. Une éclipse
totale est certainement la scène la plus sublime de
la nature. L'éclipse dura exactement deux minutes;
c'était un succès parfait. Aussitôt que tout fut fini,
les professeurs coururent à moi, me serrant la main.
M. Pritchett me dit :

» *Nous serons tous catholiques, nous croyons main-*
» *tenant à la protection de la Mère de Dieu; ceci est*
» *évidemment son œuvre.*

» Et tandis qu'il parlait, les nuages couvrirent de
nouveau le soleil.

» Je me remis ensuite à l'ouvrage pour développer mes photographies, qui se trouvèrent parfaitement réussies. Le souper était servi lorsque j'étais
encore dans ma chambre obscure, je dis à mes compagnons de ne pas m'attendre, parce que je ne
serais pas prêt avant une heure. Tous répondirent
qu'ils ne mangeraient pas avant que j'eusse béni la
table, et le souper fut renvoyé à la cuisine.

» Après souper, je leur rappelai qu'une des

parties du contrat restait à remplir. Tous se mirent
à genoux, et nous remerciâmes en commun la Bien-
heureuse Vierge Marie pour son étonnante protection. M. Nipher avoua que c'était la première fois
qu'il se mettait à genoux. Le jour suivant, à la nuit,
nous arrivâmes à San-Francisco...

» Nous sommes rentrés à St-Louis. Le professeur
Pritchett me visite souvent; c'est un noble caractère
et j'espère en faire un catholique avant longtemps. »

Et voilà comment, en s'imposant un déplacement
de 2500 lieues pour aller photographier une éclipse
de soleil, un Jésuite astronome aura (résultat infiniment plus précieux!) mis une âme sur le chemin,
qui mène à Dieu.

Mon Dieu, comme dans ces faits de manifestations extra naturelles chacun peut apporter sa
propre expérience, on me permettra de donner
quelque chose de tout à fait inédit.

C'était l'hiver dernier; j'avais été passer la soirée
dans une famille, et vers les neuf heures je demandai la permission de me retirer. Un des membres de
cette famille s'empressa près de moi, me suivit
jusqu'au porte-manteau où j'avais accroché ma
douillette, et, malgré mes récriminations, voulut
absolument me faire un bout de conduite.

En somme j'en étais très honoré, très fier, car ce

monsieur m'avait charmé et intéressé pendant notre
conversation précédente. C'était un homme instruit,
à l'esprit cultivé, tout plein de son métier millitaire,
qui lui donnait mille promesses d'un brillant avenir :
jeune encore il venait d'être nommé commandant
et était très apprécié de ses supérieurs à cause de
ses connaissances sur l'histoire de la stratégie millitaire. Ce n'était pas un homme resté même dans
la bonne moyenne des capacités, il émergeait de la
foule de ses semblables, et j'écoutais ravi sa parole
abondante et facile.

On parla de tout, de religion, cela va sans dire,
du mal qu'elle cause à la société actuelle par l'absence même de sa prépondérance. L'officier était à
l'aise sur un tel sujet, car il a gardé la foi de ses
pères appuyée sur une vie toute de loyauté et d'hon-
nêteté. Il se laissa aller à ses souvenirs, il me raconta complaisamment, avec bonheur, les histoires
pieuses, au milieu desquelles il avait coulé sa vie,
qui avaient nourri son âme.

En voici une :

Dans une de mes dernières garnisons, me dit-il,
sur nos côtes de l'Ouest, j'étais en des rapports assez
suivis avec l'établissement des Petites Sœurs des
Pauvres de l'endroit ; j'aimais à aller parfois causer
avec la mère supérieure, femme du monde d'une
parfaite éducation, qui portait de plus en elle ce

cachet de douce simplicité et d'humilité, fruits de la culture des vertus chrétiennes. J'étais par elle au courant de tous les petits faits édifiants qui se passaient dans sa maison. Un jour elle me conta celui-ci :

Dieu est bien bon pour nous, et vraiment jamais nous ne saurions entourer de trop de sollicitudes et de soins ces vieillards en faveur de qui il ne dédaigne pas d'intervenir d'une manière tout à fait surprenante.

Ecoutez :

La semaine dernière j'étais à bout de ressources ; un matin je constatais qu'il ne me restait plus un sou dans la caisse, et, en consultant mes livres, je vis avec angoisse, que, le lendemain, il m'arriverait une traite de cent francs, qu'il me faudrait absolument payer.

J'appelle deux de mes Sœurs, et, sans leur faire part de ma peine, je leur dis :

— Aujourd'hui vous allez quitter la maison ; vous quêterez par la ville aux portes des gens que vous savez charitables ; mais rappellez-vous que vous ne devez pas rentrer ce soir, que vous n'ayez cent francs de recette. Allez et que Dieu bénisse vos fatigues.

Soumis ces deux braves cœurs s'en allèrent sans mot dire, sans se permettre la moindre réflexion. Et cependant le temps n'était guère engageant pour une sortie : un froid terrible, de la neige tombant à flocons, un ciel triste, gris.

Elles marchèrent tout le long du jour, s'arrêtant de-ci, de-là aux maisons, quémandant doucement la charité pour leurs pauvres vieillards. On leur donnait ou ne leur donnait pas; elles se retiraient bénissant Dieu toujours acceptant la peine et les refus comme une expiation de leur fautes.

Mais à cette époque de l'année les jours sont courts. Les deux Sœurs avaient parcouru la ville, pataugeant dans la neige, toujours allant ne stationnant nulle part.

La nuit survint. Elles se trouvèrent au delà des maisons, n'ayant plus devant elles que la rase campagne, blanche à perte de vue sous son manteau de neige. Elles firent une petite halte, comptèrent la monnaie ramassée : juste quatre-vingt francs ; il leur manquait vingt francs, et la mère avait dit rappelez vous bien que vous ne devez pas rentrer ce soir, que vous n'ayez cent francs de recettes.

Que faire ?

Elles étaient harassées de fatigue; le froid piquant les pénétrait, raidissait leurs membres; plus de maison où aller frapper; du reste c'était le désert tout autour d'elles, tous les habitants s'étaient soigneusement calfeutrés chez eux.

— Retournons, dit la plus jeune des deux Sœurs,

nous avons travaillé autant que nous avons pu, il n'y a plus aucun espoir de trouver la somme qui nous manque, notre mère ne pourra rien nous reprocher.

Et la pauvre petite Sœur, transie de froid, ramassée sur elle-même, regardait d'un œil suppliant sa compagne, de qui dépendait la continuation ou la fin de sa torture.

— Non, ma Sœur, nous ne retournerons pas à la maison. Certes, notre mère ne nous ferait pas de reproche, mais elle nous a dit de rapporter cent francs et de ne pas revenir sans les avoir, l'obéissance est là, tant pis pour nous, arrive que voudra. Plus loin, à quelques kilomètres d'ici je sais un village où se trouvent quelques âmes charitables. Pas de faiblesse, ma Sœur, notre vœu d'obéissance nous tient, nous guide; que pouvons-nous craindre? c'est Dieu et les pauvres que nous servons.

Héroïques femmes !

Elles se remettent en route, elles enfoncent dans la neige non foulée du grand chemin, le vent âpre leur cingle la figure, elles avancent avec mille peines; la petite n'en peut plus, de ses yeux coulent quelques larmes, que lui arrache la souffrance.

Les voilà bien maintenant toutes seules, les deux frêles créatures; leurs silhouettes grises se détachent vivement sur le blanc immaculé de la route; nul regard humain pour soutenir leur courage.

O incrédules ! vous haussez les épaules, vous raillez ces faibles femmes, fanatisées par l'enseignement des prêtres; arrêtez vos moqueries. Regardez :

D'une touffe de buisson blanc de givre et de neige, un enfant vient de sortir. C'est un garçon d'une dizaine d'années, il s'est avancé vivement au-devant des deux religieuses au beau milieu de la la route; son visage est gai, il sourit, ses yeux bien fendus, beaux expriment le contentement, le bonheur; il est mis simplement, mais ses vêtements sont propres. Il s'arrête près des deux femmes, les salue, tend son bras et laisse tomber dans la main de la Sœur plus âgée une pièce de monnaie; il salue de nouveau, quitte la route et se perd derrière le même buisson.

Cette apparition soudaine n'avait duré que le temps d'une minute, mais elle avait tellement stupéfié les deux saintes femmes, qu'elles ne se parlaient pas, qu'elles restaient immobiles, incapables, sur le coup, de se rendre compte de ce qui venait de se passer.

Enfin, ce moment de trouble cesse, elles regardent, la pièce de monnaie qui venait de leur être remise; c'était une pièce de vingt francs, juste la somme qui leur manquait !

Folles de joie, de surprise, elles courent au buisson;

elles en font le tour, le sondent, vainement ; le jeune garçon a disparu.

Alors elles tombent à genoux, dans la neige, et elles remercient fervemment le Dieu des pauvres, car elles ne doutent pas que c'est lui qui leur a envoyé un de ses anges, pour les tirer d'embarras et les récompenser de leur foi et de leur courage.

N'est-il pas consolant, absolument réconfortant de nous sentir ainsi entourés, veillés par une multitude d'esprits bienveillants, qui nous voient, qui nous entendent, qui accourent à notre secours, à nos cris de détresse? Ne serions-nous pas en droit de nous reposer sur eux du soin de notre conservation morale et physique, comme des enfants sous les yeux vigilants de leurs mères? Malheureusement notre part d'action, de surveillance doit être très grande, car les faits vont nous apprendre que d'autres esprits, malins ceux-là, rôdent autour de nous, s'infiltrent en nous, semblent même avoir sur notre fragilité une influence prépondérante à celle des bons anges. Nous paraissons être à leur merci, et ce n'est que, quand par des efforts violents et fermes de notre volonté nous savons leur résister, alors apparaît le ministère efficace des bons anges qui s'empressent à notre aide.

On ne niera pas cette assertion, lorsqu'on aura

constaté combien plus nombreuses, plus fortes,
plus effrayantes sont les manifestations diaboliques
en regard des interventions angéliques. Nous en
sommes réduits par cette abondance de faits, où se
montre l'action du démon, à n'en choisir qu'un
nombre très restreint, et non sans doute des plus
probants, des plus frappants.

Le saint curé d'Ars, monsieur Vianney, a raconté
ce qui suit :

La première fois que le démon est venu me tourmenter, c'était à neuf heures du soir, au moment
où j'allais me mettre au lit. Trois grands coups re-
tentirent à la porte de ma cour, comme si on avait
voulu l'enfoncer avec une énorme massue. J'ouvris
aussitôt ma fenêtre et je demandai : Qui est là ?...
Mais je ne vis rien, et j'allai tranquillement me coucher, en me recommandant à Dieu, à la très sainte
Vierge et à mon bon ange. Je n'étais pas endormi
que trois autres coups plus violents, frappés non
plus à la porte extérieure, mais à celle de la montée
d'escalier qui conduit à ma chambre, me firent tres-
saillir. Je me levai et m'écriai une seconde fois :
Qui est là ?... Personne ne répondit. Lorsque le
bruit commença, je m'imaginai que c'étaient des voleurs qui en voulaient aux beaux ornements de M. le
vicomte d'Ars, et je crus qu'il était bon de prendre

des précautions. Je priai deux hommes courageux
de venir coucher à la cure pour me prêter main
forte en cas de besoin. Ils vinrent plusieurs nuits de
suite ; ils entendirent le bruit, mais ne découvrirent
rien et demeurèrent convaincus que ce vacarme avait
une autre cause que la malveillance des hommes.
J'en acquis moi-même bientôt la certitude ; car, pendant une nuit d'hiver qu'il était tombé beaucoup de
neige, trois énormes coups se firent entendre au
milieu de la nuit. Je sautai précipitamment au bas de
mon lit, et descendis jusque dans la cour , pensant
trouver cette fois les malfaiteurs en fuite et me
proposant d'appeler du secours. Mais, à mon grand
étonnement, je n'entendis rien, je ne vis rien ; et,
qui plus est, je ne découvris sur la neige aucune
trace de pas. Je ne doutai plus alors que ce ne fût
le démon qui voulait m'effrayer. Je m'abandonnai
à la volonté de Dieu, le priant d'être mon défenseur
et mon gardien, et de s'approcher de moi avec ses
saints anges, quand mon ennemi viendrait de nouveau me tenter (*Vie du curé d'Ars*, III, 2.)

A partir de ce moment le saint homme fut en butte
à une foule de taquineries et de mauvais traitements de la part du diable ; il faut lire sa vie
pour en voir le détail. Je rapporterai pourtant encore ce trait inséré dans le sommaire du procès

entrepris pour la béatification du saint curé.

Un brigadier de gendarmerie, plongé dans un abîme de douleur, vint à Ars en 1842, sans être encore déterminé à profiter de l'affliction qui l'accablait pour se jeter dans les bras de Dieu, et chercher dans son sein paternel l'adoucissement de ses maux. S'étant levé vers minuit, il trouva l'église fermée. Tourmenté par l'ennui et la tristesse, il alla faire quelques pas autour du presbytère. Tout à coup il entendit une voix forte et stridente s'écrier: « Vianney ! Vianney ! viens donc, viens donc. » L'horrible timbre de cette voix glace d'effroi ce brave militaire. Pendant qu'il revient sur ses pas pour retourner à la porte de l'église, il entend encore les mêmes cris. M. le curé paraît, portant une petite lumière à la main, et la voix effrayante retentit pour la troisième fois. Le brigadier, ému, s'avance au-devant du serviteur de Dieu, et lui dit : « M. le curé, il y a ici quelqu'un qui vous menace, je viens d'entendre du tumulte. « Tranquillisez-vous, lui répondit M. Vianney en le prenant par la main, ce n'est rien, c'est le *grappin* qui fait du vacarme. » Il introduisit ce bon militaire dans la sacristie, et l'état d'émotion, où il se trouvait, ne contribua pas peu à le mettre en grâce avec Dieu. C'est ainsi que par un dessein particulier de la divine miséricorde, le démon l'aidait à convertir les pécheurs.

C'est le brigadier lui-même, dit sous la foi du serment le frère Athanase, religieux de la Sainte-Famille, qui m'a fait ce récit. Je voulus en conférer avec le serviteur de Dieu et m'assurer de son exactitude, M. Vianney me répondit: « C'est vrai, ce bon gendarme avait bien peur : il tremblait... »

Ecoutons à présent l'étrange et véridique récit qui a couru tous les journaux au premier jour de son apparition. Il est authentique, car, avant de le publier, dit la Semaine de Grenoble, nous avons voulu en connaître et en posséder toutes les preuves. Le P. Jandel lui-même l'a raconté à plusieurs témoins dont les dépositions sont entre nos mains.

Cette intervention personnelle de Satan au milieu des loges maçonniques n'est pas, du reste, un fait isolé. Bien souvent déjà les feuilles religieuses et les ouvrages chrétiens l'avaient constatée. A Lyon, en particulier, cette action diabolique s'est fréquemment fait sentir, et la ville, pourtant si chrétienne, aimée et bénie par la Vierge de Fourvière, est encore aujourd'hui le théâtre d'apparitions infernales, de scènes effrayantes où se commettent les plus horribles sacrilèges, où les saintes hosties consacrées sont l'objet d'épouvantables profanations !

Le P. Jandel, dominicain, prêchant à Lyon, fut pressé par un mouvement intérieur d'enseigner aux fidèles la vertu du signe de la croix; il ne résista point à cette inspiration et prêcha.

Au sortir de la cathédrale, il fut rejoint par un homme, qui lui dit :

— Monsieur, croyez vous à ce que vous venez d'enseigner ?

— Si je n'y croyais pas, je ne l'enseignerais pas, répondit-il; je n'enseigne que ce que je crois. La vertu du signe de la croix est reconnue par l'Eglise; je tiens pour certaine la vertu du signe de la croix.

— Vraiment.., répond son interlocuteur étonné... Vous croyez ? Eh bien ! moi, je suis franc-maçon, et je ne crois pas ; mais parce que je suis profondément surpris de ce que vous nous avez enseigné, je viens vous proposer de mettre à l'épreuve le signe de la croix. Tous les soirs, nous nous réunissons dans telle rue, à tel numéro, le démon vient lui-même présider la séance. Venez ce soir avec moi. Nous nous tiendrons à la porte de la salle ; vous ferez le signe de la croix sur l'assemblée, et je verrai bien si ce que vous nous avez dit est vrai.

— Je crois au signe de la croix, ajoute le P. Jandel, mais je ne puis, sans y avoir mûrement pensé, mettre à l'épreuve ma foi. Donnez-moi trois jours pour réfléchir.

— Quand vous voudrez éprouver votre foi, je suis à vos ordres !... reprend encore le franc-maçon, et il donne son adresse au dominicain.

Le P. Jandel se rendit aussitôt auprès de Mgr de Bonald et lui demanda s'il devait accepter ce défi au nom de la croix.

L'archevêque réunit quelques théologiens et discuta longtemps avec eux le pour et le contre de cette démarche. Enfin tous finirent par être d'avis que le P. Jandel devait accepter : « Allez, mon fils, lui dit alors Mgr de Bonal en le bénissant, et que Dieu soit avec vous ! »

Quarante-huit heures restaient au P. Jandel ; il les passa à prier, à se mortifier, à se recommander aux prières de ses amis ; et, vers le soir du jour qui avait été désigné, il alla frapper à la porte du franc-maçon.

Le franc-maçon l'attendait. Rien ne pouvait révéler le religieux : il était vêtu d'un habit laïc, seulement il avait caché une grande croix sous cet habit.

Ils partent et arrivent bientôt dans une grande salle, meublée avec beaucoup de luxe et si brillamment éclairée que les yeux en étaient éblouis.

Ils s'arrêtent à la porte... Peu à peu la salle se remplit et tous les sièges allaient être occupés, lorsque le démon apparaît.

L'introducteur du R. Père lui dit : Le voilà ! Et

aussitôt tirant de sa poitrine le crucifix qui y était caché, le R. P. Jandel l'élève de ses deux mains, en formant sur l'assistance le signe de la croix.

Un coup de foudre n'aurait pas eu un résultat plus inattendu, plus subit, plus éclatant!...

Les bougies s'éteignent, les sièges tombent renversés les uns sur les autres, tous les assistants s'enfuient.

Le franc-maçon entraîne le P. Jandel, et, quand ils sont bien loin, sans pouvoir se rendre compte de la manière dont ils ont échappé aux ténèbres et à la confusion, l'adepte de Satan se précipite aux genoux du prêtre :

— Je crois, lui dit-il, je crois! Priez pour moi! Convertissez-moi! Entendez-moi!

Le P. Jandel n'a pas nommé ce franc-maçon, qui a mené jusqu'à la fin de sa vie la conduite la plus édifiante.

Les loges maçonniques nous fournissent de nombreux exemples, où apparaît indubitablement que leur vrai chef est le diable en personne. Les exemples sont rapportés par des gens d'une honorabilité et d'une prudence incontestables.

J'en citerai deux, en laissant parler leur narrateur, l'abbé Saillard :

Un officier français, jeune encore, affilié déjà à la franc-maçonnerie, allait prononcer ses derniers serments et recevoir la dernière initiation dans une arrière-loge. Les frères étaient réunis pour la lugubre cérémonie, lorsque tout à coup, sous la forme humaine, apparaît le démon, les portes et les fenêtres étant soigneusement fermées.

A cette vue, le jeune homme est bouleversé et il se dit que puisque le démon existe, Dieu doit exister aussi. La pensée de la justice divine se présente en même temps à son esprit effrayé, et il n'ose aller plus loin : la miséricorde infinie l'attendait à ce moment, et la grâce touchait son cœur.

Il se convertit, quitta l'armée et entra dans le noviciat d'un ordre religieux. Ordonné prêtre, il consacra de longues années aux travaux des missions étrangères. Il revint en France où il a été supérieur d'une communauté, pendant quelque temps. Il vit encore et a raconté lui-même le fait au R. P. Jourdan de la Passardière, supérieur des oratoriens de Saint-Philippe de Néri.

Nous avons eu l'honneur de voir le R. P. Jourdan de la Passardière à l'occasion du trente-troisième anniversaire de Notre-Dame de la Salette. L'éminent prédicateur nous a donné connaissance du fait, nous autorisant à le publier et à nous servir de son nom. Il nous a donné aussi le nom du religieux en question, mais nos lecteurs comprendront que nous devons le taire, en ces jours d'indigne persécution.

M. Récamier, médecin très célèbre, et en même temps très chrétien, désira un jour assister à une réunion d'une arrière-loge maçonnique, à Paris. Il pria un de ses amis, qu'il savait franc-maçon et dignitaire, de l'y introduire. Toutes les difficultés ayant été surmontées, le célèbre docteur se trouve, un soir, dans la loge. Le fauteuil du président était vide, et l'on n'attendait plus que celui qui devait l'occuper. Tout à coup, le démon apparaît sous la forme humaine, et il commence un discours contre le Christ.

M. Récamier veut s'assurer alors s'il a réellement devant lui le prince des ténèbres, et, sans que personne puisse s'en apercevoir, il fait un signe de croix sur sa poitrine. Aussitôt, le démon se lève, furieux, s'écrie : Nous sommes trahis, et disparaît! pendant que les lumières s'éteignent d'elles-mêmes, et que les assistants s'enfuient en répétant aussi : Nous sommes trahis!

Le R. P. Jourdan de la Passardière, qui nous a raconté ce fait, le tient du R. P. Carboy, confident intime du docteur Récamier.

Il suffit, n'est-ce pas? d'autres récits n'ajouteraient rien à la conviction, ne la fortifieraient pas plus.

Voilà bien établi qu'il est en notre dix-neuvième siècle, en apparence si matérialiste, une certaine classe d'hommes, une certaine caste de Français, non des plus obscurs, des plus ignorants, des moins influents dans la société, qui prennent leur mot d'ordre de la bouche même du diable, dont ils acceptent les inspirations, la direction.

A côté de cette caste d'individus, ont surgi d'autres groupes d'humains, qui, en particulier dans notre ville de Paris, font du démon leur compagnie habituelle, l'entendent, le sentent continuellement grouiller autour d'eux, l'appellent, l'évoquent et le manifestent aux yeux de leurs invités. Il faudrait des volumes et des volumes, et très gros et imprimés en caractères extrêmement fins, pour contenir tout ce qui a été écrit, tout ce qui a été dit sur ces manifestations démoniaques chez les spirites.

CHAPITRE IV

Voilà acquise pour nous la certitude de l'existence de quatre sortes de volontés s'élevant au-dessus du monde matériel, s'en servant : les volontés ou âmes humaines, telles que nous les percevons dans les hommes vivants sur notre globe, des volontés malignes, méchantes ou démons, des volontés bonnes, bienveillantes ou anges, et la volonté essentielle, unique, principe de tout, ou Dieu.

N'y a-t-il au monde que ces quatre sortes d'êtres, doués d'intelligence, doués de haine et d'amour?

Nous en constatons encore une cinquième sorte, dont il nous reste à parler, ce sont les âmes, les volontés des hommes décédés, âmes, volontés agissant, évoluant librement sans les secours des organes du corps dans ce pays inconnu pour nous, où vivent les anges, les démons et Dieu.

Comment nous assurer qu'après sa mort l'homme ne périt pas tout entier, mais qu'une partie de lui-même, la meilleure, commence une vie toute différente de celle qu'elle vient de quitter, débarrassée qu'elle est des liens du corps? Comment nous en

assurer?En interrogeant les saintes Ecritures et l'expérience. Notre foi alors sera inébranlable, nous
pourrons ensuite négliger les preuves que nous
apportent notre raison, l'expérience même des sentiments qui appellent pour notre âme une vie future.

Les Écritures saintes nous affirment que l'âme
de l'homme ne doit pas mourir, n'est pas destinée
à rentrer dans le néant, d'où elle est sortie.

Nous savons, écrivait saint Paul aux Corinthiens,
que, pendant que nous habitons dans ce corps, nous
sommes éloignés du Seigneur et hors de notre patrie...

Dans cette confiance que nous avons, nous aimons mieux sortir de la maison de ce corps, pour
aller habiter avec le Seigneur, que d'y demeurer
plus longtemps, étant privés de ce bonheur.

C'est pourquoi toute notre ambition est de lui
être agréables, soit à présent que nous sommes
éloignés de lui, soit lorsque nous serons en sa présence. Car nous devons tous comparaître devant le
tribunal de Jésus-Christ, afin que chacun reçoive ce
qui est dû aux bonnes ou aux mauvaises actions qu'il
aura faites, pendant qu'il était revêtu de son corps.

Le même saint Paul, écrivant aux Philippiens,
leur tenait ce langage :

Je me trouve pressé de deux côtés : car d'une part je désire d'être dégagé des liens du corps, et d'être avec Jésus-Christ ; ce qui est sans comparaison le meilleur pour moi : et, de l'autre, il est plus utile pour votre bien et pour votre salut que je demeure encore en cette vie.

On connaît l'histoire, racontée au deuxième Livre des Macchabées, de Juda, qui exhortait le peuple à se conserver sans péchés, en voyant devant leurs yeux ce qui était arrivé à cause des péchés de ceux qui avaient été tués.

Ayant recueilli, d'une quête qu'il fit faire, douze mille dragmes d'argent, il les envoya à Jérusalem, afin qu'on offrît un sacrifice pour les péchés de ces personnes qui étaient mortes ayant de bons et religieux sentiments touchant la résurrection.

Car s'il n'avait espéré que ceux qui avaient été tués, ressusciteraient un jour, il eût regardé comme une chose vaine et superflue de prier pour les morts.

Ainsi il considérait qu'une grande miséricorde était réservée à ceux qui étaient morts dans la piété.

C'est donc une sainte et salutaire pensée de prier pour les morts, afin qu'ils soient délivrés de leurs péchés.

Outre ces textes si formels relativement à la continuation de la vie chez les âmes des trépassés, les Ecritures nous donnent des exemples du retour de ces âmes parmi les vivants.

Nous lisons au premier Livres des Rois, que Saül étant en guerre avec les Philistins, et apercevant leur armée qui était fort nombreuse, « il fut, disent les saintes Lettres, frappé d'étonnement, et la crainte le saisit jusqu'au fond du cœur. Il consulta le Seigneur, mais le Seigneur ne lui répondit ni en songes, ni par les prêtres, ni par les prophètes.

Alors, entrant dans une espèce de désespoir, il dit à ses officiers :

— Cherchez-moi une femme qui ait un esprit de python, afin que j'aille la trouver, et que, par ce moyen, je puisse consulter le démon, puisque le Seigneur ne veut pas me parler.

Ses serviteurs lui dirent :

— Il y a à Endor une femme qui a un esprit de python.

— Saül se déguisa donc, changea d'habits, et s'en alla, accompagné de deux hommes seulement; il vint la nuit chez cette femme et lui dit :

— Consultez pour moi l'esprit de python, et évoquez-moi celui que je vous dirai.

Cette femme lui répondit :

— Vous savez tout ce qu'a fait Saül, et de quelle manière il a exterminé les magiciens et les devins

7

de toutes ses terres : pourquoi donc me tendez-vous
un piège, pour me perdre ?

Saül jura par le Seigneur et lui dit :

— Vive le Seigneur, il ne vous arrivera de ceci
aucun mal.

La femme lui dit :

— Qui voulez-vous voir ?

Il lui répondit :

— Faites-moi voir Samuel.

La femme ayant vu tout d'un coup paraître Samuel, sans qu'elle eût fait aucun enchantement, jeta
un grand cri et dit à Saül :

— Pourquoi m'avez-vous trompée, car vous êtes
Saül , et la présence de Samuel me le fait assez
connaître.

Le roi lui dit:

— Ne craignez point : qu'avez-vous vu ?

— J'ai vu, lui dit-elle, un homme avec la majesté
d'un Dieu, qui sortait de la terre.

Saül lui dit :

— Comment est-il fait ?

— C'est, dit-elle, un vieillard couvert d'un manteau, comme un prophète.

Saül reconnut donc que c'était Samuel, et, quoiqu'il ne le vît point, il lui fit une profonde révérence,
en se baissant jusqu'en terre, vers le lieu où la pythonisse le voyait.

Alors Samuel dit à Saül :

— Pourquoi avez-vous troublé mon repos, en me faisant évoquer ?

Saül lui répondit :

— Je suis dans une étrange extrémité : les Philistins me font la guerre, et Dieu s'est retiré de moi : il ne m'a voulu répondre ni par les prophètes, ni en songes ; c'est pourquoi je vous ai évoqué, afin que vous m'appreniez ce que je dois faire.

Samuel lui dit :

— Pourquoi vous adressez-vous à moi, puisque je vous ai dit positivement que le Seigneur vous a abandonné, et qu'il est passé à votre rival? Je n'ai rien de meilleur à vous dire aujourd'hui. Car le Seigneur vous traitera comme je vous l'ai dit de sa part : il déchirera votre royaume et l'arrachera de vos mains pour le donner à David votre semblable... Il livrera même Israël avec vous entre les mains des Philistins : demain vous serez avec moi, au rang des morts, vous et vos fils ; et le Seigneur abandonnera aux Philistins le camp même d'Israël.

Saül tomba aussitôt et demeura étendu sur la terre; car les paroles de Samuel l'avaient épouvanté, et les forces lui manquèrent, parce qu'il n'avait rien mangé de tout ce jour-là.

La magicienne vint à lui dans le trouble où il était et elle lui dit :

— Vous voyez que votre servante vous a obéi, que j'ai exposé ma vie pour vous et que je me suis rendue à ce que vous avez désiré de moi. Écoutez donc aussi votre servante, et souffrez que je vous serve un peu de pain, afin qu'ayant mangé, vous repreniez vos forces, et que vous puissiez vous remettre en chemin.

Saül le refusa et lui dit :

— Je ne mangerai point.

Mais ses serviteurs et cette femme le contraignirent de manger; s'étant enfin rendu à leurs prières, il se leva et s'assit sur le lit, pour se mettre à table.

Or, cette femme avait dans sa maison un veau gras, qu'elle alla tuer aussitôt. Elle prit de la farine qu'elle pétrit, et en fit des pains sans levain qu'elle servit devant Saül et ses serviteurs.

Après donc qu'ils eurent mangé, ils s'en allèrent et marchèrent toute la nuit pour se rendre à l'armée et se préparer au combat.

Voilà une évocation d'âme de trépassé bien caractérisée, bien marquée.

Nous trouvons dans les livres inspirés d'autres âmes de gens décédés depuis nombre d'années, en meilleure compagnie que celle d'une pythonisse et de Saül; nous voulons parler de ce que nous rapporte saint Mathieu l'évangéliste :

Un jour, dit-il, Jésus prit avec lui Pierre, Jacques et Jean; il les mena à l'écart sur une haute montagne; et il fut transfiguré devant eux : son visage devint brillant comme le soleil, et ses vêtements blancs comme la neige.

En même temps ils virent paraître Moïse et Elie, qui s'entretenaient avec lui de ce qu'il devait souffrir à Jérusalem.

Alors Pierre prenant la parole, dit à Jésus.

— Seigneur, nous sommes bien ici : faisons-y, s'il vous plaît, trois tentes, une pour vous, une pour Moïse, et une pour Elie.

Lorsqu'il parlait encore, une nuée lumineuse vint les couvrir; et une voix sortit de cette nuée qui fit entendre ces paroles :

— Celui-ci est mon Fils bien-aimé dans lequel j'ai mis toute mon affection; écoutez-le.

Les disciples, les ayant entendues, tombèrent le visage contre terre, et furent saisis d'une extrême frayeur.

Mais Jésus s'approchant, les toucha et leur dit :

— Levez-vous et ne craignez point.

Alors, levant les yeux ils ne virent plus que Jésus seul.

D'après toutes ces citatations tirées des Ecritures

divines, plus de doute non seulement sur l'immortalité des âmes vivantes, mais même sur la possibilité de leur réapparition momentanée sur notre terre aux yeux de ceux qui y vivent actuellement.

Et en effet, les faits sont nombreux, très nombreux, dans tous les âges de l'histoire de l'humanité, qui nous montrent le retour d'âmes de morts, qui parlent de revenants. Notre siècle lui-même est riche de telsévénements; nous n'avons que l'embarras du choix.

Cisons-en quelques-uns.

Le *New-York-Hérald* racontait dernièrement le trait suivant, qu'il affirmait tenir de la bouche même de celui qui en fut le héros et qu'il fait parler ainsi :

Je suis prêtre séculier à Londres, et ma paroisse très étendue est aussi très peuplée. J'ai deux vicaires, et le presbytère où nous habitons ensemble touche à la chapelle. Nous connaissons la plupart de nos paroissiens, mais, à cause du va-et-vient continuel de la population, il nous est impossible de les connaître tous.

Le samedi, 3 novembre 1888, j'avais eu une journée plus laborieuse que de coutume, et à 10 heures du soir seulement, je pus reprendre la récitation de mon bréviaire, pour l'achever avant de me coucher.

Tout à coup, la sonnette se fit entendre avec violence, et, comme je descendais pour répondre moi-même, je trouvai notre domestique en face d'une dame âgée qui, d'une voix suppliante, demandait qu'un prêtre voulût bien se rendre de suite à telle maison, dans telle rue, tel numéro, pour assister un jeune homme sur le point de mourir. Je lui demandai si la visite ne pouvait être remise au lendemain, mais elle me répondit en me conjurant avec une insistance marquée, de ne pas différer d'un instant. J'écrivis alors sur une ardoise pendue au mur du vestibule du presbytère, le nom du malade et son adresse exacte, telle qu'on venait de me la donner, et je me préparai à prendre avec moi tout ce qui était nécessaire pour l'administration des sacrements.

J'étais, je l'avoue, fatigué et harassé, après une longue journée de labeur, et je ne pus m'empêcher de reprocher doucement à mon guide de n'être pas venue plus tôt; j'avais dit ces mots sans amertume; mais je vis qu'ils paraissaient lui causer une peine très vive. Aussi, changeant de ton, je lui dis avec toute la bonté possible: — Comptez sur moi, je serai chez vous en moins de vingt minutes. — Elle me dit alors à voix basse, mais avec une profonde émotion : — Que Dieu vous récompense de votre charité, et qu'il soit avec vous à l'heure de votre mort.

Comme elle parlait, je lui demandai, pour plus de sûreté, de me répéter le nom et l'adresse du malade et, jetant un coup d'œil sur l'ardoise, je vis que je les avais inscrits exactement. Je lui renouvelai alors ma promesse de la rejoindre le plus promptement possible et, en la congédiant, je la regardai fixement, cherchant à me rendre compte, si je ne l'avais pas déjà vue à l'église ; sa figure et sa voix m'étaient absolument inconnues, et j'entendais pour la première fois le nom qu'elle me donnait comme étant celui du malade. En moins de dix minutes, j'étais prêt et je me mettais en route.

C'était une vraie nuit de novembre ; le brouillard était épais, les rues désertes ; j'en traversai plusieurs et enfin, je me trouvai dans un square, où aboutissait celle que je cherchais. Non sans peine, je découvris le numéro de la maison et je m'empressai de sonner.

Une femme âgée m'ouvrit.

— Il y a ici quelqu'un de très malade ? lui dis je.

— Non, monsieur, me répondit-elle, pas ici, c'est ici le numéro tant.

Et elle me donna le numéro exact inscrit sur mon ardoise.

— Parfaitement, repris-je, c'est bien ici que j'ai été envoyé par une dame qui est venue chez moi ce soir. Je suis le prêtre catholique de la chapelle de

X..., et je venais voir un malade en danger de mort.

— Nous n'avons pas de malade ici, monsieur. Certainement on se sera trompé en vous donnant l'adresse.

J'allais repartir assez désorienté, quand un jeune homme, qui avait entendu ce dialogue, sortit d'une pièce voisine et m'exprima avec beaucoup de cordialité son regret de me voir obligé de sortir si tard par un si mauvais temps.

— Si vous voulez entrer ici, mon Père, ajouta-t-il, il y a un bon feu.

Je le suivis et je lui racontai ce que j'avais dit à sa servante, ajoutant combien j'étais contrarié qu'on m'eût donné une fausse adresse.

Puis, me rappelant qu'il m'avait appelé *mon père* (on sait qu'en Angleterre les catholiques disent mon père en s'adressant au prêtre).

— N'y a-t-il donc pas de catholique ici ? lui demandai-je.

— Non, pas que c sache, dit-il, et pourtant, ajouta-t-il au bout d'un instant, je devrais être catholique ; car j'ai été baptisé comme tel.

Nous nous mîmes alors à causer, et notre conversation fut longue et sérieuse. Ce jeune homme était évidemment honnête et sincère, mais, depuis dix ans, il avait abandonné toute pratique religieuse, tout en conservant la foi au fond de son cœur. Dieu bénit

7.

mes paroles, car je ne le quittai qu'après l'avoir
confessé et pris rendez-vous pour le lendemain.

Le jour suivant, dimanche de l'octave de la Tous-
saint, je m'attendais à voir arriver mon pénitent, mais,
à mon grand étonnement, je ne le vis ni au presbytère, ni à l'église. Le lendemain, lundi, sa vieille
domestique, fondant en larmes, vint m'apprendre la
mort subite de son jeune maître, qu'on avait trouvé
inanimé dans son lit, le dimanche matin, atteint
d'une apoplexie au cœur. D'après le médecin, la
mort est survenue bien peu de temps après mon
départ, car, le dimanche matin, le corps était déjà
raide et glacé.

Je n'ai plus qu'un mot à ajouter à cette simple et
véridique histoire. Je me rendis à la maison mor-
tuaire pour prier auprès du cercueil qu'on avait dé-
posé dans une des pièces principales. J'étais absorbé
dans ma prière, lorsque, levant tout à coup les
yeux, je vis pendu, au-dessus de la cheminée, le
portrait de la dame âgée qui était venue me chercher
pour — un jeune homme sur le point de mourir. —
Ma domestique, qui m'avait accompagné, reconnut
aussi, en voyant le portrait, la personne avec qui
elle avait causé. Mais quelle ne fut pas mon impression, lorsqu'on m'apprit que ce portrait était celui
de la mère du jeune homme, morte depuis plusieurs
années.

Un dernier détail : le nom du malade, tel qu'il m'avait été donné par ma mystérieuse visiteuse, n'était pas celui qu'il portait. J'appris plus tard par son homme d'affaire, qu'il avait pris le nom de son père, et que celui inscrit sur l'ardoise était le nom de sa mère, auquel seul il avait droit légalement, étant né trois ans ayant le mariage de ses parents.

A côté de cette histoire étrange, attestée comme vraie par un journal étranger tout à fait en vogue, il naturel de laisser parler un de nos grands journaux de France, qui certes ne passe pas pour très crédule en tout ce qui concerne les manifestations d'outre-tombe.

Voici ce que je cueille dans un des numéros du Figaro de l'année 1881 ; c'est intitulé : HOME et DELAAGE.

Le nom de Home est connu non seulement dans le monde spécial des magnétiseurs et des spirites, il l'est encore dans une certaine fraction du monde savant, où le bruit, causé par quelques unes de ses expériences, a fait naître sinon la foi dans le spiritisme, du moins un étonnement et une curiosité qui durent encore.

On se rappelle la fameuse séance donnée par Home aux Tuileries sous l'Empire, et l'apparition qu'il provoqua, dit-on, de la main et de la signature de Napoléon Ier. On se rappelle une autre séance, non moins extraordinaire, chez la comtesse Dash, séance qui excita l'enthousiasme de tous les assistants.

Légendes ou souvenirs, ces récits enjolivés encore — peut-être même de bonne foi — par les amis et les fidèles du célèbre médium, n'ont pas peu contribué à faire de lui, pour beaucoup de gens, une sorte de personnage surnaturel, connaissant et voyant ce que le commun des mortels ne connaît, ni ne voit d'ordinaire.

Home était très lié avec Henri Delaage qui vient de mourir, et Henri Delaage avait, lui aussi, on le sait, la prétention d'être spirite.

Or, Delaage est mort à Paris samedi dernier, 15 juillet, à quatre heures du matin. A ce moment, Home partait de Loèche pour aller se fixer dans un petit hameau perdu de la Haute-Savoie, à Mornex, un nom qui ne figure même pas dans l'Annuaire des Postes, et où les lettres et les journaux n'arrivent que très irrégulièrement.

Deux jours se passent, et le 18 juillet, Home adresse à un de ses amis de Paris la lettre suivante, dont nous avons l'original en anglais sous les yeux et que nous exposons, ainsi que son enveloppe, dans notre salle des dépêches.

Cher Monsieur,

Notre départ de Loèche-les-Bains a eu lieu dimanche dernier. Très fatigué et malade, nous avons dû passer la nuit à Genève, et nous diriger le lendemain matin seulement sur Mornex, où nous nous trouvons tranquillement installés dans une ferme. A mon arrivée, je venais de m'asseoir pour me reposer, lorsqu'en jetant les yeux dans le jardin, je vis disinctement notre ami Delaage. Ma femme fut étonnée de m'entendre dire :

— Voilà Henri Delaage !

A ces mots, je ne vis plus rien, et je croirais volontiers avoir été la victime d'un songe si ce n'est que, pendant la nuit, nous avons entendu comme un bruit de pas et l'injonction d'épeler l'alphabet.

Voici la phrase qui nous a été dictée : — Je tiens parole. H. D.

Si c'est là une illusion, mon étonnement sera grand, car nous nous étions fait une promesse à cet égard, et je me rappelle fort bien, quand le bruit de ma mort s'est répandu il y a cinq ans, que Henri disait à qui voulait l'entendre :

— Quelle bêtise ! Si Home était mort, il serait venu me le dire.

J'attends avec impatience le Figaro, auquel je suis abonné, et qui à coup sûr parlera de lui s'il n'est plus de ce monde. Par malheur, les numéros qui me sont adressés vont d'abord à Loèche, de sorte que le dernier en date reçu par moi est du 13.

La très vive impatience que j'ai d'avoir de ses nouvelles me fait d'autant plus regretter de ne rien trouver à son sujet dans votre dernière lettre, qui, d'ailleurs, comme vous le verrez, ne me parvient qu'aujourd'hui. Si le brave garçon se porte bien, ne lui dites rien de ce qui précède pour ne pas l'effrayer.

Je me trouve bien des bains que j'ai pris, mais un peu faible, comme il arrive toujours après une cure. Merci de l'intérêt que vous me témoignez de ma santé et croyez moi.

Faithfully yors.

D. D. Home.

A Mornex, le 18 juillet 1882.

Nous ne prétendons, bien entendu, imposer à personne la foi dans cette apparition dernière du spirite mort au spirite vivant. Nous serions plutôt tenté de nous étonner que cette apparition ait mis quarante-huit heures à se produire, ce qui permet malheureusement aux sceptiques de supputer le temps que peut mettre une dépêche, une lettre, un journal ou simplement un voyageur pour arriver dans le coin le plus reculé et le plus désert de la Savoie basse ou haute.

Tout ce que nous ajouterons, c'est que l'original de la lettre est bien daté de Mornex le 18 juillet, que l'enveloppe dans laquelle elle était renfermée, atteste qu'elle n'est partie que le lendemain 19, du bureau de poste le plus voisin au village de Reignier toujours dans la Haute-Savoie, qu'elle est timbrée d'Annecy, du 20 juillet, de Chambéry à Mâcon du 20 juillet, et qu'elle a été distribuée hier à Paris, à son destinataire, qui nous l'a immédiatement apportée.

La lettre est donc authentique, elle a même un ton indiscutable de simplicité et de bonne foi. Quant aux assertions qu'elle contient, nous laissons d'autant mieux à chacun sa liberté d'appréciation que nous entendons, nous-même, réserver la nôtre.

Je vais donner encore une autre histoire de revenant, je la tire d'un de nos journaux de province :

Les morts peuvent-ils nous apparaître ?

Très certainement oui, avec la permission de Dieu. Il serait aussi insensé de le nier que de croire trop facilement aux récits de quelques imaginations exaltées.

Voici un fait dont nous garantissons la parfaite authenticité, comme le tenant d'un homme absolument digne de foi, à qui le héros lui-même de cette histoire l'a plusieurs fois raconté.

On comprendra facilement pourquoi nous ne citons pas de noms propres. La délicatesse et la discrétion nous en font un devoir.

Plusieurs de nos lecteurs, particulièrement ceux du doyenné de Fanjeaux, dans la circonscription duquel s'est passé le fait que nous allons raconter, pourront, en consultant leurs souvenirs personnels, reconnaître que nous n'exagérons rien.

Dans la commune de ***, doyenné de Fanjeaux, vivait un riche châtelain qui n'avait gardé de la chrétienne éducation reçue à Sorèze, sous le P. Lacordaire lui-même, qu'une grande facilité à secourir les malheureux.

Le vent du siècle avait emporté de bonne heure sa foi ; la mort de son père, en le mettant en possession d'une immense fortune, l'avait livré, pour ainsi dire sans défense, aux dangers qui trop souvent menacent et perdent la jeunesse.

Bon et généreux, loyal et cherchant la vérité, prêt à l'embrasser, si elle se montrait à lui, il fit un jour à Dieu cette étrange prière, qui montre bien le fond de sa nature : « Mon Dieu, si vous existez, faites le moi connaître; car je suis incrédule, je crois l'être de bonne foi. »

Une de ses fermières était morte depuis quelques jours à peine. Or, en passant devant l'étable à bœufs, il est subitement frappé d'une vision étrange. Sa fermière est devant lui, revêtue de ses habits de dimanche, portant sur son visage les marques d'une indicible souffrance. Elle regarde son ancien maître d'un air suppliant, et, sans prononcer une parole, elle disparaît.

Surpris de cette apparition qu'il ne comprend pas, il va dans la maison de son fermier; et le dialogue suivant s'engage :

— Avez vous fait pour votre femme tout ce qu'on a coutume de faire pour les morts ?

— Non; à cause de notre extrême pauvreté, il ne nous a pas été possible de faire dire la neuvaine, qu'on dit habituellement pour ceux qui ne sont plus.

— Eh bien ! allez de ma part trouver M. le Curé, et priez-le de faire tout ce qui est d'usage en pareille circonstance.

Neuf jours après, dans la même étable à bœufs, la paysanne se montra , mais cette fois avec le visage éclairé d'un radieux sourire. Un bonheur surhumain se peignait sur sa physionomie. Elle ne parla pas plus que la première fois; mais, d'un geste souverainement gracieux, elle remercia son généreux bienfaiteur et disparut.

L'incrédule était converti; le miracle, qu'il avait demandé à Dieu, s'était réalisé; il l'avait vu de ses propres yeux. Il tomba à genoux, remerciant Dieu de sa bonté infinie.

On le vit se diriger vers le presbytère et quelques jours après s'approcher de la table sainte.

Depuis il mena la vie la plus édifiante, s'imposant à lui-même les plus dures privations pour réparer son incrédulité passée. Il se condamna à une abstinence perpétuelle, et jamais, même dans des circonstances extraordinaires, il ne se départit de cette manière d'agir.

Un jour, à la table d'un de ses amis, en présence de l'illustre cardinal de Rouen, alors évêque de Carcassonne, la maîtresse de la maison crut devoir insister pour lui faire accepter du gras.

— Mais, Monsieur, lui dit-elle, ce n'est pas vendredi aujourd'hui. Vous voyez bien que Monseigneur qui connaît si bien et qui pratique si parfaitement la religion, n'est pas aussi rigide que vous.

— Oh! Madame, répondit l'humble converti avec une franchise que seuls les saints connaissent : « Les antécédents de Monseigneur sont bien meilleurs que les miens. »

Jusqu'à la fin de sa vie, la piété, la pénitence, les

œuvres de charité remplirent ses journées.

Quoique maire de sa commune, tous les jours il se rendait de son château à l'église et servait lui-même la messe à M. le Curé. Et comme ce dernier le priait de ne pas prendre cette peine, il répondait: « Il y a des grâces toutes spéciales attachées à cet office; je veux les mériter. »

Sa mortification était telle que sur la fin de sa vie, comme les forces commençaient à lui manquer, il fallut, pour lui faire consentir à prendre un peu de vin, lui donner du vin de quinquina qu'il prenait à cause de son amertume, trouvant ainsi à se mortifier tout en étant agréable à sa famille.

Il mourut dans les sentiments de la foi la plus vive et de la piété la plus ardente.

Je m'en tiens à ces seuls faits, que je viens de relater ; évidemment je pourrais en apporter d'autres ; mais qui n'a lu de ces récits étranges, qui ébranlent même les plus sceptiques.

Nous sommes donc dès à présent en possession de cette nouvelle constatation, c'est qu'il y a, au delà de nous, de la partie de nos sens matériels, des volontés, qui s'appellent anges, démons, âmes des trépassés. Ces volontés sont des forces, sont agissantes, ont une grande puissance sur notre monde terrestre; nous allons le faire voir au chapitre suivant.

CHAPITRE V

Tous les anges, nous dit saint Paul dans l'E-
pître aux Hébreux, ne sont-ils pas des esprits, qui
tiennent lieu de serviteurs et de ministres de Dieu,
étant envoyés pour exercer leur ministère en
faveur de ceux qui doivent être les héritiers du
salut.

Aussi les Ecritures nous les représentent messa-
gers de Dieu pour annoncer la naissance des grands
hommes, comme d'Isaac, de Samson, de Jean-
Baptiste et de Jésus-Christ même. Ils sont députés
pour conduire et protéger ses amis ; ainsi, Raphaël
fut envoyé à Tobie.

Il paraît qu'ils ont puisance sur les éléments de
notre monde, car nous les voyons les bouleverser à
leur gré, suivant l'ordre de Dieu, comme dans la
destruction de Sodome et de Gomorrhe.

A la pointe du jour, raconte la Genèse, les
Anges pressaient fort Lot de sortir en lui disant :

— Levez-vous, et emmenez votre femme et vos deux filles, de peur que vous ne périssiez aussi vous-mêmes dans la ruine de cette ville.

Voyant qu'il différait toujours, ils le prirent par la main; car le Seigneur voulait le sauver : et ils prirent de même sa femme et ses deux filles.

L'ayant ainsi fait sortir de la maison, ils le conduisirent hors de la ville, et ils lui parlèrent de cette sorte :

— Sauvez votre vie, ne regardez pas derrière vous, et ne vous arrêtez point dans tout le pays d'alentour, mais sauvez-vous sur la montagne, de peur que vous ne périssiez aussi vous-même avec les autres.

Lot leur répondit:

— Seigneur, puisque votre serviteur a trouvé grâce devant vous, et que avez signalé envers lui votre grande miséricorde, en me sauvant la vie, considérez, je vous prie, que je ne puis me sauver sur la montagne, ayant peine à marcher, et étant ainsi en danger que le malheur ne me surprenne auparavant et que je ne meure. — Mais voilà ici près une ville où je puis fuir, elle est petite, je puis m'y sauver : vous savez qu'elle n'est pas grande, et elle me sauvera la vie.

L'ange lui répondit :

— J'accorde encore cette grâce, à la prière que

vous me faites, de ne pas détruire la ville pour laquelle vous me parlez. Hâtez-vous donc de vous sauver en ce lieu, parce que je ne pourrai rien faire jusqu'à ce que vous y soyez rentré.

Lot se réfugie à Ségor, et on sait l'effroyable cataclysme qui ensevelit Sodome et Gomorrhe.

Mais non seulement les bons anges ont pouvoir sur la nature inerte, inconsciente, mais même leur action s'étend jusque sur les volontés humaines, comme l'atteste ce récit :

Le saint chartreux dom Joseph, le seul prêtre que la rage des ennemis du cléricalisme eût oublié à Marseille en 1793, avait reçu l'hospitalité dans la respectable famille M***.

Les séides du tribunal révolutionnaire furent avertis par un traître de la présence de dom Joseph dans ce quartier. Aussitôt ils entourent en grand nombre l'îlot de maisons qui faisait face à la place Royale, du côté du nord; et plusieurs d'entre eux, armés jusqu'aux dents, commencent les visites domiciliaires. La maison de la famille M*** occupait à peu près le milieu de l'îlot. M*** M***, qui avait à ses côtés le P. Joseph, voyait avec effroi, à travers les persiennes, les perquisitions s'approcher de sa demeure. Quand ils sonnèrent à la

maison voisine , elle s'écria toute tremblante :
« Ah! nous sommes perdus! ils arrivent! ils arrivent! » et elle pressait le chartreux de se cacher
au plus vite. Mais le serviteur de Dieu, qui priait en
silence, lui dit d'un air calme et plein d'autorité :
« Soyez sans crainte, Madame, il y a devant votre
porte un millier d'anges,qui nous protègent. » Ces
paroles rassurèrent un moment la bonne chrétienne;
mais quand les agents du tribunal révolutionnaire
vinrent sonner à la porte même de Mme M^{...}, elle ne
put se contenir, et la pâleur et l'effroi sur le visage,
elle disait : « Que faire? mon Dieu! que faire?
Nous allons être tous arrêtés. » Mais dom Joseph
lui répéta sans s'émouvoir : « Ne craignez rien,
madame, il y a devant votre porte un millier
d'anges qui nous protègent. » A ce moment la sonnette retentit de nouveau et avec plus de force,
tandis que de grands coups de crosses de fusils
ébranlaient la porte et que des voix furieuses criaient
ces paroles si terribles à cette époque ; « Ouvrez
au nom de la loi ! » Mme M^{...}, éperdue, allait peut-
être ouvrir, après avoir forcé dom Joseph de rentrer
dans sa cachette, lorsque le saint religieux l'arrêta
et lui dit avec un accent plus résolu que jamais :
« Ne craignez rien, madame, il y a devant votre
porte un millier d'anges qui nous gardent. »
Alors se produisit un fait vraiment merveilleux.

Les sans-culottes, au lieu d'enfoncer la porte pour visiter cette maison devenue d'autant plus suspecte qu'on refusait de l'ouvrir, s'arrêtèrent d'abord comme indécis. Puis, sans recommencer leurs violences, ils quittèrent le seuil de la maison de Mme M***, pour continuer les perquisitions dans les maisons voisines, et ne revinrent plus. Les bons anges, invisibles à leurs yeux, les avaient éloignés du toit modeste qui abritait dom Joseph ; on ne peut en douter.

Mais si les bons anges ont pouvoir du bien, les mauvais anges ou démons ont pouvoir du mal.

Les saintes Lettres sont pleines de cet enseignement. Il n'est pas besoin, pour le prouver, de rappeler tout au long l'histoire de la tentation d'Eve, où l'on voit le diable s'introduire dans le corps d'un animal et s'en servir à sa guise, même pour parler. De même il suffit de signaler le démon transportant Jésus-Christ sur le pinacle du temple, et sur une haute montagne.

Terrible est l'empire du démon sur l'homme, car maintes et maintes fois les Evangiles nous parlent de possédés, de gens horriblement agités par les diables, qui ont fait leur demeure en eux.

Un jour Jésus vit venir au devant de lui un homme, depuis longtemps possédé du démon, qui ne portait point d'habit et ne demeurait point dans les maisons, mais dans les sépulcres.

Aussitôt qu'il eut aperçu Jésus, cet homme jeta un grand cri, et vint se prosterner à ses pieds, en lui disant à haute voix :

— Jésus, fils du Dieu Très-Haut, qu'y a-t-il entre vous et moi ? Je ne vous fais aucun mal : je vous prie aussi de ne me point tourmenter.

Car Jésus commandait à l'esprit impur de sortir du corps de cet homme; ce qui lui faisait beaucoup de peine, parce qu'il le possédait depuis longtemps, et avec tant de violence, que, quoiqu'on le gardât lié de chaînes, et qu'on lui mit les fers aux pieds, il rompait tous ses liens, et était emporté par le démon dans les déserts.

Jésus pour faire comprendre à ceux qui étaient présents, la grandeur du miracle qu'il allait faire, en leur faisant connaître la multitude de démons, dont cet homme était possédé, lui demanda :

— Quel est ton nom ?

Il lui dit :

— Je m'appelle légion; parce que plusieurs démons étaient entrés dans cet homme.

Et ces démons, voyant qu'il ne pouvaient résister à l'ordre de Jésus, le suppliaient qu'il ne leur commandât point de s'en aller dans l'abîme. Mais comme il y avait là un grand troupeau de pourceaux qui paissaient sur la montagne, ils le prièrent de leur permettre d'y entrer; et il le leur permit, abandonnant ainsi ces pourceaux à la fureur du démon, pour faire sentir aux hommes la grâce qu'il leur faisait de les en délivrer.

Les démons donc sortant de cet homme, entrèrent dans les pourceaux; et aussitôt tout le troupeau courut avec impétuosité se précipiter dans le lac où ils se noyèrent.

Les orages, les tourmentes qui portent la ruine, la désolation dans les pays, sont souvent déchaînés par la méchanceté des esprits impurs.

Au retour d'un voyage en France, Mgr Bruté et Mgr Flaget, deux évêques missionnaires aux Etats-Unis, vers la fin de la première moitié de ce siècle, ramenaient avec eux plusieurs prêtres et lévites voulant partager leurs travaux sur la terre étrangère.

Une violente tempête pensa les engloutir; Mgr Bruté leur donna à tous une absolution générale pour les rassurer, mais il ajouta :

— Mes enfants, ne craignez rien : c'est une ruse du démon, nous ne périrons pas.

Mgr Bruté est mort en odeur de sainteté.

Le diable se montre encore de nos jours non seulement capable de jeter la perturbation sur terre et sur mer, mais son empire, sur les hommes, qui se livrent et s'abandonnent à lui, est immmense.

Voici un récit dont un peut voir la vérité constatée dans les comptes rendus de nos tribunaux de France.

Il y avait dans un village de Bretagne, non loin de Brest, un vieux berger connu dans le pays pour fort habile rebouteur, quelque peu chirurgien et possédant des remèdes secrets contre la rage, le charbon le haut-mal et une foule d'autres maladies.

Les paysans disaient que ce berger fréquentait le diable. Le bruit en vint jusqu'à la ville où les messieurs et les dames en causèrent.

Un avocat de Brest, qui ne croyait pas au diable, déclara qu'il voulait démasquer les supercheries du berger, et prouver à tous que cet homme n'était qu'un imposteur profitant de la crédulité des paysans pour les exploiter en se faisant craindre. L'avocat, qni proclamait hautement son indépendance de tout préjugé et la liberté de ses pensées, réunit dans son salon quelques amis, et prit congé d'eux à onze heures du soir, annonçant son projet.

C'était un vendredi, 17 du mois de septembre. L'avocat allait sommer le berger de lui montrer le diable. La lande déserte, où le berger parquait son troupeau, se trouvait peu éloignée de la ville. L'avocat s'avança dans l'obscurité, non sans éprouver une certaine émotion. Ce n'était pas la peur, mais une sorte de malaise moral que produit l'inconnu. D'ail-

leurs, cet homme, d'un esprit distingué, ressentait
une sorte de crainte presque religieuse en pensant
qu'il allait, de gaiété de cœur, braver en quelque
sorte la puissance de Dieu. Il était de ces fanfarons
sans cesse excités par les applaudissements de la
foule, mais qui, seuls, la tête sur l'oreiller, oublient
leur rôle et redeviennent bons et honnêtes.

Après une marche rapide, l'avocat aperçut vaguement le berger et son troupeau. Les chiens firent
entendre un sourd grognement; le regard sévère du
berger leur imposa silence. Celui ci était debout,
immobile, appuyé sur un long bâton; son large
manteau l'enveloppait entièrement, et quelque passant attardé eût pu le prendre pour un fantôme. Le
manteau, de couleur sombre, formait de larges plis,
qui produisaient des teintes changeantes et mobiles
dont l'avocat fut frappé. Il crut voir un mystère
dans un effet de lumière fort naturel.

Lorsqu'il fut près du berger, l'avocat dit à voix
basse.

— Vous n'avez pas oublié votre convention; tenez
votre promesse; mettez-moi en présence du diable.

— Tiendrez-vous votre parole ? demanda le berger.

— Oui, répondit l'avocat.

Le berger ôta son manteau, le posa sur l'épaule
de l'avocat, l'enveloppa soigneusement, couvrit la

tête du capuchon, et lui saisit les mains par dessus l'étoffe en disant :

— Fermez les yeux !

Que se passa-t-il alors ?

Dans son récit détaillé en présence du magistrat, l'avocat fit cette déposition :

— Je sentis que j'abandonnais la terre, mes pieds ne foulèrent plus le sol, et j'éprouvais cette sensation douloureuse de l'homme qui, dans un songe, se sent entraîné dans un précipice. Un souffle violen frappait mon front; ma respiration, de plus en plus pénible, me causait de véritables douleurs, les veit nes de mes tempes me semblaient prêtes à éclater, le sang circulait rapide et brûlant. Etais-je précipité dans un gouffre ou enlevé au-delà des nuages ? Je ne sais. Je voulais étendre les bras, mais le manteau mettait obstacle au moindre mouvement. Ma tête s'inclina sur ma poitrine, et il me sembla que ma vie m'abandonnait.

Combien dura ce supplice ? quelques secondes peut être, qui me semblèrent un siècle!

Enfin, une voix se fit entendre, c'était celle du berger qui prononça quelques paroles dont le sens m'échappa. Il enleva brusquement le manteau et je me sentis immobile sur un sol que je n'eus pas le loisir d'examiner.

A deux ou trois cents pas, une immense clarté enveloppait des groupes d'hommes. Je vis une sorte d'incendie colossal qui remplissait l'air d'étincelles. Un bruit assez semblable à celui d'un orage lointain, venait de tous les horizons. Un peu en avant des flammes, peut-être au milieu, un être, que je n'entrevis que confusément, se tenait près d'un trône. Les hommes passaient devant lui en se courbant jusqu'à terre; ils adoraient cet être, dont le mouvement des flammes m'empêchait de saisir les contours. Je sentais mes genoux trembler et les objets ne m'apparaissaient que confusément.

Le berger posa une main sur mon épaule et me dit: Va adorer le diable !

Soudain, des gouttes d'eau tombèrent sur mon front. C'était l'eau du baptême, sans doute, car la prière de mon enfance effleura mes lèvres, et, d'une main ferme, je repoussai le berger en criant : jamais

Le lendemain samedi, 18 du mois, les bûcherons des environs de Bordeaux trouvérent, sur la lisière d'une forêt, le corps d'un homme étendu sur l'herbe. La rosée de la nuit, dont la tête et les vêtements de l'homme étaient mouillés, prouvait que le corps reposait à cette place depuis quelques heures. Les bûcherons crurent à un assassinat, et l'un d'eux courut à Bordeaux prévenir la justice.

Le magistrat chargé du ministère public s'empressa d'accourir. Des soins furent prodigués au malheureux et l'on trouva dans ses poches des lettres adressées à M. R..., avocat à Brest.

Lorsqu'il fut revenu à lui, il pria d'aller dans sa demeure à Brest, prévenir sa famille de son retour dans moins d'une heure. Il était 8 heures et 20 minutes.

On le crut fou, et le magistrat lui fit observer, avec les plus grands ménagements, qu'il était à Bordeaux et fort loin de Brest.

Le magistrat l'interrogea et l'avocat fit le récit que je viens de reproduire. La justice écrivit à Brest, et il fut constaté que M. R. avait passé la soirée de la veille à Brest et que le lendemain matin son corps était étendu près de Bordeaux.

Je vous garantis la vérité de cette histoire.

A côté de ce récit merveilleux bien fait pour dérouter les libres penseurs de notre siècle, qui se gaussent avec un si hilarant laisser-aller de la bêtise de nos pères du moyen âge, je puis citer ce passage non moins étonnant d'une lettre d'un de nos missionnaires en Chine :

Que de faits porte cette lettre, j'aurais à raconter, pour démontrer de plus en plus, si l'on pouvait en douter, la puissance de Satan sur les infidèlas !

Entre mille autres, en voici un qui est ordinaire

en Chine, aussi bien dans le Su-tchuen qu'ici en
Mandchourie, et qui est attesté par des milliers de
témoins.

Quand, pour quelque dispute avec sa belle-mère
ou avec son mari, pour des coups reçus, des paroles
amères, il prend à une femme l'envie de se pendre, et
le cas est fréquent en cet empire, souvent il n'est
pas nécessaire de recourir à la suspension; cette in-
fortunée s'assied dans une chaise ou sur son khang
(sorte d'estrade), se passe au cou le cordon fatal, et
celui, qui fut homicide dès le commencement, se
charge du reste..., il serre le nœud.

Pour nos chrétiennes, dans le cas extrêmement
rare où un suicide aurait lieu, elles doivent se pendre en règle, pour que mort s'en suive.

Nous voici, n'est-ce pas, édifiés sur ce que peuvent et dans la nature brute et contre nous ces êtres
impalpables à nos sens, qui s'appellent démons.

Venons en aux âmes des trépassés.

A l'instar des anges et des démons, sont-ce des
forces, devant qui les éléments matériels se soumettent, qui peuvent agir pour et contre nous ?

L'Ecriture est là pour nous répondre.
Au deuxième Livre des Macchabées, nous lisons que
l'impie Nicanor avait fait dessein d'exterminer tous

les Juifs attachés à la loi, et d'élever un même tro-
phée do Judas et de tous ses gens.

Mais Macchabée espérait toujours avec une entière
confiance, que Dieu ne manquerait point de lui envoyer son secours. Et il exhortait ses gens à ne
craindre point l'abord de ces nations, mais de re-
passer, dans leurs esprits, les assistances qu'ils
avaient reçues du ciel, et d'espérer encore présente-
ment que le Tout-puissant leur donnerait la victoire.
Il les arma donc tous, non de boucliers et de dards,
mais avec des paroles et des exhortations excellentes, et leur rapporta une vision très digne de foi, qu'il
avait eue en songe, qui les combla tous de joie.
  Voici qu'elle fut cette vision :
  Il lui sembla qu'il voyait Onias, qui avait été grand
prêtre, étendre les mains, et prier pour tout le peuple juif; Onias, cet homme vraiment bon et plein de
douceur, si modeste dans son visage, si modéré et
si réglé dans ses mœurs, si agréable dans ses discours, et qui s'était exercé dès son enfance en toutes
sortes de vertus : qu'ensuite avait apparu un autre
homme vénérable par son âge, tout éclatant de gloire
et environné d'une grande majesté : et qu'Onias
avait dit en le montrant : c'est là le véritable ami de
ses frères et du peuple d'Israël : c'est là Jérémie, le
prophète de Dieu, qui prie beaucoup pour ce peuple

et pour toute la ville sainte; qu'en même temps, Jérémie avait étendu la main, et donné à Judas une épée d'or en lui disant: Prenez cette épée sainte, comme un présent que Dieu vous fait, et avec lequel vous renverserez les ennemis de mon peuple d'Israël.

Les Juifs excités, enflammés par ces exhortations de Judas, chargèrent les ennemis l'épée à la main. Ils tuèrent trente cinq mille hommes, se sentant comblés de joie par la présence de Dieu, et ils reconnurent, le combat étant fini, que Nicanor était tombé mort couvert de ses armes.

Les âmes des trépassés sont donc glorieuses, lumineuses, elles peuvent être utiles aux mortels, leur assujettir non seulement les animaux et les corps inertes, mais même les faire triompher de leurs ennemis.

Une foule d'apparitions de ces âmes à travers les âges nous confirment ces assurances véridiques des saintes Lettres.

J'en trouve facilement comme s'étant produites même en notre dix-neuvième siècle.

Le Père Sage, missionnaire mariste dans l'Océanie, écrivait, il y a quelque temps, de Topaipai, île de Savaï, une lettre, dans laquelle je puise le trait suivant, qui démontre, une fois de plus, qu'il existe des communications avec l'autre monde :

J'ai profité de mon séjour à *Futuna* pour visiter quatre tombes qui m'ont rappelé de grands amis de Dieu et des hommes.

Parmi ces tombes se trouve celle du roi Philippe, que son père, roi païen, frappa, à le laisser presque mort, pour le faire renoncer à la religion; et ce fut par dépit, voyant qu'il perdait son temps et sa peine, qu'il ordonna de mettre à mort le R. Père Chanel (aujourd'hui béatifié); il crut que c'était un moyen infaillible pour ramemer son fils.

Je l'ai vu plusieurs fois, et j'ai toujours admiré sa bonté et sa simplicité, les Pères en ont toujours été très contents, et l'histoire prouvera que Dieu n'avait pas à s'en plaindre, et qu'il ne dédaigne pas de s'occuper de ces petits rois que le monde regarde du haut de sa grandeur, tandis qu'il semble laisser à eux-mêmes ces grands potentats, qui se croient assez savants et assez éclairés, pour faire leurs affaires eux-mêmes sans le secours de Dieu.

Un jour qu'avec tout son monde, Philippe descendait de la montagne de grosses pièces de bois pour la toiture d'une église, une branche en ricochet vint le frapper au côté, et quelques jours après il était dans la tombe.

Son frère Silvério était à Wallis d'où il revint

quelques jours après les funérailles du roi. Il fut bien sensible à cette nouvelle.

La semaine suivante, une nuit, à la mer basse, vers les dix heures du soir, le souvenir de son frère l'empêchant de dormir, il se lève et va s'asseoir sur les bords du rivage en fumant une pipe, puis il rentre chez lui, s'assied au pied de la colonne du milieu, prend son chapelet et se met à le dire pour son frère Philippe

Avant qu'il l'ait achevé, il est distrait par une grande lueur qui apparaît sur sa gauche, il se baisse pour voir si c'est quelqu'un qui va à la pêche, et il voit que cette lueur s'avance vers sa maison, et en moins de rien, il voit arriver son frère Philippe, tout brillant de lumière, qu'il reconnaît très bien; il se place à la cloison en face et lui adresse la parole. Ah ! qu'il était beau , dit encore Silvério ; il était d'un éclat éblouissant ; mais autre est l'éclat du soleil, autre est l'éclat du feu; mes yeux n'ont pas pu le supporter long-temps.., et j'ai été obligé de les baisser, et il m'a dit :

— Tu es revenu d'Uvéa ? Silvério.

— Hé oui !...

PHILIPPE. — J'ai de l'affection pour toi.

SILVÉRIO. — Et toi, tu es mauvais, car tu es parti sans que nous nous soyons revus...

PHILIPPE. — Comme tu parles ?... La volonté de

Dieu s'est accomplie en moi, Dieu m'a rappelé à lui, parce que le pays se conduisait mal à mon égard, personne ne voulait m'écouter. Cesse de réciter le rosaire pour moi. Présentez-moi plutôt vos rosaires, afin que j'intercède pour vous *(au pluriel)*, car je demeure avec Dieu.

Silvério. — J'en ai connaissance, le missionnaire m'en a parlé, mais ce n'est pas de toi qu'il le sait; c'est notre famille qui lui a fait connaître tes dernières dispositions.

Philippe. — C'est vrai, hier après la messe, il vous a dit quelques mots; tout ce qu'il vous a dit est la volonté de Dieu. Ecoutez bien les missionnaires, tenez beaucoup à la religion.

Et il disparaît, ainsi que la brillante lumière, qui semble éclairer toute l'île.

Si ce n'est là qu'un rêve, il faut convenir que c'est un beau rêve.

Mais ce qui fait croire que Silvério était bien éveillé, comme il l'affirme, c'est que cette lumière éclatante a été vue, cette même nuit et à la mer basse, par plusieurs autres personnes placées à une assez grande distance les unes des autres.

Ainsi : 1° elle a été vue à Poi, où est le tombeau du R. P. Chanel, au moins à trois bonnes heures de la maison de Silvério, et par delà un promontoire. Un homme, qu'un mal de jambe empêchait de dormir, a d'abord pensé que c'étaient les torches de quelques femmes à la pêche, mais il a bien vite reconnu combien cet éclat était différent à celui des torches. Ce qui l'a surtout frappé, c'est que cette lumière ne produisait aucune ombre, ni sous les cocotiers, ni sous les arbres à pain, ni sous aucun arbre. 2° Elle a été vue à d'Alofi, île à plusieurs milles en face de la vallée d'Alo, où s'est passé le prodige, par un homme à la pêche, et tout à fait bien placé pour la voir. Il a d'abord vu l'éclat de la lumière, qui semblait embraser et illuminer tout *Futuna*, puis il a vu descendre comme un petit corps humain très beau et très brillant, qui s'est abaissé sur la vallée d'Alo, où est la maison de Silvério. Je l'ai vue cette maison, et je vous assure que ce n'est pas un splendide palais. 3° Elle a été vue du village voisin à droite, par un homme assis dans sa maison, et par un autre à la pêche. A cet éclat comme celui d'un beau jour, mais bien différent cependant, notre pêcheur est resté stupéfait, osant à peine respirer; mais dès que la nuit est venue, il a ramené son filet à la hâte et s'est enfui à toutes jambes dans sa maison, d'où il n'est pas sorti de toute la nuit tant il avait peur.

CHAPITRE VI.

Dieu, les Anges, les Démons, les âmes des trépassés existent, mais dans un monde à part, dont
nous ne pouvons augurer de la manière d'être que
par des analogies, tant il dépasse le champ de nos
observations et est d'une structure du tout au tout
différente de la structure de notre monde à nous.
Ce que nous avons pu constater de ces quatre sortes
différentes de volontés, c'est qu'elles existent, c'est
qu'elles ont un immense pouvoir sur notre monde
matériel et sur nous-mêmes.

Nous sommes un peu par rapport à ces existences
individuelles, d'ordre si supérieur, ce que le microbe
ou même la fourmi sont par rapport à nous. Il est
infiniment probable que ni le microbe qui peuple
les eaux par légion, ni la fourmi ne nous connaissent, ne nous comprennent; nous échappons, quant
à notre manière d'être totale, à la limite de leurs
investigations. Ces très petits animaux ne peuvent

s'assurer de nous que d'une chose, de notre existence et de notre immense pouvoir par rapport à la
partie du monde dans laquelle ils évoluent ; notre
pied écrase des centaines et des centaines de four-
mis ; nos bras d'une poussée bouleversent leurs
nids; notre petit doigt, immense rocher, s'abat sur
eux inopinément et les écrase invinciblement sous
sa pression, ou les blesse horriblement. Que représente pour eux cette chose monstrueuse, notre petit
doigt ? Ils ne savent à quel être mystérieux il appartient ; ils l'ignorent, mais ils en infèrent. ou du
moins ils pourraient, en inférer qu'en dehors des
lois régulières qui régissent leur petit univers, il y
a des forces, des volontés inconnues pour eux ,
mais bien au-dessus d'eux, dont ils doivent craindre l'irrésistible puissance.

De même notre terre, avec l'immensité de ses mers,
avec ses vastes continents, avec ses chaînes de montagnes majestueuses, n'est vis-à-vis de ces esprits,
qui sont Dieu, les anges, les démons, les âmes des
trépassés, qu'un fétu de paille qu'ils peuvent écra-
ser, tourmenter en se jouant. Nous sentons par-fois
eur contact, mais ce n'est que par les effets qu'ils
produisent. Eux-mêmes, quant à leur essence,
à leur nature, ils nous échappent; ils sont trop
grands, nous sommes trop petits. Nous sommes
assurés seulemeut qu'ils sont des agents, avec les

quels il nous faut compter, et pour qui notre boule terrestre n'est que ce qu'est un grain de sable mesuré à nous.

Nous sommes arrivés à établir leur existence par l'etude que nous avons faite de nous-mêmes. Par là notre raison nous a conduits à déduire que Dieu, anges, démons, âmes des trépassés, étaient des entités immatérielles, des volontés pures, dont toute la force était la volonté.

Dans le premier article de cet ouvrage, nous nous sommes aussi assurés que de par notre intelligence, notre volonté, nous étions la fin de la nature matérielle, au milieu de laquelle nous vivions, que nous en étions la plus haute signification, parce qu'en la contemplant, nous reproduisons en nous la volonté suprême de l'architecte qui l'a créée. Elle vit indépendante de nous, cette nature matérielle, en ce sens que nous n'en sommes ni les fondateurs, ni les soutiens, mais elle est dépendante de nous, parce qu'elle a été faite pour nous, pour que nous révélions en nous l'harmonie du plan qui préside à son organisation.

Tel est le rôle de la volonte humaine placée sur la terre, sous le dôme étoilé du firmament.

Mais quel est son rôle, quand on la considère liée au corps matériel de l'homme?

Je le demanderai aux expériences constatées par nos médecins modernes.

Ecoutons le docteur Coste de Lagrave dans la description vraiment stupéfiante d'exercices auxquels il a livré sa volonté, arrivée bientôt par là à faire naître dans son corps les phénomènes les plus inattendus.

Je les copie tels qu'ils sont relatés dans la *Revue de l'hypnotisme*.

L'auto-hypnotisme est l'étude, l'exercice, l'activité de la volonté pendant le sommeil.

Avec des exercices suffisants, on arrive à des résultats constants.

Sommeil à volonté

Le premier exercice à faire est de s'éveiller et de s'endormir à volonté. Le moment le plus favorable est celui du réveil, soit le matin, soit pendant la sieste de l'après-midi.

Le matin, j'ai pratiqué cet exercice, le réveil à volonté, un très grand nombre de fois (deux mille fois environ). Il consiste, lorsqu'on est réveillé du sommeil de la nuit, à s'endormir de nouveau, pendant quelques minutes seulement, et à se réveiller. On a ainsi une période de sommeil succédant à la veille. On arrive à s'endormir et à se réveiller facilement trois fois de suite dans une heure. Le sommeil est léger, accompagné parfois de rêves, et on conserve dans certains cas une demi conscience de l'état où l'on se trouve.

Je citerai, comme exemple particulier, ce fait : un jour, août 1888, pendant la sieste, je me suis endormi et réveillé cinq fois dans une heure. Le premier réveil s'est accompagné d'oppression due à l'arrêt de la respiration, puis de mouvements respiratoires fréquents, amples et précipités. Or dans les périodes de sommeil et de réveil qui ont succédé, le réveil s'est fait chaque fois dans les mêmes conditions, accompagné d'oppression, de respiration fréquente et précipitée. Toutefois, l'oppression était de moins en moins grande, et au cinquième réveil elle était peu accusée.

Marcher sans se fatiguer.

A la suite d'une dyssenterie contractée au Tonkin, je suis dyspeptique et présente un grand nombre de signes habituels aux névropathes. Sans insister sur les divers symptômes présentés, je dirai seulement que je ne pouvais faire deux cents pas sans me fatiguer. Quand j'avais fait un kilomètre dans la journée et à différentes reprises, c'était tout le travail que je pouvais faire. Un soir de décembre

1887, je me donne l'auto-suggestion de ne pas être
fatigué. Le lendemain je fais une promenade de huit
kilomètres coupés par un repos d'une heure. Depuis
ma rentrée en France, c'est-à-dire depuis plus d'un
an, c'était la première fois que je pouvais faire une
aussi longue marche.

Avoir faim.

A la même époque, étant dyspeptique et n'ayant
jamais faim, je me donne l'auto-suggestion d'avoir
faim. Au repas suivant, j'ai bon appétit, et le repas
fini, la faim persistant, je mange après le dessert
une croûte de pain pour la satisfaire.

Avoir chaud aux pieds.

C'est une expérience que j'ai faite plus de cinquante fois, et je vais rapporter les principales circonstances dans lesquelles je l'ai faite.

En décembre 1888, suivant à cheval une marche
militaire, par un temps de neige, et ayant horriblement froid aux pieds, ne pouvant pas marcher,
parce que la marche me fatigue, je me donne l'auto-
suggestion d'avoir chaud aux pieds. Je reste à cheval, je me mets dans l'état le meilleur possible pour
favoriser l'auto-suggestion. Je ferme les yeux et

cherche à m'endormir en pensant à avoir chaud aux pieds, je suis resté ainsi pendant une demi-heure entière, mais au bout de ce temps, j'avais la sensation d'avoir chaud aux pieds. Je n'ai pas constaté à la main si les pieds étaient réellement chauds, mais la sensation de chaud étant différente de la sensation de froid, je constatais très bien cette différence et le bien être résultant de la chaleur.

Le résultat obtenu, les pieds étant chauds, j'ai cessé tout travail d'auto-suggestion. En très peu de temps les pieds sont redevenus froids. Au bout de dix minutes, j'avais froid aux pieds comme avant.

Cette observation est très concluante, car elle est faite dans des conditions irréprochables, par un froid indiscutable, en plein air. La sensation de chaud a accompagné l'auto-suggestion, a disparu avec elle. Le résultat a été lié intimement à la cause et a disparu avec cette cause.

Je n'ai pas continué ce jour là l'auto-suggestion d'avoir chaud aux pieds, car le travail que j'ai fait, c'est-à-dire l'auto-suggestion pratiquée pendant une demi heure m'avait fatigué, et je me sentais incapable de recommencer. Je préférais avoir froid aux pieds. L'auto-suggestion, en effet, ne se fait pas sans fatigue et peut même provoquer des accidents.

J'ai voulu constater si le chaud aux pieds était bien réel, ou si c'était une illusion des sens. Pour

9.

cela, je pratique l'auto-suggestion d'avoir chaud aux pieds, en juillet 1889; j'avais froid aux pieds depuis plusieurs heures, il faisait froid dans la ville du nord où j'étais. Au bout de cinq minutes environ, j'ai chaud aux pieds. Je constate, en touchant directement mes pieds avec la main, que le pied droit est manifestement chaud, sans trace de fraîcheur superficielle. Le pied gauche est également chaud, mais je sens que la peau est légèrement fraîche à la superficie.

Il faut noter cette action de l'auto-suggestion plus rapide à droite qu'à gauche, action qui tient à ce que le côté droit, chez les droitiers, étant plus exercé, plus habile, réagit mieux aux excitations et aux émotions.

Voici d'autres exemples d'auto-suggestions de chaud aux pieds :

Dans l'hiver 1887-88, me trouvant au théâtre de S.., lequel n'est pas chauffé, ayant froid aux pieds suivant mon habitude, dans un entr'acte je me donne l'auto-suggestion d'avoir chaud aux pieds. Au bout de dix minutes, j'ai chaud aux pieds; j'espère conservé cette sensation, mais le rideau étant levé, les acteurs étant en scène, l'auto-suggestion n'est plus possible, et le froid aux pieds revient immédiatement.

Entrant chez moi et ayant froid aux pieds, je

m'allonge sur un canapé et me donne l'auto-suggestion d'avoir chaud aux pieds, le résultat est obtenn
en cinq minutes environ. Cette expérience a été faite
très souvent.

Rentrant chez moi et ayant froid aux pieds, je
me promène dans ma chambre avec l'auto-suggestion de conserver mes pieds froids. Je conserve mes
pieds froids pendant une demi-heure. Au bout de
ce temps je me donne l'auto-suggestion d'avoir
chaud aux pieds. Moins de cinp minutes après, j'ai
la sensation d'avoir chaud aux pieds, et je constate
par le contact de la main, que j'ai réellement chaud
aux pieds.

Cette façon, dont l'auto-suggestion a été pratiquée, varie avec les précédentes. J'ai voulu avoir
chaud aux pieds, sans fermer les yeux et sans changer ma manière d'être éveillé. J'ai voulu pendant
cinq minutes une seule chose, avoir chaud aux
pieds, cet effort de volonté a été suivi d'un résultat
positif et persistant.

N'avoir pas mal à l'estomac

En décembre 1888, me trouvant chez moi, et
ayant depuis plus d'une heure un violent mal à
l'estomac, mal qui m'empêchait de me livrer à toute
occupation intellectuelle, je pratique l'auto-sugges-

tion de n'avoir pas mal à l'estomac. Au bout de vingt minutes, le résultat est obtenu ; le mal d'estomac disparaît et ne reparaît plus. Je puis me mettre au travail.

Dans les mêmes circonstances, ayant mal à l'estomac et froid aux pieds, je me donne l'auto-suggestion de n'avoir pas mal à l'estomac ; pendant ce temps, je pensais que je voudrais bien aussi aussi ne plus avoir froid aux pieds. Mais je ne pratiquai pas l'auto-suggestion pour le froid aux pieds, qui m'incommodait moins que le mal d'estomac. Le simple désir, la pensée de ne plus avoir froid aux pieds avait suffi pour que l'auto-suggestion ait un résultat positif. De plus, comme j'avais pratiqué l'auto-suggestion d'avoir chaud aux pieds bien plus souvent que l'autre, n'avoir pas mal à l'estomac, c'est elle qui a été la première exécutée au bout de dix minutes. La seconde, ne plus avoir mal à l'estomac, a été exécutée, mais au bout de vingt minutes.

Hallucinations

Un soir, avant de m'endormir, au moment où je faisais ordinairement mes expériences d'auto-suggestion, j'ai lu un article sur les hallucinations. L'état dans lequel je me suis trouvé est difficile à définir, je n'avais pas conscience de ce que je pensais je ne raisonnais pas, j'avais des idées bizarres, je me faisais de la vie et des relations sociales un tableau que je ne m'étais pas fait auparavant. Cet état, que je n'ai pas voulu faire disparaître pour l'observer, a duré environ une demi-heure.

Le soir, en me couchant, pour contrôler le fait précédent, et dans le but de trouver la clef du problème des hallucinations, je me donne l'auto-suggestion d'avoir des hallucinations. Le lendemain dans la matinée, le même état hallucinatoire se présente, mais plus accentué. Je ne raisonnais plus, je ne liais pas deux idées; je ne vivais plus avec les vivants, je faisais partie d'un autre monde, d'une autre société, pensant et raisonnant d'une manière toute différente. Ce ne sont pas des hallucinations proprement dites, que j'ai eues, mais un état particulier qui n'était pas l'état normal, que je n'ai eu que ces deux jours, qui ne s'était jamais produit avant, et que je n'ai pas cherché à reproduire dans la suite.

Cet état hallucinatoire, provoqué par l'auto-suggestion, était si accusé, qu'à un moment donné j'ai eu peur de devenir réellement halluciné, et je me suis donné l'auto-sugegstion inverse, ne pas avoir d'hallucinations. Le résultat a été, du reste, obtenu très facilement au bout de deux minutes, et je n'ai pas cherché à reproduire cet état hallucinatoire mal défini, mais qui est très pénible et très ennuyeux.

Ce qu'il faut constater, c'est que l'auto-suggestion a suffi pour faire disparaître un état créé par l'auto-suggestion.

Causer

Je me donne l'auto-suggestion de causer d'une façon intéressante, quand je me trouverai auprès de Mme X''', femme d'un de mes supérieurs. Quelques jours avant, lui rendant visite, je n'avais rien trouvé à lui dire, la conversation laissait beaucoup à désirer, et j'avais été obligé de faire une visite très courte. Grâce à l'auto-suggestion, je fais la seconde visite d'une heure un quart, et la conversation ne tarit pas pendant tout ce temps.

Ce qu'il y a de plus curieux, c'est que, pour que je cause en compagnie de cette dame, il faut que je pratique chaque fois l'auto-suggestion. Si je ne suis préparé par l'auto-suggestion, je ne trouve rien à dire, comme la première fois. Si l'auto-suggestion est bien faite, elle a un résultat et je puis parler d'une façon suffisante.

Avoir des idées

Un soir que je pratiquai l'auto-suggestion, pendant la somnolence qui précède le sommeil, sans m'en apercevoir, je me donne l'auto-suggestion d'avoir des idées fausses. Le lendemain, quand je veux me mettre au travail, il ne me vient que des idées absurdes, erronées, et je suis obligé de cesser de travailler; il ne me vient pas d'autres idées à l'esprit, je constate qu'elles sont fausses, qu'il est inutile de les écrire, et je ne puis en avoir d'autres.

Je me suis donné souvent l'auto-suggestion d'avoir des idées vraies; mais ce n'est pas moi qui puis vérifier, si l'auto-suggestion est bien exécutée.

Ecrire

Je pratique l'auto-suggestion pour écrire. La somme de travail donnée est toujours proportionnée à l'auto-suggestion. La durée de l'auto-suggestion est très importante pour la perfection des résultats.

L'auto-suggestion d'écrire et d'avoir des idées est celle que je me suis donnée le plus souvent. C'est celle qui pour moi est la plus probante. Sou-

vent, je me suis mis à ma table de travail sans
m'être donné l'auto-suggestion d'écrire et avoir des
idées. Au bout de dix lignes, j'étais à court, je ne
savais que dire, je n'avais rien à écrire, j'étais obligé de faire autre chose.

Quand l'auto-suggestion « avoir des idées et
écrire » était bien faite, pratiquée pendant une durée suffisante, je pouvais écrire, accomplir un travail que je constatais. La valeur du travail n'est
pas en question, mais le travail existait; il a été
deux fois jusqu'à quatorze pages de papier écolier
écrites dans une journée, non copiées, mais au
courant de la pensée. Il faut ajouter que ces jours-
là, j'ai voulu épuiser l'excitation par l'auto-suggestion et voir jusqu'où elle pourrait aller, Cependant il est prudent de ne pas user de la sorte et de
ne pas épuiser l'excitation procurée par l'auto-suggestion. La dépression qui suit est d'autant plus
grande.

Chanter

Je chante mal et n'ai aucune prétention à exceller
dans ce genre. Je pratique l'auto-suggestion pour
chanter avec goût, faire plaisir aux personnes qui
m'écouteront. Après avoir chanté, je reçois des
compliments pour la première fois de ma vie.

Haïr

Je me donne l'auto-suggestion de haïr une personne, D..., qui m'a fait du mal. Le résultat est positif, je la hais. Cette expérience ne prouve pas
grand'chose, mais c'est la suite qui est intéressante.
Cette auto-suggestion de haïr crée en moi un caractère tel que je ne puis souffrir certaines personnes indifférentes auparavant. Alors que j'ai pratiqué
l'auto-suggestion de haïr pour une seule personne D.
cette auto-suggestion s'accomplit bien pour cette
personne D..., mais elle s'accomplit aussi pour
d'autres X..., Y..., Z..., qui, auparavant, m'étaient
simplement indifférentes. C'est ce qui m'a fait cesser
cette sorte d'auto-suggestion.

Eh bien! que dit le lecteur de ce morceau assez
long, que je viens de citer d'une étude non donnée
dans son entier ? N'est-ce pas curieux, étourdis-
sant, troublant?

On est porté, de suite après cette lecture, à tenter l'expérience et à se donner tous les petits agréments ou avantages rêvés dans un moment de diva-
gation de notre imagination, où se sont entrechoqués
dans notre tête tous les contes fantastiques des
Mille et une nuits. Il semble qu'on ne puisse plus

redouter les maladies. A-t-on un mal de tête, un mal de dents, un mal d'entrailles? On se met mollement dans son fauteuil, on s'y laisse bercer par une douce somnolence, au milieu de laquelle on ne voit que cette phrase à laquelle on s'acharne : je ne suis plus malade, mon mal de tête est passé, mon mal de dents n'est plus qu'un souvenir, mon mal d'entrailles a disparu; puis on se secoue de sa torpeur, et le tour est joué; on se trouve frais et dispos, avec un sentiment de bien-être exquis, soit à la tête, soit aux dents, soit aux entrailles.

Est-ce sérieux? je veux bien le croire. C'est un médecin qui nous donne cette recette, et, de nos jours, il nest pas permis de révoquer en doute la science d'un docteur de Faculté. Prenons donc ces faits argent comptant, tels qu'ils nous sont présentés, comme bonne marchandise.

Remarquons ce que nous avoue ce bon docteur, c'est qu'il est névropathe, c'est-à-dire facilement impressionnable, excessivement nerveux, une sensitive, quoi. Alors rien d'extraordinaire dans tout ce qu'il nous raconte.

Il a l'imagination vive, adoptant avidement une idée, une image. A-t-il froid aux pieds : il se laisse aller à la somnolence, puis il rêvasse que ses pieds brûlent, qu'il marche sur des charbons ardents ; ou bien il rêve que ses pieds sont douillettement enveloppés dans de la ouate, qu'il y sent une douce chaleur les envahir. Lui, qui auparavant était engourdi par le froid, comme annéanti, revit devant ces tableaux terribles ou attrayants, sa volonté réagit, entre en fonction, fait effort pour fuir le danger que ses pieds ne soient consumés par le feu, ou s'épanouit d'aise, jouit, alors qu'elle croit son corps enveloppé d'une admosphère chaude. Dans les deux cas elle produit en nous les mêmes effets, que si la réalité était à la place de l'illusion.

Je dis que, sous le coup d'une peur, d'une vive appréhension, des changements prodigieux s'opèrent en nous, peuvent mettre hors de lui l'homme le plus calme d'ordinaire, faire d'un brave qu'il se conduise en couard.

Qui n'a expérimenté en soi, par suite d'une émotion violente, sentir tout à coup son visage s'empourprer, de pâle qu'il était auparavant, son sang bouillir et rendre brûlants sa figure, ses mains, toute sa peau, de froids qu'ils étaient précédemment, une sueur chaude lui couler sur tout le corps, alors que quelques secondes avant il était parfaitement sec?

D'où un tel phénomène si sensible? De la volonté et de la volonté seule, car souvent une pareille émotion n'a aucune cause plausible en dehors de la volonté.

Nous avons pris la nuit un tronc d'arbre pour un brigand, et de là la peur atroce qui trouble notre âme, et la fait réagir par sa volonté sur les organes du corps; notre sang est vivement poussé aux extrémités, notre cœur bat avec force, nos jambes nous emportent au loin, avant que nous ayons pris le temps de la réflexion.

A qui n'est il pas arrivé de voir en songe qu'il tombait dans un puits, et de se réveiller brusquement, au moment de toucher le fond du puits? C'est la volonté qui en présence de ce danger, qu'elle croit réelle, fait jouer tous les ressorts du corps, et nous fait nous dresser sur notre lit, où nous nous retrouvons haletants, les yeux démesurément ouverts, les bras battant l'air, comme pour nous rattraper à quelque chose, le corps couvert d'une sueur froide.

A qui encore n'est il pas arrivé de se laisser aller à des pensées voluptueuses à de grandes jouissances sensuelles, même sans y prendre garde. Et bientôt tout le corps se trouve agité, comme brûlé par le sang dans les veines. Si l'on n'arrête ces commencements de désordre, bientôt l'ébranlement total est tellement fort qu'on sort de ce rêve tout brisé, tout anéanti. La volonté et la volonté seul a causé un tel bouleversement, en se prêtant au jeu de ces illusions de plaisir.

Le journal *le Praticien* racontait dernièrement la drôlerie suivante :

Le comte de Guiche (devenu depuis le maréchal de Grammont) était un des hôtes assidus de l'hôtel de *Rambouillet*; il fut victime à Rambouillet d'une farce qui agit fortement sur son imagination.

Un soir qu'il avait mangé force champignons, on gagna son valet de chambre qui donna tous les pourpoints des habits que son maître avait apportés. On les rétrécit promptement.

Le malin Chaudebonne (ami intime de madame de Rambouillet et du comte de Guiche) le va voir, comme il s'habillait; mais quand il voulut mettre son pourpoint, il le trouva trop étroit de quatre grands doigts.

— Ce pourpoint-là est bien étroit, dit-il à son valet de chambre, donnez-moi celui de l'habit que je mis hier.

Il ne le trouva pas plus large que l'autre.

— Essayons-les tous, dit-il.

Mais tous lui étaient également étroits.

— Qu'est-ce ceci? ajouta-t-il. Suis-je enflé? serait-ce d'avoir trop mangé de champignons?

— Cela pourrait bien être, dit Chaudebonne, vous en mangeâtes hier à crever.

Tous ses amis en dirent autant; l'imagination du comte travaillant alors, il en vint à trouver que son teint était livide.

Sur ces entrefaites, la messe sonna; il dut s'y rendre en robe de chambre.

La messe dite, il commença à s'inquiéter de cette prétendue enflure et il disait en riant du bout des dents

— Ce serait pourtant une belle fin que de mourir à vingt et un ans pour avoir mangé des champignons.

Comme on vit que cela allait trop avant, Chaudebonne dit qu'en attendant qu'on pût avoir du contre poison, il était d'avis qu'on fît une recette, dont il se souvenait. Il se mit aussitôt à l'écrire et la donna au comte : « Récipé de bons ciseaux et décous ton pourpoint. » (Tallemant des Réaux.)

L'affaire en resta là, le crédule maréchal de .Grammont se remit de son émotion.

Il n'en est pas moins vrai que, sous le coup d'un faux jugement, terrifié par la pensée d'un empoisonnement par les champignons, sa volonté, se laissant emporter par ces ridicules imaginations, fit naître en un clin d'œil de tels troubles dans tout son corps, que les farceurs eux-mêmes, en quête cependant d'amusements, en furent effrayés et se hâtèrent d'arrêter ces désordres naissants en redressant le jugement du maréchal.

D'autres exemples sont là qui nous prouvent ce qui eût pu advenir.

Un médecin de la Nouvelle-Orléans (Etats-Unis), voulant se rendre compte des effets de l'imagination, eut la singulière idée d'administrer à cent de ses malades une potion d'eau sucrée.

Un quart d'heure après il revient, l'air très agité, et dit qu'il a par erreur administré une forte dose d'un émétique quelconque et qu'il faut préparer de suite ce que l'on sait.

Sur les cent malades, quatre-vingts sont pris de vomissements, et il est à noter que la plupart des quatre-vingts sont des hommes, alors que les vingt rebelles sont presque tous des femmes.

On s'amuse communément à tromper des gens qui ont une horreur instinctive de la chair du chien, du chat, du rat; on leur sert un plat appétissant d'une viande au fumet savoureux, nageant dans une sauce au goût relevé, on le leur présente sous l'étiquette d'un lièvre, d'un lapin.

Ils mangent avidement: c'est excellent succulent, régalant; jamais ils n'ont dégusté si bon civet; ils s'en donnent jusqu'à plus faim. Puis le repas fini, ils digèrent béatement, les joues rouges, l'œil émérillonnée, humide; jamais ils n'ont éprouvé un tel bien être.

Voulez-vous voir la scène changer. Soufflez leur discrètement dans le tuyau de l'oreille, qu'on s'est moqué d'eux, que ce qu'ils ont pris pour du lapin ou du lièvre n'est qu'un misérable chat ou un hachés de rats. L'heureux dînant de tout à l'heure pâlit subitement, ses yeux se creusent, ses traits se tirent, son front se couvre d'une moiteur tiède, bientôt son corps est secoué d'un spasme affreux, et il met cœur sur carreau.

Dernièrement un journal, racontant l'équipée d'un taureau de courses, qui s'était échappé de la cage, où il était enfermé, le mène à travers mille méfaits jusqu'aux portes de Madrid.

Le taureau bouscule le douanier préposé à la garde d'une des entrées de la ville, enfile la rue d'Alcala, stationne 'x minutes devant l'église Saint-Joseph, s'engage dans la rue del Turco, y transperce le cou d'un gardien de nuit, qui tombe sans pousser un cri, la carotide coupée.

Après cet exploit, la bête s'arrête devant une porte cochère, sous laquelle une vieille femme vendait des gâteaux frits dans l'huile. Elle flaire cette pâtisserie, et la vieille, dans l'erreur où la plongent ses yeux fatigués, lui donne un coup sur le museau en s'écriant :

— Voyez un peu quelle négligence de laisser comme ça échapper des vaches dans les rues !

Lorsqu'elle apprend le lendemain (car le taureau l'épargna) à quel visiteur elle avait eu affaire, elle tombe congestionnée de peur, et il faut la saigner à deux reprises !

Ces secousses peuvent être d'une telle intensité que mort s'en suive.

Les journaux ne racontaient-ils pas dernièrement le douloureux fait divers suivant:

On sait, disaient-ils, que le comte Louis Siciliano de Rende, un des frères du cardinal de Rende, archevêque de Bénévent, autrefois nonce à Paris, est mort ces jours derniers dans ses propriétés de Giovinazzo, dans la Pouille, succombant aux atteintes de l'hydrophobie. Mais les détails de cette mort horrible n'ont pas encore été contés.

Il y a un mois, le comte avait eu son chien favori enproie à une maladie étrange, que les vétérinaires déclarèrent être l'hydrophobie. Le comte fit abattre sur champ l'animal. Quelques jours après, il commença à se sentir malade. Il fuyait la compagnie des siens, se mettait à trembler à la vue de l'eau. Ce mal augmentait tous les jours davantage. Le comte ne pouvait plus ni boire, ni manger, ni dormir. Les accès d'hydrophobie ne tardèrent pas à se déclarer avec une violence extrême et la mort survint.

Les médecins ont déclaré qu'impressionné par la vue de son chien enragé, le comte en avait subi toute l'influence et que cela avait déterminé une fièvre pernicieuse.

Dans ce cas on aperçoit à l'évidence la force de la volonté sur l'organisme de cet infortuné Louis Siciliano de Rende; le désordre qu'elle produit sont tels qu'ils deviennent rapidement mortels. Elle s'est laissé dominer par l'impression de terreur qu'a faite sur lui la vue du chien enragé, et elle retrace dans le corps tous les symptômes effrayants d'une véritable hydrophobie avec une telle intensité que le feu s'est allumé dans le sang et a amené cette fièvre pernicieuse qui l'a tué.

De pareils dénouements, dus à une imagination vivement frappée, malheureusement ne sont pas rares, il en est de très curieux.

En 1822, écrit le rédacteur de l'article Choléra du Dictionnaire de Médecine, le docteur Bourdois, appelé auprès d'un homme de moyen âge accablé depuis trente-six heures d'un choléra morbus très intense, crut entendre le malade en délire proférer le mot pêche.

Cet habile praticien, profitant de cette sorte de mouvement instinctif, fit apporter un de ces fruits.

Le malheureux agonisant le mange avec avidité; l en demande un second qui est également accordé;

les vomissements, jusqu'alors opiniâtres et détermi-
nés par la moindre gorgée de tisane, ne reparaissent
plus, leur absence enhardit le médecin. Enfin le
malade mangea ou plutôt dévora une trentaine de
pêches, non seulement sans accident, mais même
avec un tel avantage que le lendemain la guérison
était parfaite.

Ce cas est le même que le précédent. La vue des
cholériques avait si fort frappé l'esprit de cet
homme, que sa volonté subissant toutes les angoisses, qui étreignent le vrai cholérique, en reproduisit
tous les caractères dans le corps; heureusement il
fut de nouveau pris par l'idée suggestive que la
pêche avait la vertu de guérir le choléra, il mangea
des pêches, et les désordres, nés de la volonté de cet
esprit faible, furent aussi chassés par cette même
volonté attribuant à la pêche une action anticholé-
rique qu'elle n'a pas.

H. Lauvergne dans son livre : *De l'agonie et de
la mort* écrit ce qui suit :

Un forçat infirmier nous assiste dans les soins
que nous donnons à un matelot cholérique, qui se
tordait au milieu d'atroces déchirements d'entrailles.
Cette vue le saisit de terreur, et il meurt.

Les deux cadavres, examinés avec soin, présentaient au physique une ressemblance si grande, ils étaient tous les deux d'une laideur tellement similaire, qu'il était impossible de distinguer le matelot du forçat.

Concevez-vous la métamorphose ?

Quel pouvoir surhumain a donc le choléra, ce doigt de Dieu comme l'appellent les bonnes âmes, puisque l'homme, dont l'imagination en a été bouleversée, en la voyant sur les traits d'un autre, a pu le copier jusqu'à identifier son visage avec celui qui l'a fasciné !

J'emprunte encore au livre : *Essai sur l'art d'être heureux* de J. Droz, d'autres traits qui corroborent les précédents.

En voici deux :

Ambroise Paré procura des sueurs abondantes à un malade, en lui faisant croire qu'une drogue fort innocente qu'il lui avait donnée, était un sudorifique violent.

Des hommes, dont les noms paraîtraient d'un grand poids, si j'osais les citer, attribuent leurs guérisons dans des maladies désespérées, au courage qui leur restait encore, aux efforts qu'ils ont faits pour retenir un souffle prêt à leur échapper, et pour se rattacher en quelque sorte à la

vie. Un d'eux disait plaisamment : « Je serais
mort tout comme un autre si je l'avais voulu.»

Les sources mêmes de la vie, fait remarquer un
auteur, ne nous sont pas soustraites; plus obscures
et plus inconnues que celles du Nil, elles n'en dé-
pendent pas moins de notre action, et l'on peut
s'assurer par là que notre pouvoir dépasse notre
savoir. Gœthe déclare dans ses lettres avoir échappé
par un effort d'énergie aux fièvres paludéennes, dont
il était menacé en traversant de nuit les marais pon-
tins. Ce succès était renouvelé de Descartes. qui
coupait net, par une décision intérieure, ses accès
de fièvre. On conclurait volontiers de là qu'être malade, c'est abdiquer.

Il ne faut pas crier à l'impossible, à l'incroyable,
Un de mes amis, me parlant de quelques incidents
de sa vie passée, m'avouait que par une fois il avait
été tout prêt à franchir les portes de la mort, mais
qu'au moment de commettre cet acte irrévocable,
il s'était repris lui-même, avait reculé, et finalement
se trouvait en belle et bonne santé, tel que j'avais
le bonheur de le contempler à l'heure actuelle.

Je me récriais, je faisais l'incrédule devant cette
affirmation.

— L'homme peut-il donc être plus fort que la mort?
lui répondis-je.

— Oui, me dit-il, et j'en ai l'expérience. J'avais en ce temps-là vingt-cinq ans; j'étais chez mes parents; une maladie terrible m'avait abattu sur le lit; j'avais dépéri à vue d'œil, et, comme on dit, je m'en allais : Tous les visages étaient tristes près de moi; je surprenais des sanglots, des larmes tout autour de moi. On avait fait venir le prêtre, je m'étais confessé, j'avais été administré. Une dernière visite du médecin simplement pour contenter ma famille, car à peine le docteur me regarda-t-il. J'étais inquiet, je commençais à entrevoir la terrible perspective du trépas. Si jeune, il fallait dire adieu à la vie. Un boulversement se fit en moi; je regardai éperdu tous les êtres de ma chambre : J'entendis un chuchotement : c'étaient deux amis qui veillaient à mon chevet. L'un d'eux, s'adressant à voix basse à son voisin, disait : — Il est perdu, bien perdu, il ne verra pas le jour suivant. — A ce discours, une rage me prend, je me redresse assis sur mon séant, mes mains se crispent sur mes draps, mes yeux vitreux, démesurément ouverts se fixent sur celui qui vient de parler ainsi. — Qui a dit cela ? criai-je. Mes deux amis effrayés se reculent, ils ne savent que faire, ils ont peur de me donner le coup de la mort — Qui a dit cela ? vous dis-je, hurlai-je de nouveau, je veux le savoir. — C'est le médecin, me répond timidement une voix. — Eh bien ! le médecin est une bête et vous, vous en êtes une autre. Non, je ne mourrai pas. — Et bondissant de mon lit j'enfilai prestement la porte de ma chambre et m'engageai courant dans un long corridor, criant toujours : — Je ne mourrai pas ! je ne mourrai pas ! Au bout du corridor je tombai épuisé. Mais le triomphe était pour moi : j'avais vaincu la mort.

Ces faits particuliers se corroborent de faits plus généraux, bien prouvés, bien établis, tels que celui-ci, que les substances les plus vénéneuses perdent leur action et deviennent absolument inertes par l'effet de l'habitude.

L'organisation animale dans l'homme, avance Georges Cabanis, se modifie singulièrement par l'habitude; celle ci peut, à la longue, rendre également nuls et les effets les plus utiles et les plus pernicieux. L'organisation de l'homme, dont nous avons déjà fait plusieurs fois remarquer l'extrême souplesse, est capable de se prêter à toutes les manières d'être, de prendre toutes les formes.

L'homme peut, à la lettre se familiariser par degrés avec les poisons : quelquefois même l'habitude lui rend à la fin nécessaires des impressions qu'elle seule a pu lui rendre supportables; et ce ne serait pas toujours sans danger qu'on passerait du plus mauvais régime au régime le plus sage et le meilleur. Les habitants des pays malsains ne se trouvent pas toujours mieux d'un air plus pur : les asthmatiques, à qui les lieux aérés conviennent en général seuls, peuvent cependant quelquefois s'être fait une espèce de besoin de l'air épais et lourd auquel ils sont accoutumés; alors un air plus vif peut redoubler leurs accès et leur causer d'effrayantes suffocations. Enfin, l'on a vu des prisonniers, sortis sains et vigoureux des cachots infects où leurs crimes les avaient fait détenir longtemps, tomber malades, rester languissants au grand air, et ne recouvrer la santé que lorsque de nouveaux crimes les ramenaient dans leur ancien séjour, devenu pour eux une sorte de pays natal.

Tels sont les phénomènes que fait naître dans le corps humain la force de l'habitude. Or l'habitude n'est pas autre chose que les actes répétés de la volonté.

Je m'embarque pour un long voyage sur mer. Le premier jour et les jours suivants je suis horriblement fatigué par le roulis et le tangage du navire; puis, petit à petit, insensiblement le malaise diminue pour finir par disparaître complètement; et je me trouve enfin sur les planches du vaisseau aussi frais aussi dispos que sur le sol le plus fixe. Et cependant tangage et roulis ne cessent pas de secouer le navire. Pourquoi n'incommodent-ils plus mon corps ou pour être plus exact, mon être tout entier? C'est que peu à peu ce malaise s'émousse contre ma volonté, qui ne s'en laisse plus impressionner. De même je puis m'habituer aux plus mauvaises odeurs, qui finiront par me devenir indifférentes, ou même agréables.

La première fois qu'un enfant délicat boit de l'huile de foie de morue il fait une horrible grimace, on a mille peines à la lui faire avaler. Attendez quelques mois, et si malgré sa répugnance il n'a pas discontinué d'en prendre tous les jours, il courra, même dans le milieu de la journée, ouvrir en cachette l'armoire où se trouve l'huile de foie de morue pour en boire par plaisir.

Ainsi les poisons qui, pris en grande quantité, d'une seule fois, étonnent tellement la volonté, contrecarrent tellement son action sur le corps humain qu'elle se trouve incapable de remédier aux désordres qu'ils y créent, eux aussi, pris à petite dose, ne font plus d'effet sur la volonté humaine, elle se fait à leur introduction dans les organes qu'elle dirige et finit par s'en trouver à merveille.

On arrivera naturellement; des faits à la conviction que la volonté est la grande maîtresse de l'organisme dans le corps humain. C'est elle qui le fait le façonne ce qu'il est puisque, lorsque son action cesse de s'é-

tendre à ses diverses parties, c'est la mort pour
l'homme, tandis que la vie se maintient toujours en
lui, tant que cette même volonté est agissante sur les
organes, quelles que soient d'ailleurs les perturba-
tions qui peuvent s'y rencontrer.

Telle est la conclusion qu'admet Georges Cabanis, dans son livre : *Rapports du physique et du
moral de l'homme,* où je saisis ce passage.

M. de Tracy, mon collègue au Sénat et mon confrère à l'Institut national, prouve, avec beaucoup de
sagacité, que toute idée de corps extérieurs suppose des impressions de résistance, et que les impressions de résistance ne deviennent distinctes que
par le sentiment du mouvement. Il prouve, de plus,
que ce même sentiment tient à celui de la volonté qui
l'exécute ou qui s'efforce de l'exécuter; qu'il n'existe véritablement que par elle; qu'en conséquence
l'impression ou la conscience du *moi* senti, du *moi*
reconnu distinct des autres existences, ne peut s'acquérir que par la conscience d'un effort voulu;
qu'en un mot, le *moi* réside exclusivement dans la
volonté.

D'après cela, nous voyons que le fœtus dans le
sein de sa mère a déjà reçu les premières impressions dont se composent l'idée de résistance, et
celle de corps étrangers, et la conscience du *moi*;

car il exécute des mouvements qui sont bornés et
contraints par les membranes dans lesquelles il est
renfermé, il a le besoin et le désir, c'est-à-dire la
volonté d'exécuter ces mouvements, et, quant à la
conscience du *moi*, on peut croire qu'il lui suffi-
rait, pour l'acquérir, d'éprouver des impressions de
bien être et de malaise, et de tenter, pour prolonger
les uns et faire cesser les autres, des efforts voulus
quelque mal conçus et vagues qu'on puisse d'ailleurs les supposer...

Ainsi, lorsqu'il arrive à la lumière, le fœtus porte
déjà dans son cerveau les premières traces des notions fondamentales, que ses rapports avec tout l'u-
nivers sensible et l'action des objets sur les extrémités nerveuses doivent successivement y développer. Déjà cet organe central où vont aboutir les
impressions et d'où partent les déterminations, cet
organe, qui ne diffère des autres centres nerveux
partiels que parce que la volonté générale y réside
ou s'y produit à chaque instant, a reçu plusieurs
modifications qui commencent à le faire sortir des
simples appétifs de l'instinct. Ce n'est plus cette
table rase que se sont figurés plusieurs idéologistes;
le cerveau de l'enfant a déjà reçu et voulu; il a donc
quelques faibles idées, et leur retour ou leur habitude a produit en lui des penchants...

Nous venons d'établir que l'action du système

serveux, comme organe de la sensibilité et comme nource des mouvements vitaux, consiste en ce que les impressions reçues par les extrémités sentantes se réunissent dans un point central, et que de là, par une véritable réaction, partent les déterminations analogues et subséquentes qui doivent mettre en jeu toutes les parties que ce même point central retient dans sa sphère d'activité. Nous avons constaté de plus, que, dans le système animal, il peut exister primitivement, ou se former par l'effet des habitudes postérieures de la vie, un nombre plus ou moins grand de ces centres nerveux, qui, quoique liés et subordonnés au centre commun, ont leur manière de sentir propre, exercent leur genre d'influence, et restent souvent isolés dans leurs domaines respec-tifs, soit par rapport aux impressions reçues, soit par rapport aux mouvements exécutés, et nous avons en même temps vu que dans le centre com-mun, la réaction prend le caractère de la volonté ; que là par conséquent réside le *moi*; que, si tous les organes peuvent agir sur lui suivant leur degré d'importance, les déterminations qui se forment dans son sein les embrassent tous, et se rapportent à leurs diverses fonctions et leur état particulier...

Comme le *moi* réside dans le centre commun, toutes les opérations qui ne sortent point du do-maine des centres partiels ne peuvent produire ni jugement aperçu ni volonté sentie, et comme les impressions qui viennent au cerveau, des extrémités nerveuses internes, sont loin d'être aussi distinctes et de pouvoir être rangées et classées aussi méthodiquement que celles qui lui sont transmises par les organes des sens proprement dits, les premières et tous leurs produits ont toujours, et l'on sent bien qu'elles doivent avoir en effet quelque chose de plus confus et de plus indéterminé.

Mais quittons vite ces profondes dissertations philosophiques, qui cassent un peu la tête, venons en aux faits, aux faits divers; c'est plus amusant et plus facile à comprendre:

Nous admettrons à cette heure, à la suite de ces si vraies et si curieuses révélations, l'assertion suivante posée par le docteur Desplats, professeur à la Faculté libre de médecine de Lille.

Le public ignore, dit-il, et bien des médecins ne savent pas assez que c'est toujours la nature qui guérit. Sans son secours, les médicaments les mieux appropriés, les soins les plus éclairés ne peuvent rien.

Qu'un soldat soit atteint de fièvre malarique en Algérie ou au Tonkin, le plus souvent la quinine le guérira; mais une fois, deux fois, la quinine sera sans action.

11.

Pourquoi?

Parce que les médicaments ne suffisent pas à la cure, et qu'il y faut le concours de l'organisme. Que ce malade, atteint de fièvre, que la quinine ne guérit pas, retourne en France, en quelques semaines il sera transformé; sans aucune intervention, ses accès auront disparu, ou, grâce aux conditions nouvelles, la quinine aura recouvré sa vertu...

C'est là ce qui explique pourquoi guérissent, des maladies les plus graves, tant de malheureux qui manquent de tout et que les préjugés populaires soumettent aux traitements les plus absurdes. C'est la nature qui fait tous les frais de ces héros.

Les faits de ce genre sont nombreux, et ils servent d'appui aux partisans du nihilisme thérapeutique, qui se voile sous le nom d'expectation.

Nous savons, nous autres, que la nature, que l'organisation dans l'homme n'est pas autre chose que la volonté coordonnant tout chez lui.

Citons des exemples.

Bouchut rapporte avoir guéri une paraplégie ancienne, en faisant mettre le feu au lit de la malade.

Bernutz a pu mettre fin à un cas d'aphonie en dirigeant vers la gorge de la malade un jet d'eau froide à l'aide d'une seringue à injection.

Le docteur Grégoire racontait l'histoire d'un officier de marine gardant le lit depuis quelque temps dans sa cabine, et incapable de bouger à cause d'une violente attaque de goutte ; on vint lui dire un jour que le feu était au navire ; quelques minutes après il était sur le pont et se montrait le plus actif à bord.

On rapporte des cas encore plus étonnants.

Une femme, dont Diemerbroeck fait mention, paralysée depuis plusieurs années, recouvra l'usage de ses jambes pendant un orage violent qui l'effrayait fort, en faisant de grands efforts pour s'échapper d'une chambre où elle avait été laissée seule.

Un homme, affecté de la même manière, guérit en voyant sa maison en feu ; un autre, souffrant depuis six ans, retrouva l'usage de ses membres paralysés, pendant un violent accès de colère.

Ajoutons encore l'influence qu'a la vue de la clef du davier servant à l'extraction des dents, ou simplement l'approche de la demeure du dentiste, dans la guérison du mal de dents.

Comme je patauge en ce moment dans le monde de la médecine, et qu'il n'y a rien de sale pour un médecin, on me pardonnera d'apporter encore les deux faits que voici : bouchez-vous le nez, gens délicats.

Il s'agit d'une dame.

Le plus curieux incident de l'existence pathologique de cette dame, nous dit le docteur Legrand
du Saulle, est celui dont elle a souffert il y a plusieurs années.

Elle fut prise tout à coup d'un spasme du
sphincter anal si violent et si douloureux, que la
défécation devint impossible.

Le rétrécissement, ou mieux le resserrement de
l'orifice anal était infranchissable; toutes les tentatives faites pour en triompher par les moyens
médicaux avaient échoué.

La constipation absolue, qui résultait de cette
contracture rebelle, ne pouvait se prolonger plus
longtemps sans graves dangers pour la malade.

Deux chirurgiens, alors professeurs à la Faculté,
et non des moins illustres, furent appelés pour pratiquer la dilatation forcée du sphincter, comme dans
le cas de fissure à l'anus.

Tous les préparatifs étaient faits, lorsque la
malade, sous l'influence de l'émotion et de l'appréhension, s'écria qu'elle éprouvait le besoin d'aller à
la garde-robe, et en effet le spasme avait cessé. La
défécation fut possible immédiatement, sans douleur
aucune, et l'opération rendue inutile.

M. Fernet rapporte le cas fort intéressant d'un malade attaqué d'ischurie opiniâtre (rétention d'urine), dans lequel cas la prescription de pilules fulminantes (mie de pain) fit reparaître le cours de l'urine et arrêta les vomissements.

C'est encore la volonté qui se laissant aller à un faux jugement donne parfois la vertu vésicante à un inerte timbre-poste, paralyse réellement la sensibilité, voire même détermine la mort, par l'arrêt du cœur d'un opéré, à qui on a mis sous le nez une éponge imbibée d'eau simple, alors qu'il se croit naïvement soumis à l'influence du chloroforme.

Enfin la folie n'est-elle pas dans bien des cas une simple faiblesse de volonté ?
Qui sait ?
Peut-être l'est-elle dans tous les cas.

On a vu, écrit le docteur Bigot, quand le feu menace un asile, et c'est un fait connu de tous les médecins aliénistes, qu'il n'y a presque plus de fous, tant que dure l'émotion immédiate causée par l'incendie.
C'est l'occasion de dire un mot en passant du traitement par la peur qu'employaient les anciens, et même nos aînés plus éclairés, tels que Willis,

etc. On précipitait un maniaque ou un mélancolique dans un bassin d'eau profonde. Il se croyait perdu; on le repêchait, et l'émotion le rendait lucide un moment, et pire ensuite.

Arrivé à ce point de mon travail, il me plaît de rapporter cette citation du livre du docteur James Braid.

Loin d'admettre, écrit-il, que les manifestations mentales soient le résultat du seul organisme, j'inclinerai à dire que l'organisme est le résultat de l'esprit, considéré comme le principe de la vie, influençant et dirigeant l'organisme selon les besoins et les désirs particuliers.

Nous savons que toute graine reçoit un principe de vie, de la grande cause première, qui lui permet, une fois semée dans un sol convenable, d'exercer tout son pouvoir et de s'approprier les matériaux nécessaires à la formation de son organisme, et à la réalisation de ses besoins particuliers; ayant passé par certaines conditions, ayant formé d'autres graines en germes semblables, pour propager son espèce, la plante meurt et se résout en ses premiers éléments.

L'homme et les animaux possèdent aussi des facultés semblables pour la propagation et la multiplication de leur espèce; les organismes particuliers de chaque variété résultent du principe vivifiant et intelligent que nous nommons la vie ou l'esprit; principe qui dirige et détermine les formations diverses et appropriées.

De toute cette étude précédente nous voyons claire-ment que la volonté est tout dans homme; tout dépend d'elle, tout se rapporte à elle, dans le corps humain rien ne se fait sans son ordre, sans son impulsion même inconsciente; elle a des lois selon lesquelles elle agit d'instinct, d'habitude.

Serons-nous maintenant incrédules devant ces phé-nomènes, que nous traitons de fabuleux, de marques, de stigmates produits en certaines parties du corps humain, par suite d'efforts violents ou constants de la volonté?

Colquhoun rapporte l'histoire d'un colonel anglais qui pouvait à volonté suspendre en lui tout acte vital, arrêter les battements de son cœur et se donner toutes les apparences de la mort, à ce point qu'on crut un jour que la réalité avait fait place à la plaisanterie.

Le célèbre et malheureux amiral Franklin a cité un autre trait non moins curieux de la puissance de la volonté et du désir.

Un Esquimau, ayant perdu sa femme, éprouva un si vif désir de pouvoir allaiter son enfant privé de sa nourrice, que le lait se forma dans ses mamelles et qu'il put nourrir quelque temps la jeune créature.

On a vu des individus s'imaginer en rêve recevoir des blessures, des coups, être frappés de maladie, et le lendemain, à leur réveil, ou quelques jours après, sous l'empire de cette persuasion, des ulcérations ou des traces d'inflammation se montraient sur les parties de leurs corps qu'ils supposaient avoir été atteintes.

Le célèbre physiologiste Burdach note que l'on vit un jour une tache bleue sur le corps d'un homme venant de rêver qu'il avait reçu une contusion en cet endroit...

Certaines personnes parviennent à déterminer des fourmillements dans les doigts ou d'autres parties de leurs corps en y fixant leur pensée..

Ces étonnantes affirmations sont signalées dans le livre remarquable d'Alfred Maury. Je les ai mises là comme préparation au dramatique recit suivant, qui nous est conté par Georges Thirouin.

Il y a quelques années, je fus invité au mariage d'un de mes amis, Gustave R..., brave garçon s'il en fut, homme du monde dans toute la force du terme, insouciant et gai comme tous ceux dont le cœur est resté pur au milieu de toutes les tentations qui viennent accueillir, à Paris, ceux que la fortune favorise. — Sa fiancée, Blanche de L..., dont il étai t éperdument amoureux, était une jeune personnee de dix-neuf ans. Fraîche, timide et gracieuse, elle apparut si belle dans son costume de mariée, que lorsqu'elle entra dans l'église, donnant le bras à son père, les assistants laissèrent, malgré eux, échapper des murmures d'admiration. Gustave, qui la suivait, put lire sur tous les visages ce tribut d'éloges et de félicitations que le monde paie toujours aux gens heureux. Tous deux allèrent s'asseoir, devant l'autel sur des fauteuils de velours rouge qui leur avaient été préparés.

. Après la cérémonie, un repas de famille rassembla les parents et les témoins des nouveaux époux. La réunion fut charmante. Comme il n'y avait là ni étrangers ni indifférents, on put se livrer sans réserve à toutes les expansions. Le visage de mon ami rayonnait de bonheur. Pendant que sa jeune femme, entourée de sa mère et de ses amies, recevait leurs vœux et leurs brillantes prédictions, nous tous, qui connaissions Gustave et qui avions appris à apprécier les solides qualités de son cœur, nous lui serrions affectueusement la main en déroulant devant lui les riants tableaux de l'avenir. Cette belle journée ne devait pas avoir de lendemain.

Le soir les jeunes époux, qui avaient formé le pro-

II.

jet de visiter, pendant leur lune de miel, les ma-
giques paysages de la Savoie, prirent, à la gare de
Lyon, l'express de Chambéry. Ils y arrivèrent vers
six heures. Seuls dans un confortable coupé qu'ils
avaient retenu d'avance, ils ne s'étaient pas aperçus
de la marche du temps. Ils avaient tant de choses à
se dire ! leurs aveux trop longtemps contenus dé-
bordaient si bien de leurs cœurs ! ils étaient si heureux, que la nuit s'écoula sans qu'ils eussent senti
la lassitude ou le sommeil.

Il arrivèrent, nous l'avons dit, vers six heures. On
était à la fin de septembre. Le soleil n'était pas encore levé. Une lueur blanchâtre apparaissait seule
du côté de l'Orient. Les silhouettes des maisons se
dessinaient confusément sur le ciel sombre. Quelques
voitures de place stationnaient dans la cour de la
gare. Les jeunes gens réveillèrent un cocher qui
sommeillait sur son siège, et se firent conduire à
l'hôtel.

En pénétrant dans la ville, ils entendirent une rumeur sourde qui, vu l'heure matinale, leur parut
étrange. C'était comme le bruit d'une foule immense.
A mesure qu'ils avançaient, les mille cris, qui com-
posaient cette rumeur, se séparaient et s'accentu-
aient. Cependant, toutes les portes étaient closes,
nul mouvement dans la rue.

Tout à coup, en sortant d'une ruelle étroite, la

voiture s'engagea sur la place au milieu de laquelle
s'élève cette fameuse fontaine, que la fantaisie de
l'architecte a flanquée on ne sait pourquoi, de quatre
éléphants de bronze. Là le spectacle change. A la
solitude succède une animation extraordinaire. Une
foule grouillante s'agite, à peine contenue par des
soldats dont les fusils s'aperçoivent par dessus les
têtes. Des cris, des appels se croisent dans l'air.
Cette foule compacte, remuante, hurlante, s'agitant
dans ce décor sombre, alors que les pâles rayons
du soleil levant éclairaient à peine les sommets des
montagnes environnantes, alors que tout, autour de
la ville, était ombre et silence, piqua vivement la
curiosité de Gustave, et particulièrement celle de sa
jeune femme. Bientôt leur voiture s'arrêta. Un soldat, l'arme au bras, s'était dressé devant le cheval,
en criant au cocher :

— On ne passe pas !

Le cocher voulut revenir en arrière. Une seconde
sentinelle lui répéta la même défense. Gustave passa
la tête par la portière du fiacre pour s'informer des
motifs de cette interdiction.

— Vous n'êtes donc pas du pays ? lui dit le ga-
min auquel il s'était adressé. C'est l'exécution qui
va avoir lieu.

Cette révélation inattendue fit courir sur tout le
corps du jeune homme un frisson de terreur. Il re-

leva la tête et vit, dans un angle de la place, se dresser les bois de justice. Il se sentit près de défaillir. Néanmoins il réagit, autant qu'il le put, contre cette faiblesse passagère, et il ne songea plus qu'à cacher aux yeux de sa jeune femme le sinistre spectacle qui allait se dérouler là. Blanche, par bonheur, n'avait rien entendu, ne soupçonnait rien.

— Que se passe-t-il donc? demanda-t-elle de sa voix douce et musicale.

— Rien... rien... ma chère amie... lui répondit Gustave d'une voix entrecoupée. Mais je pense qu'au milieu de cette foule il serait bien difficile à notre voiture d'avancer. Si tu veux, nous irons à pied jusqu'à l'hôtel.

Et prompt comme l'éclair, sachant qu'il n'y avait pas une minute à perdre, il prit sa jeune femme dans ses bras, lui fit mettre pied à terre, et chercha à l'entraîner.

Mais il avait compté sans la populace, au milieu de laquelle il lui fut impossible de se frayer un passage. Serré de toutes parts, il ne pouvait faire un mouvement. Et cependant le temps s'écoulait. Le soleil montait à l'horizon. Les minutes étaient des siècles. L'effroyable dénoûment était proche. Il lui semblait à chaque instant voir apparaître la sinistre charrette. Il serrait sa jeune femme contre son cœur,

se demandant par quel moyen il pourrait la sous-
traire à la scène horrible qui les attendait. Le flot
mouvant de la foule les porta vers un groupe de
femmes et de vieillards qui s'entretenaient à voix
haute.

— Et savez vous, demandait l'un de ces hommes,
quelle a été son attitude depuis sa condamnation ?

— On assure, répondit une femme à voix éraillée,
qu'il ne dort plus ni jour ni nuit. On est obligé, pour
l'empêcher de mourir de faim, de lui entrer de force
les aliments dans la bouche. Il se tient constamment
la tête dans les mains, comme s'il voulait l'empêcher
de tomber de ses épaules.

— Je sais de source certaine, s'écria un troisième
personnage, que, lorsqu'on est entré dans sa cellule
pour lui dire de se préparer à la mort, il est tombé
sans connaissance. Ses yeux se sont démesurément
ouverts. Une écume blanche est sortie de sa bouche
contractée par un effroyable rictus.

— Ce grédin-là mourra lâchement comme il a
vécu, reprit le premier interlocuteur. Vous verrez
qu'on sera obligé de le porter jusqu'à la bascule.

Et tous pleins d'anxiété attendirent.

Blanche n'avait pas perdu un mot de cette conversation. La vérité lui apparut brutalement. Ce
fut pour elle comme un coup de foudre. Un voile de
sang s'étendit sur ses yeux, ses oreilles tintèrent,

sa gorge desséchée ne put proférer un son. Elle
se cramponna avec toute l'énergie du désespoir, au
bras de son mari.

— Blanche! Blanche! lui dit celui-ci d'une voix
suppliante, au nom du ciel, reviens à toi.

— Gustave... je t'en supplie... partons... partons... balbutia-t-elle entre des sanglots... Un
homme va mourir... Je ne veux pas... je ne veux
pas voir...

— De grâce!... du courage... répondit Gustave.

— Partons!... partons!... je ne veux pas voir,
criait-elle,

Et Gustave, ivre de douleur, s'apprêtait à fendre
la foule, n'importe par quels moyens, lorsqu'une
immense clameur s'éleva. La voiture qui amenait le
condamné venait d'apparaître. Blanche n'eut que
le temps de jeter un cri de désespoir. Un grand
mouvement, qui se produisit, la sépara de son mari.
Elle crut sentir la terre s'entr'ouvrir sous ses pas.

Poussée par la foule, elle continuait d'avancer
vers le lieu du supplice. Ses supplications, ses sanglots n'étaient pas entendus. Elle n'était plus qu'un
atome dans cette effroyable agglomération d'hommes et de femmes. Nulle pitié n'existait pour elle.
Elle ne s'arrêta que devant le piquet des gardes. Un
jeune soldat, qui se trouvait à quelques pas d'elle,
lui parut avoir une physionomie plus douce que les

autres. Elle chercha à s'approcher de lui, à se mettre sous sa protection. Le soldat la repoussa avec la crosse de son fusil, elle se crut perdue.

Le condamné venait d'être péniblement tiré de la voiture qui l'avait amené. Deux gardes le prirent par les épaules. Le malheureux n'avait plus la force de se soutenir. Il promenait autour de lui des yeux hagards, en murmurant quelques paroles incohérentes, au milieu desquelles on distinguait vaguement les mots de pardon et de grâce.

L'aumônier de la prison lui présenta le crucifix. Mais ses lèvres, crispées par le rictus, ne purent s'avancer pour baiser la relique sainte. On l'entendait toujours murmurer : « Pardon! pardon! » Ses dents claquaient. Ses membres se tordaient. Des larmes de sang coulaient de ses yeux. C'était horrible. Un silence solennel régnait dans la foule.

Blanche voyait comme à travers un prisme sanglant cette scène hideuse. Elle avait voulu en détourner ses regards. Mais la vue de la mort et du néant exerce sur l'âme humaine une fascination semblable à celle de l'abîme. — Pleine d'épouvante, la pauvre femme regardait.

Tout à coup un bruit sec se fit entendre, suivi d'un autre bruit plus sourd. Un long soupir se leva du sein de la foule. Blanche vit deux jets de sang s'élever d'un tronc décapité. Les bras et les jambes du supplicié se crispèrent. La jeune femme tomba sans connaissance.

Son pauvre mari — qui n'avait cessé de l'appeler — la retrouva presque sans vie, lorsque la place fut devenue déserte. Il la fit transporter à l'hôtel et appela à son chevet les plus illustres médecins. Mais les efforts de la science échouèrent. Blanche mourut le soir même, sans avoir pu prononcer un mot, sans avoir reconnu son mari.

Je n'aurai certainement pas raconté cette lugubre histoire, si l'épilogue n'en contenait sinon un enseignement, du moins une observation curieuse.

Lorsque la pauvre femme fut morte, les médecins constatèrent que tout le sang s'était retiré du corps pour se porter dans la région du cou qu'il avait tacheté de nombreux points rouges. — Sensible et nerveuse à l'excès, le terrible spectacle auquel elle avait assisté avait tellement frappé son imagination, elle avait vu le supplice de si près, qu'elle avait dû passer par toutes les angoisses et toutes les tortures du condamné. Et, lorsque la tête de l'assassin tomba, on peut affirmer qu'elle avait réellement senti le couteau s'enfoncer dans sa chair. Le médecin appelé à constater le décès ne put assigner à la mort de Blanche une autre cause que celle-ci : la décapitation.

CHAPITRE VII

L'étude que nous venons de faire, de l'action de la volonté sur l'organisme humain, nous donne le moyen de nous reconnaître dans le fatras des expériences plus ou moins étonnantes, dont les médecins ont su user à merveille pour étourdir les foules ; car nous y découvrirons indubitablement que seule la volonté humaine y est en cause. Je prétends en effet et j'établis dès le début que l'hypnotisme avec tous ses phénomènes n'est qu'un produit de de la suggestion, or qui dit suggestion dit uniquement action de la volonté du sujet qui la subit.

Telle est la thèse que je vais développer jusqu'au bout de mon travail.

Quand on parle d'hypnotisme, on veut signifier conseil donné, idée prêtée à un autre ; par conséquent tous les jours, à chaque instant chacun de nous fait de l'hypnotisme. Le prédicateur en chaire,

le professeur sur son estrade, l'avocat à la barre,
que sont-ils autre chose, sinon des hypnotiseurs.
On ne s'en doutait pas avant la grandissime découverte de nos savants fin de siècle.

Je n'exagère pas.

Tenez, voici ce que disait M. Félix Hément au
Congrès de l'Hypnotisme expérimental et thérapeutique tenu en Août 1889.

Permettez, Messieurs, à un professeur, qui pendant de longues années s'est beaucoup préoccupé
des problèmes qu'a soulevé l'éducation de l'enfance,
de dire son avis sur l'application de la suggestion
hypnotique à la pédagogie, c'est-à-dire de la ré-
pression par ce procédé des enfants vicieux qui sont
restés rebelles aux moyens ordinairement employés.
Il s'agit donc des enfants que l'on place dans les
maisons de correction ou comme mousse sur un
navire, et qui, loin de s'amender, deviennent pires.

Nous avons si souvent entendu dire à des parents :
On ne peut rien tirer de cet enfant; — il est incorri-
gible; — nous avons tout tenté sans succès : — qu'il
nous a paru qu'en dernier ressort, il était bien permis d'employer la suggestion là où tous les autres
moyens avaient échoué. Ce n'est plus ici seulement
une question médicale ou hygiénique ou pédagogi-
que, mais une question d'humanité, de charité. Voici

comment nous procédons. Après avoir fait venir l'enfant dans notre cabinet, milieu qui ne lui est pas familier, et qui exerce sur lui une première impression, nous prenons un air grave et résigné. Nous le faisons asseoir en face de nous, et, lui prenant les mains, en le fixant avec insistance par le regard, nous lui parlons lentement, avec douceur et fermeté à la fois, sur un ton uniforme, sans élever ni abaisser la voix, de façon à préparer l'enfant au sommeil par cette monotonie. Dans ce sommeil crépusculaire, la volonté de l'enfant se trouve affaiblie; nous lui parlons alors de la faute qu'il a commise ou de ses mauvaises habitudes, nous lui en faisons sentir les inconvénients ou les dangers, nous lui en montrons les conséquences, en lui faisant craindre que ses défauts ou ses vices ne diminuent la tendresse de ses parents, n'affaiblissent la confiance, l'estime, la sympathie de ses amis et de ses maîtres. Nous lui inspirons des regrets, le désir de se faire pardonner et la résolution de se corriger.

L'enfant est sommolent, son esprit vacille, sa volonté lui échappe, nous le privons de ses éléments de résistance. Nous ne voulons pas substituer notre volonté à la sienne, mais l'amener à penser comme nous, à partager nos idées. Loin de détruire en lui le sentiment de la responsabilité, nous rendons ce sentiment plus vif. Que l'enfant reste éveillé ou s'endorme, il n'y a pas à s'en préoccuper. Nous ne cessons pas de l'exhorter. C'est un siège en règle que nous entreprenons, avec méthode et sans lassitude, car il faut triompher. Lorsque nous aurons pénétré dans la place, que nous aurons amené l'enfant à penser comme nous, il n'en sera pas moins libre qu'auparavant, ni moins responsable.

Nous revenons à plusieurs reprises et sans impatience, afin de le lasser par notre insistance et de le vaincre. Lentement et progressivement, nous amenons l'enfant à sentir la gravité de son état et la nécessité d'y porter remède. Nous martelons nos enseignements dans son esprit. Il nous écoute, il nous comprend, il se laisse persuader dans son sommeil léger ou profond, naturel ou artifiel, et, revenu à la réalité, il se trouve dans la situation de ceux qu'un rêve a obsédés. Une première amélioration s'est produite, le mauvais pli a été défait peu à peu, comme par un effort mécanique, lent et continu, on parvient à redresser un bâton tordu.

Chaque fois que nous revenons à la charge, l'amélioration s'accentue. Des enfants grossiers, turbulents, indociles, paresseux sont transformés. On à raison de leur trop grande étourderie, de leur nature rebelle ou emportée, de leur apathie ou de leur incapacité d'attention. C'est un traitement qu'on peut désigner sous le nom *d'orthopédie morale.* Si la guérison est lente, elle n'en est pas moins certaine. S'il y a rechute, nous n'hésitons pas à reprendre le traitement jusqu'à la guérison complète.

Remarquons toutefois qu'une première amélioration obtenue rend plus facile une amélioration plus grande; il en est des acquisitions morales et intellectuelles comme des exercices corporels : les effets d'une gymnastique méthodique et graduée se superposent et accroissent les forces d'une manière continue. Chaque progrès dans le bien est la source d'un progrès nouveau. Il est bien plus facile à un esprit cultivé d'acquérir des connaissances nouvelles qu'à un esprit inculte d'acquérir les premières notions.

Les premiers ébranlements préparent l'accès à ceux qui suivront, et, de proche en proche, le mouvement se propage dans tous les points de la masse. La nature humaine poursuit ainsi son redressement d'elle-même, par sa propre puissance, lorsqu'une première impulsion a été donnée. L'homme devient le collaborateur de ceux qui suscitent en lui de bons sentiments, de même que le grain de blé mis en terre donne naissance à un épi, de même une idée déposée dans un esprit convenablement préparé y devient le germe de nombreuses idées. L'esprit a, comme le corps, des ressources propres qui ne lui viennent pas du dehors et qui lui permettent de combattre les causes de débilitation physique. Nos conseils ou nos remèdes ne font qu'aider cette disposition naturelle.

Voilà ce que c'est que l'hypnotisme.

N'avais-je pas raison de dire au commencement de ce chapitre que les médecins n'entendaient par ce mot bizarre rien autre chose sinon d'inculquer au patient, à celui qui se soumet à votre expérience, un conseil, une manière de voir, une pensée qu'il n'avait pas jusque là; on l'amène insensiblement, par persuasion à vouloir autre chose que ce qu'il veut habituellement, on change le cours de sa volonté.

Si le mot hypnotisme, grâce à nos savants médecins, est nouveau, on avouera que la chose qu'il désigne, est aussi ancienne que le monde, car de tout temps les pères, les mères, les maîtres se sont efforcés par leurs avis, par leurs remontrances réitérées de retirer de la mauvaise voie les enfants qu'ils voyaient s'y engager. A l'instar de l'éminent M. Félix Hément, ils prenaient à part dans leur chambre, dans leur cabinet de travail, le jeune mauvais sujet, et là lui faisaient un sermon des plus paternels, des plus persuasifs. Si la conduite de l'enfant ne s'amendait pas, pères, mères, maîtres ne se décourageaient pas et réitéraient leur mercuriale, leurs admonestations, tout comme M. Félix Hément. Ces gens-là faisaient de l'hypnotisme sans le savoir.

Et nous-mêmes maintenant nous voici parfaitement fixés, nous saurons que pour faire de l'hypnotisme, il faut deux choses : un mauvais sujet, un enfant dont le moral soit malade, un enfant déjà porté par sa volonté à un vice, déjà par sa nature prédisposé à se laisser dominer par une idée, une pensée mauvaise, vicieuse ou par une imagination fausse, il faudra donc cela d'abord, puis il suffira d'un conseilleur qui s'efforcera par la douceur de remplacer ce vice, cette idée, cette pensée mauvaise qui obsèdent l'enfant, par une vertu opposée, par une idée droite, juste, honnête. Mais ce conseilleur devra être tellement plein de charmes, si doux que l'enfant se livrera à lui complètement, il s'abandonnera, ouvrira toutes les portes de son âme pour recevoir la bonne semence; une somnolence crépusculaire engourdira tout son corps, à travers laquelle il n'apercevra que la figure séraphique de son mentor; il n'entendra que le charme de sa voix ; alors l'hypnotisme sera complet et il réussira dans ses effets au moins pour un temps.

L'exemple précédent nous fait entrer dans le vif des procédés que l'on emploie pour obtenir les manifestations dues à la moderne découverte de l'hypnostisme.

Je puis encore invoquer le témoignage de M. le docteur Bérillon, qui dans ce même Congrès, où M. Félix Hément avait si bien parlé, tenait le langage suivant :

Je fais la distinction très naturelle entre les enfants vicieux et les dégénérés. Lorsque ces derniers ne sont pas dépourvus complètement d'intelligence, lorsqu'ils sont capables de comprendre ce qu'on leur dit, il est souvent possible d'obtenir, par de patientes suggestions, la disparition de certains symptômes morbides, de certaines habitudes vicieuses...

Les enfants vicieux, mais normalement constitués et bien portants, sont assurément plus faciles à guérir. On constate souvent, non sans surprise, que l'enfant se soumet avec une grande docilité au traitement par la suggestion et qu'il apprécie très bien l'importance du service qu'on cherche à lui rendre. Il faut aussi insister sur ce point important, c'est que l'influence du milieu joue un rôle considérable dans l'application du traitement. Un enfant, qui vit dans une famille disposée à seconder avec intelligence tous les efforts du médecin, aura beaucoup plus de chances de guérison qu'un enfant soigné dans un asile.

L'hypnotisme, on le voit, consiste à livrer en pâture à la volonté une idée à laquelle elle va s'atteler, qu'elle poursuivra, bonne, droite, juste, corrigeant le moral jusqu'alors dévoyé de jeunes gens victimes de leurs pernicieux instincts.

Dans de pareils cas, seule évidemment la volonté de l'enfant est agissante, puisque c'est sur elle seule que se porte l'action de l'hypnotiseur.

D'autres exemples nous montreront très clairement cette prépondérance de la volonté en ceux sur qui s'exerce l'action hypnotisme, pour amener un redressement moral.

Je prends celui-ci conté par le docteur Bertrand dans son *Traité du somnambulisme* :

J'avais une malade à qui les bains froids étaient très utiles, mais qui avait une grande répugnance pour eux.

Un jour qu'elle était endormie, je lui recommandai de ne pas manquer d'exécuter sa propre prescription à ce sujet. Le temps était assez froid, il était même pluvieux, et elle me répondit qu'endormie elle désirait beaucoup avoir le courage de les prendre ; mais qu'éveillée elle ne voudrait pas y consentir.

Alors j'avais déjà fait des expériences. Enhard

par le succès, je résolus d'en tenter encore une pareille.

— Vous voyez, lui dis-je, qu'il est très avantageux pour vous que vous exécutiez ce que vous vous êtes prescrit. Eh bien! je veux que, quand vous serez éveillée, vous ayez le désir d'aller vous baigner.

Elle me dit que ce que je demandais était bien difficile, à cause de la grande aversion qu'elle avait pour le remède en question, et qu'elle ne savait pas si, malgré les efforts qu'elle allait faire elle-même dans le même sens, ma volonté pourrait être suffisante.

Quelques temps après je l'éveillais, et je sortis sans lui dire un mot, bien curieux de savoir ce qui allait arriver.

Voici ce qu'on me raconta le soir même. D'abord, elle n'avait pas plus parlé de bains qu'à son ordinaire ; mais quelques heures après, quoique le temps, loin de paraître plus favorable, fût devenu de plus en plus mauvais, elle dit, mais avec une sorte d'embarras et en hésitant, comme une personne qui craint de dire une chose très déraisonnable :

— C'est singulier, le temps est si mauvais, et pourtant j'ai envie d'aller prendre un bain. J'irais, si je ne craignais pas de me faire mal.

On fut extrêmement surpris d'une résolution si
contraire à la répugnance qu'on lui connaissait, et
on lui dit que j'avais averti qu'elle pouvait aller se
baigner sans rien craindre du froid.

Encore un autre cas de guérison morale. C'est
une scène poignante racontée d'une façon dramatique par un M. Prévost, membre de la société du
magnétisme de Paris. Ce praticien est un magnétiseur vieux jeu, arriéré, il croit encore au fluide
magnétique qui passe d'une personne à l'autre.
Mais le fait, qu'il détaille, n'en revient pas moins à
confirmer les résultats obtenus dans les expériences précédentes, en agissant sur la volonté du
dépravé mis en état hypnotique.

L'empire de la volonté du magnétiseur sur l'esprit de son somnambule, écrit M. Prévost, vient
de m'offrir un fait qui tend à prouver que si le magnétisme guérit les infirmités du corps, il peut aussi
triompher des passions qui nuisent à l'âme.

Il me vint un jour l'idée d'user de l'influence
magnétique que j'exerce sur une somnambule, pour
porter remède, si je puis m'exprimer ainsi, aux
mauvais effets qu'une forte discordance avait produits entre une mère et sa fille. Elles s'écrivaient
auparavant avec une tendresse réciproque; mais

l'indisposition fâcheuse dont j'étais témoin depuis sept à huit jours, offrait des symptômes d'aversion de la part de la fille, qui est somnambule et très lucide.

Je crois devoir vous faire observer que cette personne a été mariée. Elle est d'ailleurs absolument indépendante de sa mère, sur laquelle elle a une grande supériorité de fortune.

J'employai sans succès tous les moyens persuatifs pour opérer une réconciliation. La résistance de la fille semblait insurmontable, et mes instances n'étaient payées que par un refus opiniâtre.

Tout à coup, me sentant ému par un sentiment interne, que je ne puis vous dépeindre, je me recueillis pendant quelques minutes, en appliquant sur mes yeux la main, que je présentais ensuite ouverte à une distance assez considérable vers cette dame, et, sans proférer un seul mot; je voulus qu'elle entrât tout de suite dans un sommeil magnétique. A l'instant ses yeux se fermèrent et elle parut plongée dans un profond assoupissement.

Je m'approchais doucement de la somnambule, et je lui dis à voix basse :

— Pourquoi conservez-vous si longtemps rancune contre votre mère?

— Ne m'en parlez pas, me répondit-elle, vous savez que les torts...

Et l'interrompant aussitôt pour éviter les dis-
cussions au moins inutiles, j'ajoutai :

— Songez que c'est votre mère ; pensez à sa
tendresse pour vous ; réconciliez-vous avec elle, je
vous en conjure.

— Non, je ne le puis, répondit la somnambule,
c'est plus fort que moi.

Je pris alors un ton plus élevé, et je prononçai
d'une voix ferme :

— Réconciliez-vous avec votre mère, je le veux !

A ce dernier mot, la somnambule éprouve une
crise et s'agite avec des mouvements convulsifs.

Sa mère, présente à cette séance, était assise,
éloignée de sa fille. Elle se lève pour la secourir.
Je lui fis signe de rester à sa place, et, en quelques
minutes, je calmai la somnambule qui, d'ailleurs,
jouit de la meilleure santé.

Lorsqu'elle fut parfaitement tranquille, je lui
demandai :

— Comment vous trouvez-vous ?

— Vous m'avez fait bien souffrir, me répondit-elle.
J'ajoutai :

— C'est pour votre bien, vous le savez.

— Oui, dit la somnambule, je le sens.

Je lui demandai de me promettre qu'aussitôt
qu'elle serait réveillée, elle irait embrasser sa mère;
elle y consentit.

12.

Pendant ce colloque , la mère, fortement émue, fondait en larmes.

J'éveille enfin la somnambule. Elle ouvre les yeux, se lève, fixe sa mère, court à elle et se précipite dans ses bras. Toutes deux confondirent leurs larmes qu'elles répandaient avec abondance.

Cette scène muette était vraiment touchante, et je n'ai pas honte d'avouer que je pleurai aussi de mon côté.

Je voulus cependant mettre un terme à des émotions d'attendrissement qui, toutes satisfaisantes qu'elles fussent, n'en étaient pas moins pénibles; et, faisant asseoir la jeune dame, je l'endormis de nouveau en moins d'une minute par le seul acte de ma volonté. Je voulais aussi connaître la situation de son âme, et je lui demandai :

— Qu'éprouvez-vous maintenant?

— Je sens, me répondit-elle, un bien être inexprimable. Je suis soulagée d'un poids énorme. Que de reconnaissance je vous dois! Le chagrin que ma situation vous faisait éprouver s'est emparé de mon âme, dans le même moment où votre volonté forte m'a terrassée. J'ai vu comme un éclair dont j'ai ressenti la commotion, et ma volonté a été absorbée par la vôtre.

On l'a entendue, cette somnambule, disant : « *le*

chagrin que ma situation vous faisait éprouver, s'est empiré de mon âme. » C'est parce qu'elle a senti qu'elle chagrinait ce bon M. Prévost, qu'elle n'a pas voulu le contrarier davantage, et qu'elle a cédé à ses objurgations, uniquement pour lui faire plaisir. Vraiment nous croyons volontiers ce brave docteur, lorsqu'il nous dit que sa malade jouissait d'une bonne santé, elle était parfaitement maîtresse de ses facultés, tandis que lui qui se croit soudainement le foyer d'inspirations mystérieuses, venues on ne sait d'où, qui s'arrête brusquement écoutant la révélation, la tête cachée dans ses mains, qui pleure à chaudes larmes devant la comédie que lui joue sa prétendue malade, dame, il faudrait voir s'il n'y aurait pas eu lieu à lui faire subir un traitement calmant.

En tout cas l'influence de son fluide magnétique est tout à fait illusoire. Si cette magnétisée est allée se jeter dans les bras de sa mère, lui rendre son affection, c'est qu'elle n'a pas voulu plus longtemps le supplice du docteur qui, après tout, l'entourait de ses soins empressés, et à qui elle devait certainement de la reconnaissance.

Je termine donc ce chapitre sans la moindre hésitation, sans laisser la moindre équivoque sur cette affirmation que la thérapeutique morale d'après les méthodes de l'hypnotisme, se ramène à guérir la volonté elle-même d'une mauvaise tendance, à laquelle elle se laisse aller.

Cela peut se fortifier de cette observation que vous avez maintes gens qui ne sont que ce que sont les milieux eux-mêmes dans lesquels elles vivent; ces milieux jouent le rôle d'hypnotiseur, c'est-à-dire qu'ils suggestionnent ces personne simpressionnables, vrais caméléons et les changent à leur image. On le voit en lisant les descriptions des transformations opérées chez les hystériques, que nous donne le docteur Emile Laurent dans une communication au congrès international de l'hypnotisme expérimental et thérapeutique.

L'hystérique, dit ce savant, est un être changeant et versatile, une protée aux multiples formes. Nul mieux que lui ne sait s'accommoder aux circonstances et aux milieux. C'est le plus opportuniste des hommes. Honnête en apparence au moins, au milieu des honnêtes gens, il se transformera vite en larron au milieu des voleurs et hurlera avec les loups. Non seulement il se mettra au niveau du milieu où on le placera, mais encore il le dépassera.

Mettez un hystérique dans un couvent, cet hystérique, fût-il un ancien viveur, un débauché même, à peine aura-t-il respiré l'odeur de l'encens, que le changement sera complet; en quelques jours il aura quitté avec une facilité surprenante ses anciennes habitudes, il aura pris les habitudes et les goûts de la maison, il aimera la messe et l'église, comme il aimait le bal et le théâtre ; il aimera la prière comme il aimait la débauche ; en un mot, selon la parole d'un docteur de l'Eglise, il aura dépouillé le vieil homme et fait peau neuve. Et ce ne sera point un dévot ordinaire ; il ne sera pas pieux sans ostentation, il priera avec éclat comme il a péché avec scandale, sa religion sera un mysticisme plein d'exaltation.

Prenez le même sujet et placez-le dans une prison au milieu de gens tarés, de voleurs et de meurtiers. Nouvelle métamorphose! En moins d'une semaine, il aura mis un nouveau masque sur son visage. On dirait que les murs de la prison ont déteint sur lui, tant la transformation a été subite et complète. En quelques jours il aura pris le langage, les goûts et les habitudes de la maison. Cet homme, qui vient pour la première fois en prison, est devenu tout de suite un criminel d'habitude ; il en remontrerait en vices et en fanfaronnades aux chevaux de retour.

CHAPITRE VIII

D'une manière générale il est vrai de dire que dans l'hypnotisme il n'y a absolument que des phénomènes de volonté.

Je pourrais établir cette donnée, en partant de ce principe, mis en avant par M. Gley, qu'il n'est pas un mouvement dans le corps humain, qui ne soit produit par un acte de volonté.

De ce qu'il n'existe pas de sentiment de l'innervation motrice centrale, dit-il, cela ne veut pas dire qu'il n'y a pas une certaine conscience du mouvement à exécuter; mais cette conscience est liée à la représentation même du mouvement; c'est un acte d'ordre purement intellectuel.

Je déduirais de là nécessairement que le grand acteur dans tous les faits et gestes de l'hypnotisé, c'est la volonté même de l'hypnotisé.

Mais pour avancer d'une façon plus conforme à mon thème, j'étudierai en eux-mêmes les procédés suivis pour amener l'état d'hypnose, et je consulterai les différents personnages qui font autorité en la matière.

Qu'est-ce que le sommeil? Quelle en est la cause?

Quant aux causes du sommeil ordinaire, dit Braid, je dirai que le cerveau, fatigué par l'exercice des fonctions cérébrales, par les impressions sensorielles qui occupent constamment les organes spéciaux, par les efforts musculaires et autres fonctions animales, cesse d'être affecté par les agents ordinaires et tombe dans cet état que nous nommons le sommeil.

D'après cela le cerveau peut être comparé à un arc tendu violemment pendant l'activité de la veille, qui fait effort sans cesse pour reprendre son état de repos et de flaccidité et demande par suite des tensions constantes de l'esprit pour le tenir raidi, en activité, si bien qu'à la fin l'esprit fatigué détend les ressorts de ce cerveau agissant, et cesse ses communications avec le monde extérieur.

Or, comment obtient-on l'état d'hypnose chez un individu? en suscitant les mêmes causes qui produisent le sommeil naturel.

Suivant les indications données par le docteur Braid, voici comment il faut s'y prendre pour faire tomber en sommeil un sujet.

Je vais exposer, dit-il, la méthode dont j'use, pour provoquer les phénomènes (hypnotiques). Prenez un objet brillant quelconque (j'emploie habituellement mon porte-lancette) entre le pouce, l'index et le médius de la main gauche; tenez-le à la distance de 25 à 45 centimètres des yeux, dans une position telle au-dessus du front que le plus grand effort soit nécessaire du côté des yeux et des paupières, pour que le sujet regarde fixement l'objet. Il faut faire entendre au patient qu'il doit tenir constamment les yeux fixés sur l'objet et l'esprit uniquement attaché à l'idée de ce seul objet.

Ce n'est pas plus difficile, et dès lors vous voyez se dérouler devant vos yeux tous les prodiges qui réjouissent si fort nos médecins spécialement adonnés à cet art.

Or dans cette manière d'hypnotiser que trouvons-nous? deux faits : celui d'une tension anormale des muscles des yeux, et celui d'une fixité de l'esprit sur une idée unique.

De là, ajoute le même Braid, nous remarquons que :

C'est par suite d'un excès de fatigue de la faculté d'attention, amenée *par la pensée exclusive-*

*ment attachée à un objet unique, à une idée unique
n'étant pas de nature excitante*; par suite d'un excès
de fatigue dont souffre un système particulier de
muscles, par suite de l'état résultant de la position
incommode et forcée des yeux, de la suppression
dans la respiration et du repos en général, que se
développe dans le cerveau et dans tout le système
nerveux cet état particulier que j'appelle hypnotisme
ou sommeil nerveux.

C'est donc bien, à vrai dire, les mêmes causes
qui produisent et le sommeil naturel et le sommeil
nerveux: la position outrée de certains muscles, et
la tension de l'esprit vers une idée.

Le soir, quand la nuit est venue, nous sentons nos
membres brisés de fatigue ; notre tête, épuisée par
le travail de l'esprit de toute une journée, ne peut
plus lier deux idées ensemble, il nous devient excessivement pénible d'entreprendre un raisonnement,
une réflexion quelconque. Alors nous nous étendons
sur notre lit; notre volonté est comme sans force
pour remuer nos membres, en même temps nous
chassons toute idée autre que celle ci : je veux
m'endormir; et bientôt nous perdons toute conscience; nous dormons.

On retrouve bien là dans la naissance du sommeil
naturel ce que nous provoquons, afin d'obtenir le

13

sommeil hypnotique, à savoir : une fatigue des muscles, des organes du corps et en second lieu dans notre esprit le vide absolu de toute préoccupation.

Ces deux causes réunies agissent plus sûrement, mais isolément elles peuvent produire les mêmes phénomènes.

Ne sait-on pas que quand l'esprit est fortement, abstrait, c'est encore Braid qui parle, on peut perdre la conscience des objets environnants ? parfois on ne s'aperçoit pas qu'on est gravement blessé.

Dans l'état d'hypnose, la volonté est donc détournée de son action ordinaire et commune sur les organes du corps et les met en repos, de deux manières, soit parce qu'on a porté vivement l'attention de cette volonté vers un objet unique, soit parce qu'on a provoqué l'assoupissement ou par l'exercice violent d'un organe ou par la monotonie de certains actes répétés. Par là la volonté devient maîtresse d'une plus grande partie de son activité, dont on use alors pour faire paraître ces tours de force qui impressionnent le public.

Ces hallucinations (qui se remarquent chez un hypnotisé), écrit M. Delbœuf, sont le résultat apparent de la volonté dirigée du sujet; il se prête à ce qu'on lui demande, avec passivité, mais avec intelligence.

Dans un de ses écrits, M. le docteur Bernheim avait déjà observé que le somnambule agit toujours avec spontanéité, qu'il joue un rôle actif dans l'évocation du phénomène suggéré, que chacun le réalise à sa manière, comme il le conçoit, comme il l'interprète.

Il découle de tout ceci que dans l'hypnotisme le grand point, le suprême talent c'est de savoir isoler la volonté du patient de ses préoccupations ordinaires, pour l'amener à ne s'occuper que de celles qu'on voudra bien lui prêter; il faut s'en emparer, la diriger, en faire son jouet, car c'est elle qui est cause de tout, et elle seule.

Quant à la prétention, met Braid à la fin de son livre si remarquable sur la Neurypnologie, qu'ont certains opérateurs d'influencer les sujets de près ou de loin par la seule volonté, je peux affirmer, après une étude consciencieuse de la question, sur la foi de mon expérience, que je n'ai jamais pu exercer la moindre influence sur les patients par ma seule volonté. Mais les patients semblaient comprendre rapidement et subtilement les manières, le regard,

la voix, les gestes mêmes de l'opérateur, et devenaient affectés dans le sens qu'ils leur prêtaient.

M. Danilewski, racontant une multitude d'expériences faites en hypnose sur les animaux les plus
variés, mettait, au terme de son travail, cette assertion :

L'hypnotisme des animaux consiste donc dans
une sorte de paralysie de la volonté, par une sorte
de renoncement à la lutte devant une force supérieure.

En d'autres termes, l'animal, d'abord butté par sa
volonté à un certain acte, sous la domination de
l'hypnotiseur cesse de se porter vers cet acte, pour
vouloir ce que veut l'hypnotiseur.
L'instinct lui-même des animaux semble ne pas
être autre chose qu'une propension naturelle de la
volonté vers tel ou tel ensemble d'actes, en sorte
que pour modifier cet instinct, on n'a qu'à agir directement sur la volonté de l'animal. Le fait suivant
remémoré par M. Galton en est une preuve saisis-
sante.

On se rappelle, dit-il, cette célèbre expérience
du brochet et du goujon: Un aquarium est séparé

en deux compartiments par une lame de verre. D'un côté on mit un brochet, de l'autre un goujon. Pendant plusieurs mois le brochet se précipita vers le goujon pour le dévorer, mais il se heurtait violemment le museau contre la glace qui les séparait. Au bout d'un certain temps, il se convainquit que le goujon était imprenable, et il ne fit plus aucun effort pour s'en emparer. On put dès lors enlever la lame de verre, sans que jamais il songeât à s'attaquer au goujon.

Evidemment il n'y avait là de modifié que la volonté du brochet, car le goujon ne cessait d'être un met très succulent pour son estomac; seulement sa volonté n'écoutait plus les appétits de sa voracité, elle était arrêtée par ce fait toujours constant pour elle que le goujon était un être inattaquable.

Avant d'entrer dans la série des faits, il est bon de nous appesantir encore sur ce point incontestable que nous n'allons faire que développer jusqu'au bout de cet ouvrage : tout le mystère de l'hypnotisme consiste dans l'habileté qu'aura l'opérateur à savoir impressionner la volonté du sujet, à savoir se l'approprier, en faire sa chose, de manière à la guider à sa guise. Sous une autre forme disons que l'hypnotisme et tous les phénomènes qu'il comporte découlent de la suggestion , c'est-à-dire de la volonté suggestionnée du patient.

M. Gilles de la Tourette répondant à M. le docteur Bernheim, l'affirmait ainsi :

Tout est dans la suggestion ; c'est elle seule qui produit le sommeil hypnotique, lequel ne serait pas une névrose mais bien un *état physiologique*; les contractures , les anesthésies , les phénomènes cataleptiques sont d'origine suggestive. Chaque sujet les produit à sa manière, sans règles, sans lois fixes d'aucune nature.

M. Guermonprez tenait le même langage, celui ci :

M, Bernheim vous a dit que toutes les pratiques hypnogènes se ramènent à la suggestion. Pour lui, la fatigue que cause la fixation du regard, les passes diverses, l'attouchement des zones hypnogènes et le reste, tout cela n'agit que par suggestion. Pour lui l'hypnotiseur, en déterminant l'hypnose par les divers agents physiques connus, fait inconsciemment de la suggestion. Pour lui, lorsqu'il n'y a pas d'hypnotiseur en cause, c'est le sujet qui se suggestionne lui-même, c'est le sujet qui fait de l'auto-suggestion; c'est encore le résultat

des suggestions antérieures plus ou moins incons-
cientes d'un hypnotiseur passé.

Ecoutons M. Bernheim lui-même, qui nous parle
ainsi :

Je n'ai jamais voulu dire que le massage, l'élec-
trothérapie et la métallothérapie n'étaient que
des procédés suggestifs, mais que, dans ces procédés, dont le mécanisme et l'interprétation physio-
logiques sont mal connus, il faut accorder une grande
part à la suggestion.

L'homéopathie elle-même ne devrait sa vogue et
ses succès, que parce qu'elle agit sur ses malades
à la manière d'un hypnotiseur, elle suggestionne.
Témoin ce qu'enseigne le docteur Desplats dans un
de ses cours à la Faculté libre de médecine de Lille.

Reste, dit-il, la grande classe des maladies
nerveuses, dont les limites sont encore indétermi-
nées. Celles-là guérissent ou s'amendent par
l'homéopathie, on ne peut le nier; mais il serait in-
juste d'en conclure que c'est par les granules ad-
ministrés que la guérison est obtenue. Tout est
dû à l'état d'esprit du malade et à l'empire que le
médecin sait prendre sur lui. Jusqu'à ces dernières

années, ces faits étaient d'une interprétation difficile. Ceux qui les observaient ne pouvaient refuser de les croire, ceux qui ne les connaissaient que par ouï-dire les considéraient comme invraisemblables ; de là, des accusations de duplicité et de mauvaise foi. Aujourd'hui, ces faits s'expliquent et les accusations tombent. Les médicaments homeopathiques doivent être assimités à tous les autres agents de suggestion, (plaques, anneaux, colliers, etc., etc.). Ils agissent comme eux, non sur le corps directement, mais sur l'esprit, et, par son intermédiaire, ils peuvent guérir ou amender des maladies même graves.« Mais, dira-t-on, si les granules homéopapathiques ne contiennent rien, si les guérisons des homéopathes sont dues à la nature, à l'hygiène ou la suggestion, l'homéopathie, comme système thérapeutique, est sans fondement et n'a pas de raison d'être. » C'est la conclusion qui me paraît s'imposer après cette étude faite de bonne foi.

Une preuve encore, et qui établit bien ma théorie d'une manière éclatante, c'est l'impossibilité où l'on se trouve d'hypnotiser les fous ; telle est la remarque que faisait, à la fin d'un travail sur l'hypnotisme, M. le docteur Marcel Briand, médecin en chef de l'Asile de Villejuif.

Je préfère, avouait-il, terminer par cette déclaration : j'ai essayé maintes fois d'endormir des aliénés délirants, ne présentant aucune tare hystérique, mais je n'ai jamais été assez heureux pour obtenir aucun résultat. Je me trompe : un certain nombre de mes malades ont fermé les yeux et ont poussé la complaisance jusqu'à paraître s'assoupir, mais je dois à la vérité d'avancer que tous ceux-ci ont fini tôt ou tard par m'avouer qu'ils avaient feint le sommeil pour mettre un terme à une insistance qui les ennuyait.

13.

CHAPITRE IX

Lançons-nous à cette heure dans la discussion attentive des expériences longuement détaillées par messieurs les médecins au cours de leurs leçons ou dans des revues spéciales à leur art, et guidés par l'instruction acquise dans les précédents chapitres, nous ne nous laisserons pas tromper, nous irons droit aux causes qui sont en jeu, à la volonté ; pour nous ce sera clair à l'évidence que tout dans l'hypnotisme doit lui être rapporté, qu'elle est l'unique source de tout ce qui s'y produit. Déjà au chapitre septième nous avons vu le médecin, l'hypnotiseur s'adresser directement à elle pour corriger un vice, un défaut moral dans un enfant, dans une grande·personne. Actuellement, je vais montrer que l'effet contraire peut être l'effet de cette même volonté, c'est-à-dire qu'elle peut faire d'un honnête homme un criminel, jeter une personne, régulière jusqu'alors, dans quelque écart inexplicable, sans cependant lui enlever sa responsabilité morale, parce qu'elle n'aura pas cessé d'agir volontairement, de son plein gré. Le drame se passera sous l'influence de l'état hypnotique.

On connaît cette histoire si éperdument étrange d'Erckman-Chatrian.

A Nuremberg deux maisons d'une rue se font vis-à-vis, elles se copient l'une l'autre; c'était sur la façade de chacune d'elles les mêmes sculptures, les mêmes ornements, le même pignon étroit, pointu, taillé des deux côtés en dents de scie. L'une portait une tringle de fer à laquelle pendait une enseigne : Auberge du *Bœuf Gras*; l'autre avait pareille tringle de fer, mais sans l'enseigne pendante.

Or il arriva qu'en l'espace de moins de six mois trois passagers, qui étaient venus demander asile à l'auberge du *Bœuf Gras*, se pendirent à la tige de l'enseigne.

Ce fut une rumeur dans tout Nuremberg.

Un rapin logé dans une mansarde de la même rue soupçonna quelque influence magique inexplicable de la part d'une vieille femme aux petits yeux verts, au nez mince effilé, qui habitait la maison en face de l'auberge.

Il se met en observation, épie ses allées et venues.

Une nuit il aperçoit une lumière en mouvement

dans la maison qu'elle l'habite, il voit les rideaux s'agiter, la tête de horrible vieille se coller aux vitres et comme en observation. En même temps il constate que la chambre en face à l'auberge, du *Bœuf Gras*, est occupée par un nouveau venu. Cette chambre est celle qu'avaient eue les trois malheureux pendus.

Oh! se dit-il, il se passe quelque chose..... attention.....

Le lendemain, dans l'après-midi, il vit de son poste d'observation la vieille rentrer chez elle; elle portait au bras son panier plein jusqu'aux bords et recouvert d'un grand linge; arrivée dans une de ses chambres, il la vit retirer de ce panier quantité de choses : des paquets d'herbages, quelques légumes, puis un gilet rouge, puis un tricorne replié.., puis une veste de velours brun, des culottes de peluche, une paire de gros bas de laine, tout un costume enfin d'un paysan de Nassau.

Qu'allait-elle faire de tout cela ?

Alors l'horrible femme se lève, disparaît et revient bientôt, traînant après elle sur le plancher un grand coffre.

Ce grand coffre, elle l'ouvre et en retire.....quoi? un mannequin habillé de pied en cap comme un étudiant d'Heildelberg.

A cette vue le rapin a compris, un cri involontaire part de sa poitrine.

Il se rappelle que le dernier pendu de l'auberge du *Bœuf Gras* était précisémeit un étudiant d'Heildelberg, et que le présent locataire de la chambre maudite de l'auberge est un paysan de Nassau.

Et, en effet, suivant quelque temps encore des yeux le manège de la scélérate femme, bientôt il aperçoit le mannequin, qui se balançait à un crochet fixé au plafond, tout à fait costumé en paysan de Nassau, tout comme le voisin d'en face.

Une fureur s'empare du rapin, il veut prendre la femme à ses propres pièges; il l'a résolu.

Il court acheter chez des revendeurs, des fripiers de la ville toutes les diverses parties d'un habillement de vieille femme qu'il serre dans un paquet. Il vient à l'auberge, dont il connaît parfaitement le maître.

— Mon cher monsieur Schmidt, lui dit-il, j'éprouve un véhément désir de passer une nuit dans la chambre verte.

Le brave homn le regarde d'un air défiant.

— Oh! ne craignez rien, ajoute-t-il; je n'ai nulle envie de me pendre.

— Impossible, elle est occupée.

— Oh! monsieur peut y entrer tout de suite! je n'y tiens pas!

Celui qui venait de parler ainsi, c'était le paysan

de Nassau, qui, comme fuyant un malheur, descendait de l'étage supérieur, une petite malle à la main, et demandait son compte.

Entré dans la chambre verte, la chambre des pendus, le rapin vivement s'y enferme et se met à l'œuvre. Il monte un mannequin, puis il se met devant la glace, s'affuble d'un bonnet de femme à longues franges, et avec un fusain se trace des rides sur la figure. Ce travail achevé, il se fait peur à lui-même : il ressemble comme deux gouttes d'eau à la sorcière ; ensuite il revêt une robe, un grand châle ; la similitude est parfaite.

Pendant ce temps la nuit est tombée, il est onze heures, le watchmann dans la rue vient de faire entendre son avertissement.

L'heure de la vengeance est sonnée.

Le rapin s'approche de la fenêtre, il agite les rideaux. Aussitôt il aperçoit la laide et satanique figure de la vieille d'en face qui parait à la vitre, puis la fenêtre s'ouvre, et du fond de la chambre il voit le mannequin costumé en paysan de Nassau s'avancer lentement.

Alors il s'élance, il ouvre lui aussi brusquement sa fenêtre, et les voilà tous deux, et le rapin et la vieille, face à face.

Celle-ci d'étonnement laisse tomber le mannequin qu'elle portait. Leurs regards se croisent.......

Elle étend les doigts....., il étend les doigts.......
Elle agite les lèvres....., il agite ses lèvres. Elle
exhale un profond soupir et s'accoude... il exhale
un profond soupir et s'accoude aussi. Puis après
quelques mouvements exécutés pareillement et
simultanément de part et d'autre, le rapin tire une
corde de dessous son jupon, et l'attache à la
tringle. La vieille le regarde bouche béante.....,
Il passe la corde à son cou ..... Les prunelles fau-
ves de la vieille flamboient..... Sa figure se dé-
compose.

— Non ! Non ! fait-elle d'une voix sifflante, non !

Le rapin poursuit avec l'impassibilité du bourreau. La scélérate femme se tord dans un spasme
d'angoisse. Le rapin ne lui donne pas le temps de
se reconnaître.

Tout d'un coup il souffle sa lampe, se baisse
comme un homme qui veut prendre un élan vigoureux, et, saisissant le mannequin, il lui passe la corde
au cou et le précipite dans l'espace...

Un cri terrible se fit entendre de l'autre côté de
la rue....,

Puis ce fut le silence profond de la nuit.

Le lendemain tout Nuremberg vint voir la mégère
dont le corps se balançait à la tringle de fer piquée
à la façade de sa maison.

Voilà de l'hypnotisme, de la suggestion, ou je ne

m'y connais pas, ça a de plus le mérite d'un intérêt
poignant.

Le cadre où se passe la scène, les diverses péri-
péties qui l'accompagnent étaient bien faits pour
engourdir l'esprit des héros de la lugubre aventure,
les attirer, les fasciner, et pousser leur volonté vers
le suicide, ils ne raisonnaient pas le charme qui
s'emparait d'eux, ils se laissaient aller, leur volonté
faiblissait et finalement voulait le mal.

Ce conte est l'histoire un peu outrée de tous les
crimes, de toutes les faiblesses dans lesquels les
malheureux humains tombent.

J'ai été frappé de ce fait, écrit le docteur Emile
Laurent dans son *Elude d'anthropologie et de psy-
chologie* criminelle, c'est que neuf fois sur dix le
premier délit a été commis avec complicité avec un
autre individu ordinairement plus âgé et récidiviste,
et c'est de ce dernier qu'est partie l'initiative.

Je pourrais citer des faits par douzaines,

Prenons seulement le fait suivant : L... a à peine
connu ses parents, et il a été jeté fort jeune sur le
pavé de Paris. Il a aujourd'hui seize ans, C'est un
garçon au front un peu étroit, à la figure imberbe,
douce et presque angélique, à la peau blanche et fine... Il est condamné pour la première
fois. Il a volé des peaux de lapin, en compa-

gnie d'un autre individu âgé de vingt-huit ans. C'est ce dernier qui a eu l'initiative du vol, qui a indiqué à L... l'heure et l'endroit pour le commettre, qui en un mot l'a entraîné.

L... reconnaît avec franchise qu'il a agi de propos délibéré et que son complice l'a facilement gagné; mais il est certain, et il le dit lui-même, qu'il n'eût pas osé tenter le coup tout seul.

Certainement ce garçon est responsable de son forfait, il savait que l'action qu'il commettait était mauvaise; tout seul, il aurait trouvé assez de résistance dans sa volonté pour ne pas s'y engager, mais il n'a pas su vouloir contre la volonté perverse d'un camarade jouant le rôle d'hypnotiseur.

Le sommeil, en effet, n'est pas absolument requis, pour qu'un fait accompli, à l'état de veille, ne puisse être mis sur le compte de l'hypnotisme.

M. le professeur Bernheim, interrogé par un correspondant du *Temps* à propos du cas de Gabrielle Bompard, répondait : « L'hypnotisme n'est, après tout, qu'une des formes de la suggestion. L'hypnose (ou sommeil) peut fortifier la suggestion, mais elle est inutile pour opérer sur les cerveaux très suggestibles. »

Des faits journaliers nous prouvent une pareille assertion.

Un malheureux joueur, racontant sa vie, disait :

Les cartes sont des sirènes ; elles m'ont fait tant de
bien et tant de mal ! Croiriez-vous que la vue d'un
valet de cœur, même en dehors de toute chance,
produisait sur ma vue et sur mon cerveau un effet
plus magique que l'effet opéré en moi par les grands
tableaux de Raphaël à Rome ! Croiriez-vous que j'ai
manqué vingt fois de mourir d'apoplexie, parce que,
sûr d'un beau coup, je l'ai manqué au moment où j'y
comptais le plus !... La passion du jeu, comme je
l'ai éprouvé, est un mal d'enfer ; elle s'empare de
toutes les facultées d'un homme et les soumet à la
poursuite hasardeuse d'une carte. Le jeu pour moi
a été une furie.

Cet homme, plus tard guéri par les revers, une
misère noire, en vint à éprouver des sentiments tout
contraires ; il eut horreur des cartes ; leur vue agit
sur lui comme l'eau sur un hydrophobe, ou comme
l'odeur de l'opium sur celui qui a tenté de s'empoi-
sonner avec un narcotique.

Cet homme d'abord violemment suggestionné par
la vue d'un jeu de cartes et par toutes les émotions
qui en découlent, se livre, ne résiste pas, puis
au bout de quelques années, rappelé à la réflexion, à la raison par les malheurs qui fondent sur

lui, il se régimbe contre l'entraînement du jeu, il ne veut plus s'y soumettre, et finalement devant le gouffre d'effroyables turpitudes au fond duquel il gît, sa volonté résiste fortement contre tout ce qui autrefois le fascinait d'une façon si tragique, il en éprouve la haine.

Jamais dans aucune époque de sa vie on ne peut dire qu'il eût perdu la possession de lui même, sa liberté morale, : s'il était suggestionné, halluciné par la passion des cartes, c'est qu'en somme il le voulait bien.

Un jour un docteur se fasait raser dans sa chambre, un de ses parents présent à l'opération s'aperçut que son figaro n'avait pas la main aussi leste que d'habitude ; le docteur sentit même, à son menton, la morsure assez vive d'un brusque coup de rasoir, au moment où il avait le cou tendu.

— Qu'avez vous donc aujourd'hui ? demanda-t-il au barbier, en essuyant le sang de la coupure.

— J'ai monsieur, dit le barbier en tremblant, j'ai que votre secrétaire ouvert me donne la berlue, et que, si vous ne le fermez pas, je ne puis continuer.

Ce disant, il jette loin de lui son rasoir, se précipite sur le secrétaire, qu'il ferme lui-même avec fureur.

Puis il veut se remettre à la besogne ;... mais

c'en était assez. Le rasé resta ce jour là avec sa barbe à demi faite. Oncques, depuis, nulle main étrangère n'approcha le rasoir de son menton.

Ce cas fait bien ressortir toute la puissance hypnotique d'un objet matériel sur la volonté humaine, mais il démontre en même temps que cette même volonté reste toujours maîtresse de prendre les précautions nécessaires pour ne pas céder à la fascination.

Dernièrement les journaux racontaient le fait qu'on va lire en tout semblable au précédent.

Un ouvrier bijoutier vivait rue Sainte-Marthe, en plein quartier Saint-Louis. Il avait quarante ans. Marié, il avait deux enfants.

Il vivait très simplement, très normalement, travaillant, aimant les siens, n'allant jamais au cabaret, ne buvant pas.

Hier, il se présentait au commissariat de la rue Vicq-d'Azir et demandait à parler à monsieur Cochery, le commissaire.

— J'ai vu, nous a raconté ensuite M. Cochery, entrer un homme de petite taille, très sec, nerveux, blême, chétif. Il était accompagné de sa femme, une gaillarde de forte allure, qui approuvait tout ce qu'il disait. Voici ce qu'il me déclara très posément, avec la plus entière lucidité, comme je vous parle, comme vous me parlez, comme tout le monde parle.

— Monsieur le commissaire, il faut que vous m'arrêtiez. Mettez-moi à l'infirmerie, à l'hôpital, à l'asile, en prison, où vous voudrez, mais arrêtez-moi, je n'ai rien fait.

— Comment, si vous n'avez rien fait...

— Mais je vais tuer mes enfants.

Il était très sérieux, très calme, continuait le commissaire. Il poursuivit :

— Voilà comme ça m'est venu. Il faut vous dire que souvent la tête m'éclate. Je dois être un peu dérangé de cervelle. J'ai lu la *Bête humaine* de M. Zola. Je l'ai suivie dans la *Vie populaire*. Et au fur et à mesure que le caractère de Jacques Lantier se dessinait, je souffrais horriblement, car je me reconnaissais en lui. Et j'attendais avec angoisse les numéros suivants. Quand Jacques enfin n'en pouvant plus, tue, j'ai commencé à n'y plus voir. Alors ça m'a pris la nuit, et depuis ce temps je veux tuer. Qui ? mes enfants. Aux yeux, je veux les tuer aux yeux. C'est là que ça brille. La nuit je souffre, je veux me lever. Ma femme me surveille toutes les nuits, prête à défendre ses petits. Les pauvres! Arrêtez-moi, monsieur le commissaire.

Le commissaire l'a fait conduire à l'hôpital Saint-Louis, d'où il a été dirigé sur un hospice d'aliénés.

L'ivrogne est hypnotisé par la bouteille, l'avare par son or, l'ambitieux par le miroitement des honneurs et des grandeurs, mais dira-t-on que ni les uns ni les autres ne sont coupables, s'ils cèdent au charme qui les attire. Non, non, non, ils sont toujours plus forts que le charme, s'ils le veulent, bien qu'il leur faille parfois des efforts de volonté extraordinaires.

Nous avons la preuve de cela, même chez des individus en sommeil. Vous parvenez à endormir une personne ordinairement honnête et si vous voulez l'amener à faire un acte que la morale réprouve, elle s'y refusera complétement. Et c'est ici que nous allons invoquer en témoignage les enseignements des docteurs. Suivons M. le professeur Bernheim dans une de ses leçons à la faculté de Nancy, il dit :

Voici une excellente somnambule endormie, je pense la découvrir. Son sentiment de pudeur se révolte : elle rougit et réagit comme si elle était éveillée. Je lui ordonne de voler une montre; elle refuse, elle n'est pas voleuse. J'ai beau chercher à lui suggérer une autre personnalité, à lui dire qu'elle est pervertie, qu'elle n'a aucun scrupule; elle pourra accepter facilement mon dire, mais je ne pourrai pas briser sa résistance.

Il y a quelques semaines MM. Duplan et Georges

Berry allèrent demander au docteur Charcot s'il croyait possible une suggestion capable de faire commettre des crimes et des délits, le docteur a répondu négativement.

Il a déclaré que le sujet qu'on voulait entraîner à faire une mauvaise action, avait, malgré tout, conscience de l'acte qu'il allait commettre, et que toujours il tombait dans une crise de nerfs avant d'agir.

Et, pour prouver ce qu'il avançait, M. Charcot a endormi une jeune fille et l'a décidée après une longue lutte à aller prendre des valeurs dans un coffre fort; mais, au moment où la malheureuse avançait la main vers l'argent, elle est tombée dans la crise de nerfs prévue.

Il pourra toutefois se faire que l'hypnotisé, de fonds honnête, suivra néanmoins l'impulsion mauvaise donnée commettra le crime suggéré. Pourtant, encore là, il ne s'écartera pas des règles de la morale, car il trouvera à son action une raison plausible, qui la rendra licite.

Le même docteur Bernheim, dans la même leçon, enseigne que chez certains somnambules il n'y a pas de brusquerie, ils n'agissent pas sous une impulsion instinctive; mais c'est une idée délirante ou une hallucination qui commande l'acte ordonné.

Je dis, par exemple à l'un d'eux pendant son sommeil, ajoute M. Bernheim :

— A votre réveil, vous irez voler mon porte-monnaie sur la table.

Le sujet accepte l'idée tout de suite ou seulement après des suggestions répétées. Au réveil, il accomplit le vol.

Je lui demande :

— Pourquoi avez-vous volé ?

— C'est pour reprendre ce que vous me devez. Je vous ai prêté de l'argent et vous n'avez pas voulu me le rendre. C'est une restitution, ce n'est pas un vol.

Ainsi, dans ce cas, je n'ai pas produit une perversion du sens moral : l'imagination facile du sujet a tourné la difficulté. Arrêtée par la suggestion morale préexistante, elle a suggéré elle-même au sujet un souvenir illusoire rétroactif, à la faveur duquel le vol devenait licite et la suggestion réalisable.

Je dis au sujet endormi :

— Voici un pistolet chargé. A votre réveil, vous tuerez cet homme.

Au réveil il tire sur lui. Pourquoi ? L'autre l'a provoqué, l'a insulté ! Il avait son pistolet braqué sur lui. Lui n'a fait que se défendre !

Ici encore ce n'est pas une perversion instinctive, c'est une hallucination qui a fait le crime! Hallucination que l'imagination du sujet, docile à la suggestion, crée spontanément pour fournir à celle-ci un prétexte rationnel.

D'ailleurs, cette hallucination, cette idée délirante nécessaire à certains sujets pour l'accomplissement du crime, je puis la créer, si l'auto-suggestion ne vient pas spontanément me prêter son cours. Je puis lui dire :

— Voici un homme qui a séduit votre femme. Quand vous vous réveillerez, vous vengerez votre honneur et vous le tuerez. »

N'est-ce pas palpable! Endormi ou éveillé l'homme n'est guidé que par l'idée qu'il se fait de l'acte qu'il va accomplir, suivant que cet acte agrée ou déplait à sa volonté. En tous les cas, il veut toujours, et il est d'une rigoureuse conclusion de dire que même lorsqu'il ne garde aucune conscience de son action, il agit toujours non pas automatiquement, mais sous l'empire d'une hallucination.

N'éprouve-t-on pas parfois, même en pleine veille, des terreurs non raisonnées, des antipathies inexplicables, qui vous font faire des soubresauts brusques, qui vous font rouler des yeux hagards, qui vous rendent impolis envers des gens dont on n'a eu jusqu'alors qu'à se louer ?

13

Dira-t-on que ce n'est pas voulu ?

Si fait, et si on cède à ces peurs, à ces aversions, c'est faiblesse, manque d'énergie dans la volonté, qui est toujours coupable. Ou bien on interprète à tort certaines manières de se comporter envers soi de la part des personnes qu'on repousse, on a une idée fausse d'eux , et on agit inconsidérément. Ceci revient au tremblement subit dont tout votre corps est secoué, lorsque vous êtes frappé d'un bruit fort, et inattendu, ou quand dans les ténèbres d'un bois, en pleine nuit, vous entendez un frémissement dans les taillis près de vous : vous subissez l'hallucination d'un danger imaginaire.

Cette puissance, qu'exerce la volonté emballée à la suite de conceptions erronées, explique des phénomènes très bizarres.

M. Charcot étudiant les paralysies survenues à la suite de chocs violents, comme dans les cas de fulguration, d'accidents de chemins de fer, en trouve la cause dans l'hystérie développée subitement au sortir de ces terribles circonstances.

M. Charcot, soignant chez un homme une impuissance de mouvement survenue à la suite d'un coup de foudre, croit qu'il y a eu d'abord chez le malade une paralysie due à l'éclair , sur laquelle la paralysie hystérique est venue se greffer.

Et voici, selon lui, comment les choses se sont passées; il a y eu en premier lieu choc électrique, choc local, suivi d'une esquisse de paralysie. Puis, à la faveur de l'état d'asthénie nerveuse, créée par un surmenage récent, l'hystérie s'est bientôt développée chez cet homme sous l'influence de la commotion physique et de l'émotion qui l'a accompagnée.

Terrifié, rêvant de tonnerre et d'éclair, *presque hypnotisé*, sachant déjà que sa jambe gauche était affaiblie, il a pu, dans un pareil état d'esprit, compléter par auto-suggestion sa paralysie.

Ainsi, la paralysie hystérique est venue se superposer à l'ébauche de paralysie qu'avait produite le choc.

On l'a entendu, le maître des maîtres en hypnotisme, M. Charcot nous le dit que ce malade *presque hypnotisé* par la peur éprouvée dans l'accident qu'il a traversé, se croit plus frappé qu'il ne l'est, plus infirme que ne l'a rendu le fluide électrique, et, sous cette persuasion, cette peur, son mal augmente, sa paralysie s'accentue.

D'où la source d'effets si désastreux.

De son intelligence hypnotisée par la suggestion d'une terreur atroce et arrêtant par là-même les effets ordinaires de la volonté dans les membres du malade, y causant par suite des désordres graves, qui y amènent la rigidité.

C'est en dernière analyse la volonté qui est la source de tous ces maux.

On a par là la clef de ces quasi prodiges d'un endormi à qui on souffle un fait faux, et qui réveillé tient mordicus à la vérité de ce fait, malgré toutes les dénégations qu'on peut lui opposer; son intelligence est hallucinée, en proie à une conception qu'on lui a suggérée; sa volonté paresseuse, faible l'accepte sans contrôle et n'agit que d'après elle. Prêtons encore l'oreille au docteur Bernheim.

Je trouve, dit-il, un malade endormi dans mon service. C'est un suggestible atteint de myélite chronique, hypnotisable avec hallucinabilité et amnésie au réveil.

Je le prends dans son sommeil naturel et je lui dis:

— Je sais bien pourquoi vous dormez maintenant. Votre voisin ne vous a pas laissé dormir la nuit : il toussait, il gémissait, il chantait, il s'agitait. Puis il a ouvert la fenêtre, ensuite il est allé arranger le feu, faisant un ramage tel que tous les malades se sont plaints.

Plusieurs minutes après je le réveille. Il se frotte les yeux, croit s'être réveillé spontanément et n'a souvenir de rien.

Alors je lui dis :

— Vous dormez donc toute la journée.

— Non, me répondit-il, mais je n'ai pu dormir la nuit.

— Pourquoi?

— A cause du six; il était malade probablement : il étouffait, criait, se plaignait, chantait comme en délire. Je ne sais quel diable le possédait. Il est allé ouvrir la fenêtre; puis il a mis de la houille dans le poêle, faisant un vacarme infernal.

— C'est-il bien vrai? l'avez-vous bien entendu? je crois que vous l'avez rêvé.

— Tous les malades l'ont entendu comme moi : ils peuvent vous le dire.

Alors je fais travailler son imagination sur ce thème, et je crée de nouveaux souvenirs non suggérés pendant le sommeil.

— Et les autres malades n'ont pas réclamé? Qu'est ce que le 4 lui a dit?

— Le 4 lui a dit de fermer la fenêtre et de ne pas faire de vacarme.

— Et alors que s'est-il passé?

— Le 4 s'est levé, est allé à lui; et ils se sont battus.

— Et la Sœur!

— La Sœur n'a pu les faire taire.

— Est-ce que le directeur n'est pas venu?

— Le directeur est venu en robe de chambre

14.

bleue et leur a dit qu'il les mettrait à la porte etc.

On a aussi connaissance de ces malades qui éveillés, causant avec leur médecin, tout à coup cessent de le voir, sur un commandement de celui-ci de ne plus le voir; et alors le médecin a beau leur parler, ils ne l'entendent plus, les pincer, ils ne sentent plus, les menacer de leur crever les yeux avec la pointe d'un couteau, leurs yeux ne clignent pas.

Cela provient-il de ce que le commandement du médecin agit sur les yeux du malade, les frappe de cécité, engourdit le nerf optique ou y produit toute autre action néfaste ?

Non, le mal est tout entier dans la volonté du malade, il ne veut plus voir, et il ne voit réellement plus, tout comme le distrait, à la poursuite d'une idée qui le captive, n'entendra pas un coup de canon tiré à son oreille, ne verra pas l'incendie qui éclate autour de lui; toute la force de sa volonté est concentrée sur un seul point, elle ne s'impressionne plus sous l'excitation des organes du corps, elle ne leur prête plus attention.

L'œil, enseigne M. Bernheim, en apparence aveugle, voit, l'image est perçue par le centre visuel cérébral ; mais cette perception n'est pas consciente : l'imagination l'a neutralisée ; c'est une *cécité de l'esprit*, une vraie *cécité psychique.*

CHAPITRE X

Les chapitres précédents auront mis à même le lecteur de rester très froid, de ne plus s'extasier devant ces guérisons quasi miraculeuses que les hypnotiseurs prônent avec tant d'emphase, imprimant aux humains la persuasion qu'ils possèdent quelque secret magique, quelque vertu occulte qu'ils ont découverte dans la révélation de nouvelles forces, de nouveaux fluides merveilleux répandus dans la nature, dont ils ont fait leur chose, qu'ils ont su canaliser, s'approprier.

C'est du pur charlatanisme.

Ce qu'il y a de prodigieux, d'inconnu, d'incompréhensible dans ces guérisons dues à l'hypnotisme, c'est le rôle de la volonté humaine dans le corps humain. Comment agit-elle? comment se trouve-t-elle présidant à toutes les fonctions de ce corps? quelle nature d'énergie, de puissance emploie-t-elle pour les produire? Quel genre de rapports a-t-elle avec l'intelligence, qui l'éclaire, qui lui fournit les données d'après lesquelles elle travaille?

Autant de points d'interrogation sans réponse.

La nature de l'âme humaine nous échappe, elle dépasse la portée de nos moyens d'investigation. Elle est une force, et nous ne palpons tout autour de nous que des matières inertes; elle est une intelligence, et nous ne contemplons partout que des objets brutes, incapables de conception. Nous soupçonnons l'âme, mais nous ne la savons pas; nous la devinons dans ses effets, mais non pas en elle même; nous avons conscience de ses opérations, mais non de son essence; et cela uniquement parce qu'elle n'opère que sur la matière tangible, tandis que son essence est intangible et nous fuit par conséquent.

Ignorant notre âme, nous ignorons par là même ses facultés: la volonté, l'intelligence, la mémoire, la puissance de raisonnement; nous ne les devinons qu'en constatant leur action et sur nous-mêmes et sur les objets extérieurs.

Nous ne dirons pas ce qu'est la volonté, mais nous dirons ce qu'elle fait, nous ne découvrirons pas quel est son point d'appui, mais nous découvrirons le point d'application de sa puissance. C'est tout ce à quoi nous pouvons prétendre ici-bas.

Nous saurons donc qu'un phénomène visible est

e fait de la volonté humaine, quand nous l'amène-
rons uniquement en nous adressant à cette même
volonté, en la provoquant à l'action, en l'aidant à
vouloir.

Or toutes les guérisons obtenues pendant l'hypnose
sont le fait d'une obsession que l'on tâche de
faire naître dans l'esprit du malade, obsession
qui le conduise à désirer ardemment la guérison,
c'est-à-dire à la vouloir.

Quelque exemples, cela distraira le lecteur et en
même temps le convaincra de nos dires.

Le docteur Delpit soignait une jeune personne
de treize ans atteinte d'une maladie nerveuse tout à
fait extraordinaire, qui abolissait quelquefois la
vue et la parole, et avait fini par empêcher les fonctions digestives.

Un jour la malade dit :

— Dans trois jours je serai guérie !

Mais la confiance commençait à abandonner le
docteur, et il n'était pas disposé à croire à la pré-
diction. Il voit le lendemain la jeune fille, la trouve
frappée de tétanos, et raide comme une barre de
fer.

Le troisième jour, la mère de la malade étant
entrée dans la chambre de cette dernière, celle-ci
s'écria :

— Te voilà, maman! Quoi, je te vois, je te parle. Je suis donc guérie?

J'ai observé un fait assez curieux, raconte M. Bourdon, de traitement par suggestion. Un de mes malades souffrait depuis longtemps d'insomnies rebelles à tout traitement. Un soir, en le quittant, je lui serrai la main. Le lendemain le malade me déclara qu'il avait très bien dormi, et il ajouta qu'il attribuait à ma poignée de main l'heureux résultat obtenu. Depuis, j'eus souvent l'occasion d'utiliser contre l'insomnie de ce malade, l'action suggestive de ma poignée de main.

On connaît cette histoire qui a couru maintes et maintes fois les revues et les journaux.

Dans les premiers jours de février de la terrible année 1871, un jeune mobile breton, débris de notre meilleure armée de l'Est, s'éteignait lentement dans un hôpital de Genève; le froid, la misère, les privations de tous genres avaient commencé chez cette vigoureuse nature l'œuvre de la destruction qu'allaient achever le chagrin et cette terrible maladie qu'on appelle le mal du pays. Le pauvre enfant avait laissé sur la lande bretonne son père âgé de soixante-dix ans, sa vieille mère et sa sœur.

Trois frères avaient comme lui quitté la maison paternelle pour défendre le sol envahi; et, depuis de longs mois, il ignorait le sort de tous ces êtres si chers à son cœur. Voilà ce qui le tuait.

Un jour il avait dit à un camarade : — Je voudrais bien voir mon père. — et le camarade avait écrit. Cette lettre trouva la famille bien inquiète sur le sort de l'enfant absent. Il vivait, donc on pouvait le sauver, et, malgré ses soixante-dix ans, le père était parti. Il y a loin du fond de la Bretagne à Genève; les routes étaient bien encombrées par le mouvement des troupes à qui l'armistice imposait la nécessité de marches incessantes; aussi le voyage fut long et pénible; mais il s'agissa de voir son fils, de le sauver peut-être, rien ne coûta au père infortuné.

Aussitôt arrivé à Genève, il était au chevet de son pauvre enfant.

— Ah! mon père, vous voilà, je puis mourir.

— Non, tu ne mourras pas, je saurais bien t'arracher au trépas; ta mère t'attend, tes frères vont revenir : courage mon enfant, tu n'es pas malade, j'ai apporté de l'argent, je t'achèterai de bons aliments, tu mangeras et tu seras sauvé.

— Non, mon père, répondit l'enfant, je n'ai plus jamais faim, hier encore on m'a apporté de bien bonnes choses, je n'ai jamais pu y toucher.

Et il retomba épuisé, après cette courte conversation; et le pauvre père laissait courber sur sa
poitrine sa tête découragée; fallait-il donc avoir
supporté tant de fatigues pour ne remporter qu'un
cadavre! Tout à coup une pensée illumine son esprit; d'une main fièvreuse il fouille dans son bissac
de voyage; il en tire un pain noir, un de ces gros
pains de seigle que mangent les paysans bre-
tons.

— Tiens, dit-il, c'est ta mère qui l'a pétri.

— L'enfant se redresse à ces mots, son œil terne
se ranime, puis avançant la main :

—Donnez, mon père, donnez, j'ai faim.

Et il porta à sa bouche ce morceau de pain noir;
il le dévore, son sang afflue à sa joue décolorée;
puis tout à coup une larme jaillit silencieuse de ses
yeux.

— Oh! mon père, s'écria-t-il en tombant à genoux, encore! c'est si bon, c'est du pain de chez
nous!

L'enfant était sauvé; quinze jours après son père
le ramenait en Bretagne.

Passons aux guérisons plus évidemment causées
par l'hypnose, mais non moins dues à l'influence
de la volonté que les précédentes.

M. le docteur Fontan raconte ceci :

Mme B..., âgée de cinquante-cinq ans environ, a été atteinte, il y a six ans, d'une attaque apoplectique, qui lui a causé de l'aphasie temporaire, de la paralysie du bras droit et de la jambe du même côté. Lorsqu'elle vient me trouver en mai 1888, elle ne conserve de cette attaque, qui ne s'est pas renouvelée, qu'une difficulté dans la locomotion, par faiblesse et attitude vicieuse de la jambe droite. Il existe de ce côté une certaine rétraction des fléchisseurs dans la région poplitée. Le pied porte sur la pointe, et Mme B... pour dissimuler la claudication et faciliter la marche, se sert d'un talon élevé. L'attitude hanchée qui en résulte est fatigante, et la marche est très pénible, surtout sur un pavé inégal. Aussi Mme B... est-elle devenue tout à fait sédentaire. Elle est encore sujette à des migraines congestives et à des vertiges fréquents.

L'hypnose étant facilement obtenue chez cette dame, je suggestionne la disparition de divers malaises, vertiges etc., et surtout de la claudication. Je déclare que le pied portera à plat sur le sol et que la marche se fera sans fatigue aucune, aussi bien dans la rue que sur le parquet.

La transformation est immédiate, et, dès la première séance, Mme B... marche d'un pas ferme, se débarrasse de sa chaussure spéciale, pose le pied à plat et fait de véritables promenades sur de mau-

15

vais pavés, sans souffrir ni de la jambe, ni de la région lombairé. L'état général s'améliore aussi beaucoup. Cinq ou six séances consécutives ne font que confirmer un succès qui surprend sa famille et ses intimes.

Plusieurs fois depuis cette époque; Mme B... m'a témoigné par écrit de la grande satisfaction que lui donne toujours ce rétablissement inespéré.

Un autre cas du même docteur Fontan professeur à Toulon.

Mme R..., femme de quarante-cinq ans, est atteinte d'une myélite, qui a débuté par une invasion aiguë et qui persiste aujourd'hui sous forme d'un état chronique.

Quand je la vis pour la première fois en septembre 1888, elle souffrait de douleurs violentes dans l a région dorsale avec irradiations en ceinture, et d ans les membres inférieurs. Ceux-ci étaient en paraplégie depuis quelques semaines. La région sacrée était le siège d'une énorme escharre très douloureuse à évolution rapide.

Il y avait rétention d'urine et des matières; fièvre, nsomnie; aucune trace d'hystérie.

Je fus d'abord assez mal accueilli par la patient▪

à qui les soins médicaux n'avaient pas apporté grand soulagement. Cependant après dix jours de soins, j'étais arrivé à combattre bien des inconvénients par des moyens appropriés (urines boueuses, escharre putride et douloureuse).

La confiance extrême que la malade me montrait alors me décida à l'hypnotiser, pour calmer les excès de douleurs qui *étaient toujours intolérables*. Endormie en pleine crise de douleurs en ceinture, malgré ses cris, et laissée dans le sommeil une demi-heure, la malade ne fut réveillée que lorsqu'elle eût cessé de gémir, et *promis de ne plus souffrir*. Dès la première journée les douleurs perdirent leur caractère fulgurant, la respiration reprit son jeu naturel. Après trois séances, les douleurs avaient complètement disparu. Je suggérai alors que la miction serait libre et volontaire, que la force allait revenir aux jambes, que la malade pourrait les mouvoir et même se lever et marcher.

Le résultat fut incomplet. La miction fut à peu près libre pendant une dizaine de jours. Quant aux jambes, le sujet put dès ce moment les déplacer dans son lit, et même s'asseoir seule sur le bord du lit. Elle en était enchantée, car, la veille encore, elle ne pouvait faire aucun mouvement.

M. Briand, médecin en chef de l'asile de Villejuif,

va nous donner aussi une de ses observations :

Il s'agit d'une hystérique de quinze ans qui, à la suite d'un accident de voiture, avait été subitement frappée de paraplégie flasque avec anesthésie des membres inférieurs. Elle entrait à Villejuif dans le cours d'un accès de dépression mélancolique évoluant à l'occasion de sa paralysie qui la préoccupait beaucoup. Cette jeune fille ne put jamais être endormie, malgré de nombreuses tentatives, ni à la consultation externe de M. le professeur Charcot, ni dans le service de M. Magnan où elle fit un séjour d'un mois. Nous essayâmes aussi vainement pendant plusieurs semaines et sans plus de succès, de provoquer le sommeil. Un jour que M. D... se désolait davantage et nous suppliait de la guérir, je lui annonçai, avec assurance, que sa maladie ne pouvait pas durer plus de six mois, qu'un jour elle aurait une attaque qui la débarrasserait et qu'enfin nous pouvions prédire la veille, l'heure exacte de l'attaque. Peu après, l'un des internes lui annonça que l'attaque surviendrait avant vingt-quatre heures. Le lendemain matin je feignis de reconnaître, à ses yeux qu'elle était sous l'éminence d'une crise et que dans quelques minutes elle serait guérie. Les infirmières, mises au courant de la situation, apportèrent précipitamment des matelas qu'elles étendirent sur le parquet et, à peine avions-nous le dos tourné, que notre petite malade roulait à nos pieds. L'attaque dura vingt minutes et Marie se releva ayant recouvré l'usage de ses jambes. Le mois suivant, toutes ses idées mélancoliques s'étant dissipées, cette jeune fille fut rendue à la liberté.

Je pourrais continuer à l'infini de pareils exem-ples, il faut savoir se borner. Pourtant comme ma tâche est de bien convaincre le lecteur que, dans tous ces miracles de résurrection à la santé, dus à l'hypnotisme, le vrai agent est la volonté du malade, je vais ajouter encore deux autres exemples, qui appuieront mon assertion.

Jeanne Sophie D...., raconte le docteur Velander, trente-six ans, née de parents sains, avait toujours joui d'une bonne santé.

À l'âge de 25 ans, elle tombait subitement malade; elle poussait la première nuit de sa maladie des cris violents, s'inquiétait du salut de son âme; de plus en plus discrète, elle devenait bientôt *parfaitement muette*; d'ailleurs indifférente à tout, elle était devenue très faible. Elle fut traitée par différents médecins, fit deux cures d'eaux miné-rales et revenait peu à peu à la santé. Elle se rétablit complètement, mais la parole ne revint pas.

Son frère aîné, qui l'amena chez moi, assurait que pendant dix années elle n'avait pas le moins du monde essayé de remuer les lèvres pour parler, malgré les exhortations, les prières et les instances de ses parents.

Vers la fin de juillet passé, elle vint me voir pour la première fois ; elle avait l'air d'être en parfaite santé. La vue et l'ouïe étaient bonnes, l'intelligence sans défaut ; *seulement complètement muette*, elle ne pouvait pas prononcer la moindre syllabe.

Peut-être dirait-on qu'elle est hystérique, cette fille, mais elle ne m'a point fait du tout l'impression d'une folle. D'après mon jugement, elle a montré plutôt tous les signes d'une mélancolie.

Quoique je n'eusse que de faibles espérances de la guérir, je me résolus, à la prière de son frère, à tenter une épreuve. L'ayant donc placée sur un canapé, je lui dis de s'endormir ; en moins d'une minute, elle était plongée dans un état d'hypnose assez profond, avec catalepsie suggestive (Bernheim), anesthésie aux piqûres d'épingles, etc.

Je lui ordonnai, pendant l'hypnose, de parler, de dire si elle était tout à fait muette. La suggestion fut répétée quantité de fois en variant les procédés, le tout sans effets ; toujours le même silence.

Je lui percutai ensuite les tempes en lui assurant qu'elle pouvait répondre à ma demande :

— Sentez-vous ?

Pas de réponse ; c'était comme si j'eusse frappé un rocher.

Enfin je lui ordonnai d'ouvrir la bouche : elle obéit tout de suite. Pressant sa langue avec assez de force, je l'assurai que je déliais les liens de sa langue.

Encore une fois, je lui percutai les tempes, en demandant :

— Sentez-vous ?

J'observai alors un petit tremblement des lèvres. Encouragé, je continuai mes tentatives jusque-là infructueuses, et, après quelques heures d'efforts, j'eus le plaisir de l'entendre répéter dans un chuchotement à peine perceptible les mots : oui, non, et Jeanne.

Le lendemain elle faisait des progrès, répétait plusieurs mots, toujours en chuchotant, mais plus haut que la veille. A la troisième csᴉ̈pᴇᴇ, on pouvait déjà entendre ses réponses d'une chambre voisine, la porte ouverte ; et, à la quatrième séance, elle parlait et lisait assez haut et assez distinctement.

Au bout de deux semaines seulement, j'avais le plaisir et la joie de l'envoyer chez elle parfaitement guérie. Ses réponses étaient d'abord hésitantes, comme si elle avait un obstacle à vaincre, mais peu à peu elle répondait plus vite et avec plus de faciité.

C'était vraiment touchant de converser avec cette femme, car ses mots étaient accompagnés de regards étincelants, qui reflétaient la joie de pouvoir de nouveau communiquer avec ses semblables.

Cet exemple nous donne bien au clair en quoi consiste l'hypnotisme; chez cette malade, aucun des organes de la voix n'était atteint, c'était la volonté qui, inconsciemment il est vrai ou par suite d'une fausse persuasion, ne voulait pas se servir de la langue et des cordes vocales pour exprimer des sons, la volonté seule était malade, aussi dès que par l'hypnotisme on eut redressé son faux jugement, qui l'eût arrachée à l'entêtement qui la maintenait dans une volition bizarre, la malade put parler.

L'affection hystérique, a dit très justement Sydenham, imite presque toutes les maladies qui arrivent au genre humain.

Or l'hypnotisme n'est pas autre chose que la thérapeutique de ces affections.

La plupart des cas de guérison par hypnotisme en sont la preuve.

En voici un autre remarquable, il a été constaté et

décrit par le docteur Burot, professeur à l'école de
médecine de Rochefort.

Il y a six mois, au Congrès de Toulouse, j'ai eu
l'occasion de parler d'un cas absolument typique
d'une maladie singulière, encore peu étudiée et que,
faute de mieux, on désigne sous le nom de *maladies
des tics convulsifs.*

Je crois utile de signaler le résultat du traitement
depuis cette époque et de présenter quelques considé-
rations qui me paraissent nouvelles. C'est la première fois que cette maladie est étudiée de si près,
puisque voilà plus d'une année que je ne cesse
d'observer et de traiter cette jeune malade. C'est
aussi la première fois qu'une amélioration très no-
table, pour ne pas dire la guérison, semble devoir
être attribuée au traitement employé. Grâce à des
efforts persévérants et d'ordre purement moral, j'ai
eu, en effet, la satisfaction de voir une affection répu-
tée incurable, diminuer progressivement et tendre
peu à peu vers la guérison.

On se rappelle qu'il s'agit d'une jeune fille de dix-
neuf à vingt ans, appartenant à une famille de la
société, ayant reçu une excellente éducation et très
intelligente.

Elle est atteinte depuis plus de quinze années de
secousses convulsives, dans la face et dans les

15.

membres, et ces secousses sont accompagnées de l'émission brusque de cris inarticulés et de mots obscènes et orduriers; il existe aussi une tendance très marquée à l'imitation et à la reproduction de tout ce qui est vu ou entendu.

A l'époque où cette jeune fille m'a été confiée, la maladie avait acquis une intensité extraordinaire. Les mouvements étaient incessants et d'une grande étendue, les cris assourdissants, les mots projetés avec violence. Sa physionomie était toujours grimaçante, les yeux en strabisme convergent. C'était un spectacle des plus effrayants.

Aujourd'hui, à un an d'intervalle, le tableau a bien changé, Mlle X... est une jeune personne distinguée, d'excellentes manières, d'une conversation agréable et que l'on peut présenter partout. On la conduit dans le monde, sur les places publiques, au théâtre, dans les soirées; c'est à peine si on la voit exécuter de temps à autre de légers mouvements.

Ce changement s'est produit sous les yeux de la population de Rochefort, surprise au début de remarquer des mouvements si extraordinaires, et d'entendre des mots si grossiers.

On a vu les mouvements disparaître à peu près complètement...

En somme, c'est une jeune fille méconnaissable pour tout le monde et pour elle-même.

Ce résultat a été obtenu exclusivement par un traitement moral, par la *persuasion*. — Déjà j'ai fait connaître le moyen employé pour mieux persuader ma malade. On sait que je la plaçais sur une chaise longue, comme si elle devait dormir pendant plusieurs heures par jour, la main gauche appuyée sur son front, les doigts fermant les paupières, pendant que ma main droite faisait de douces frictions sur les membres. Je lui faisais la suggestion d'être calme, de ne plus faire de mouvements, de ne plus répéter et de ne plus dire de gros mots. Sous cette influence, elle était beaucoup plus calme, et, chose curieuse, il me suffisait, par la suite, d'être en sa présence pour qu'elle puisse se retenir et se dominer, sans le moindre effort.

Toutefois, pour exercer sa volonté, j'ai eu recours à d'autres procédés. En nous promenant, je comptais ses grimaces, et elle était effrayée du chiffre auquel on arrivait : plus de 100 par minute. Parfois je lui disais de compter les mouvements qu'elle surprendrait ; elle n'arrivait pas au même chiffre que moi, mais il était respectable, bien qu'elle en laissât échapper beaucoup. D'autres fois, je me plaçais devant elle pendant une heure, surveillant ses mouvements et les comptant, en lui faisant remarquer de temps à autre sur un ton un peu brusque le chif-. fre que l'on obtenait en cinq minutes. Peu à peu, les mouvements ont diminué de fréquences, et, de 100 à la minute, on est arrivé à 50, 20, 10 et même zéro. J'inventais des raisons pour 'engager à ne pas faire un seul mouvement en cinq minutes. Je suis parvenu à la longue à la faire se maintenir pendant une heure sans faire un mouvement et sans dire un mot. Je la plaçais souvent dans une position fixe, assise, les mains étendues sur les genoux, et la forçant à ne pas faire un seul mouvement. J'avais aussi imaginé, pour l'engager à se suggestionner elle-même, de lui faire réciter divers formules : « *J'aurai la volonté de me dominer toute seule ; — je n'aurai plus envie de faire de mouvements ; — je ne serai plus poussée à dire de vilains mots. — je n'aurai plus la manie de répéter.* — Au début, il lui était impossible de dire une de ces phrases sans intercaler plusieurs fois ses mots favoris, mais, peu à peu, surtout quand elle se sentait surveillée, elle pouvait les répéter pendant un temps très long sans dire un vilain mot et sans faire un seul mouvement.

Cette *gymnastique* morale a produit des modifications profondes dans cet organisme.

Ce cas est d'autant plus remarquable que l'hypnotisme a été pratiqué à l'état de veille. Il faut bien retenir que le sommeil provoqué par l'hypnotisme n'est qu'une condition plus favorable dans certains cas pour amener la suggestion, car, écrit Braid, il est des individus si impressionnables aux suggestions, que l'on peut les dominer et les contrôler même à l'état de veille apparente (par une affirmation énergique), comme on le fait pour d'autres en hypnotisme.

Ce phénomène est admis même par nos lois civiles, même par la théologie morale.

Un serviteur faible de caractère et d'esprit, redoute tellement son maître, ose si peu le contredire, en a une telle crainte révérencieuse, que le jugement en lui disparaît; devant un ordre formel de son patron, il est incapable de juger s'il est honnête ou déshonnête, il l'accomplit, commet un vol, un délit. Et pourtant les gens de la justice, aux mains de qui il a été livré, le renverront indemne, et le prêtre au tribunal du confessionnal ne pourra que l'éclairer et le prémunir contre une nouvelle rechute.

Sa volonté n'a pas su réagir pour ramener son esprit à juger sainement le commandement qui lui avait été fait. C'est du pur hypnotisme, car chez l'hypnotisé la faiblesse de volonté fait qu'il se jette à corps perdu sur l'idée qui lui est fournie et agit en conséquence. C'est tellement vrai, qu'il faut, pour que l'opération réussisse, que l'hypnotisé se laisse passivement faire, ainsi que Braid l'assure: l'hypnotiste le plus expert, dit-il, s'exercera en vain, si le sujet ne s'y attend pas et s'il ne s'y prête pas de corps et d'âme.

Donc, une fois de plus, je le répète : dans l'hypnotisme, le grand, l'unique facteur gît dans la volonté de l'hypnotisé.

CHAPIRE XI

Etudions encore d'autres singularités que présentent les gens tombés en hypnose, si l'on veut, les actions qu'ils font en cet état de sommeil.

Vous endormez un sujet, il est là sur sa chaise, inerte, ne manifestant aucun sentiment; ce n'est plus qu'un automate, dont on va faire jouer tel ou tel ressort, pour lui faire chanter l'air que l'on voudra. Il n'a aucune idée, si ce n'est celle d'obéir à son charmeur et d'exécuter tout ce qu'il lui dira.

Comment l'opérateur le mettra-t-il en activité? en agissant sur son âme, sur son intelligence, à qui il indiquera un acte à accomplir, et par conséquent en agissant sur sa volonté qui d'un bond, tout entière, s'emparera de l'idée suggérée et la poursuivra.

Il lui dira :

— Vous avez devant vous, sur le parquet, un serpent.

Et aussitôt le sujet se reculera épouvanté ;

Ou bien il dira :

— Entendez-vous ce rossignol ? Comme il chante bien !

Le patient tendra la tête, prêtera l'oreille, sourira d'un air d'aise, de contentement.

S'il lui annonce qu'on va faire son portrait, bien qu'il n'y ait aucun appareil photographique dans la salle, il se mettra en position, arrangera sa toilette, se préparera tout à fait à poser du mieux qu'il pourra et au commandement « ne bougez plus » s'immobili-sera.

En un mot il sera complètement à la disposition de celui qui aura su ainsi s'emparer de son vouloir ; il entrera à corps perdu dans la réalité de l'halluci-nation qu'on lui aura donnée pour un fait vrai. Alors on le verra s'y porter de son âme, absolument ; sa volonté oublie tout le reste pour ne vouloir qu'elle ; il ne produit plus d'autres mouvements que ceux qui ont quelque rapport à cette idée qui l'ob-sède. Ce sera un somnambule qui parle, qui mar-che, qui se meut à la poursuite de son rêve ; toute la différence entre lui et le somnambule, c'est que son sommeil et le rêve dans lequel il est plongé lui sont suggérés, tandis que le somnambule s'en-dort tout seul, naturellement, et son imagination toute seule se met en jeu et entraine sa volonté.

On sait qu'il est certains tempéraments rendant les gens, qui les possèdent, très facilement impressionnables pendant leur sommeil ; nulle difficulté pour entrer en rapport avec ces personnes endormies, pour leur parler, leur suggérer un acte à accomplir, les guider à sa guise ; ils sont sous le mirage de la pensée de cet acte à accomplir, leur volonté qui ne sommeille pas, élle, mais continue toujours à entretenir la vie dans toutes les parties du corps, d'une manière inconsciente, il est vrai, parce que l'âme n'est plus troublée, émotionnée par ces fonctions par suite de la longue habitude qu'elle en a, se porte vers cette pensée, vers cette action, et fait alors mouvoir le corps pour son accomplissement. L'âme ne demeure plus insouciante ; l'étrangeté, la nouveauté de cette imagination qui se passe en elle fait quelle la fixe, qu'elle s'y attache. C'est un rêve, une hallucination sans aucun lien avec l'état précédent de la veille, même sans nul rapport avec l'état actuel de repos dans lequel se trouve le corps, et qui par suite ne laissera nulle trace, quand l'âme au réveil reprendra la conscience de son corps, tel qu'elle l'avait laissé quand le sommeil avait commencé.

Jean Sigaux nous a donné un récit du pays d'Afrique, qui nous fait voir un moment de la vie de nos zouaves noceurs et avides d'aventures, et qui entre fort à l'aise dans le cadre de mes observations actuelles.

Il nous transporte au Fort-Napoléon, en 1868 dans le cabaret du père Bitterman.

— Je vous dis moi, crie furieux le sergent Falquérac, dit sergent Brûle-Gueule, moi, qui ne suis pas un savant comme vous, Fayolle, qui avez fait vos études pour être prêtre, et quel joli prêtre vous auriez fait avec votre trogne rouge comme le pompon d'un *bigornot* ! — je vous dis que tout çà n'existe pas, et que le *magnétisse*....

De là commencement de dispute entre Falquérac, Fayolle le savant et le grand Schulmann, dispute dans laquelle le sergent Brûle-Gueule, grâce à ses galons, finit par avoir le dessus.

On allait se retirer, et Falquérac triomphant, tout en bouclant son ceinturon, fredonnait sur l'air du régiment : « Le magnétisse, l'magnétisse n'existe pas ; lorsque voilà que tout à coup une autre voix se mit à fredonner aussi et sur le même air : « Le magnétisme, l'magnétisme existe bien. »

C'était Raymond, dit le *Parisien*, parce qu'il avait été élevé, disait-il, chez une vieille parente qui habitait Montrouge.

En même temps on le vit s'avancer vers le groupe de ses camarades et leur tenir ce discours.

— Messieurs, vous venez de parler de magnétisme un peu à tort et à travers, comme des aveugles parlent des couleurs, ou comme le capitaine Ruffin des choses de la guerre. Eh bien, je veux vous prouver à tous, clair comme deux et deux font quatre, que ce qu'on appelle improprement magnétisme existe, et cela en faisant agir devant vous un magnétisé.

Acceptation enthousiaste sur toute la ligne.

Et nous voilà tous quatre, continue celui qui nous fait ce récit, sortant sans bruit de chez le père Bitterman, qui fit la conduite jusque sur le pas de sa porte, et gravissant lentement la butte au haut de laquelle perche la baraque nº 12, notre dortoir habituel. Le ciel, en ce moment, était d'un noir à faire honte à un four; il avait plu toute la journée, et de gros nuages sombres oubliés là-haut par la dernière tempête, et que nous aurions touchés avec la main, se dandinaient lourdement et tournaient en rond comme des traînards incapables de rejoindre leur corps d'armée. Quant à nous, la tête bien encapuchonnée, — nous étions en décembre, — et la main gauche maintenant contre la cuisse le fourreau de notre baïonnette, nous avancions lentement, glissant à chaque pas, sans mot dire, et l'esprit préoccupé de la séance à laquelle nous étions conviés.

Quand nous entrâmes dans la chambrée, tous dor-

maient, à l'exception du caporal qui fut bien vite
mis au courant de la situation. La vaste chambre,
autour de laquelle s'alignaient les quarante châlits,
dont trois seulement, — les nôtres, — se trouvaient
inoccupés,était enfouie dans une obscurité à peu
près complète ; le gaz dont nous avait parlé Raymond était représenté par la moitié d'une chandelle
fichée dans un morceau de pain de munition perché
lui-même sur une planche, et tout constellé déjà de
larmes de suif. L'espèce de lueur rougeâtre et cli-
gnotante, comme l'œil d'un aveugle, qui descendait
de cette malheureuse chandelle, laissait deviner çà
et là des formes vagues, des figures noires et bar-
bues, des brûle-gueule éteints , pendant encore des
lèvres à demi fermées. Un ronflement sonore et
plein d'une *furia* toute *francese*, ou un long soupir
s'échappaient de temps en temps de dessous une
couverture, et allaient, tâtant, comme une âme en
peine, les parois de la chambrée, sans trouver d'issue.

Après s'être bien assuré que pas un de ces hommes ne s'était éveillé, Raymond qui était devenu
d'un sérieux lugubre, nous dit à voix basse :

— Voici mon lit, asseyez-vous, et pas de bruit.
Passez-moi le falot, sergent. Bien. Maintenant il
me faut un sujet, et comme plus tard vous pourriez
me soupçonner de m'être entendu avec un *compère*,

ce sujet, je veux que vous me le choisissiez vous-
même. Allons, sergent Falquérac, vous le plus incrédule, indiquez-moi un de ces hommes, le premier venu.

Ce diable de Raymond, avec son assurance, nous
avait presque subjugués, et tous, jusqu'au sergent,
nous nous sentions quasiment disposés à lui obéir
aveuglément.

Il faut ajouter aussi qu'en ce moment, les deux
trous noirs qui chez lui remplaçaient les yeux, et
qui éclairaient un visage pâle à demi enfoui dans
son capuchon, lui donnaient un petit air satanique
tout à fait en situation.

Falquérac lui désigna du doigt un lit, proche de
celui sur lequel nous étions assis. Ce lit était occu-
pé par un grand jeune homme, nommé Bernard, arrivé le matin même au régiment.

— Oh! oh! fit Raymond, je vois que vous voulez
me rendre la tâche facile : ce Bernard est un gaillard
nerveux, et il va se prêter admirablement à l'expérience : vous allez voir.

Alors Raymond s'approcha lentement de Bernard
et commença, avec mille précautions, et en s'arrêtant au moindre mouvement de ce dernier, à découvrir le bord de son lit, jusqu'à ce qu'il ait mis à nu
les jambes du patient. Bernard ne se réveilla point.
Cette opération délicate terminée, Raymond se mit

à lui chatouiller, doucement et alternativement, la plante de chaque pied, et cela pendant dix bonnes minutes au moins. Nous étions là, nous demandant à quoi il voulait en venir, et nous regardant les uns les autres. Falquérac, lui, qui était moins patient et moins bien disposé que nous, commençait à tourmenter les poils roux qui lui servaient de moustache, quand Raymond, sans détourner les yeux qu'il tenait fixés sur « sa victime », nous fit signe de regarder plus attentivement. En effet, les deux pieds, chatouillés par un mouvement doux et rapide, commençaient à trembler, à s'agiter, avec de petits mouvements convulsifs semblables à ceux de la grenouille qu'on électrise.

Il y avait donc commencement de réussite, et, Raymond, tout en nous faisant un petit signe qui voulait dire : ça va bien ! s'approcha du magnétisé, dont on voyait tout le corps trembler sous la couverture, comme secoué par une pile électrique, et, lui prenant la main, il lui dit à voix basse et en ne laissant voir que ses yeux éclairés par la lanterne sourde qu'il tenait de la main gauche : « Viens ! viens ! »

Chose étrange ! nous vîmes alors Bernard ouvrir les yeux, les fixer sur ceux de Raymond, qui brillaient d'un éclat diabolique, et obéissant à cette voix, à ce regard, à cette main qui touchait la sienne, se lever lentement, et sortir de son lit. Bernard était donc debout, les yeux immobiles et paraissant ne rien voir, le bras gauche collé au flanc, et la main droite dans celle de Raymond. Cè dernier, laissant retomber doucement la main qu'il tenait, et reculant lentement devant Bernard, sans le quitter du regard un seul instant, lui répéta à voix basse : « Viens! viens! suis-moi! » Et Bernard suivit.

Alors, dans ce vaste dortoir sombre, autour duquel s'allongeaient lugubrement des lits qui ressemblaient à des tombes, au milieu d'un silence à peine troublé par des respirations haletantes, on vit ce groupe étrange de deux hommes, l'un funèbre et noir évocateur, l'autre pâle fantôme, raide, les yeux fixés, dans une immobilité sinistre, sur la lueur qui reculait devant eux, les deux bras collés au flanc, se promener lentement dans le couloir du milieu, faire le tour de la grande table, et revenir au point de départ.

J'avoue que nous étions tous en ce moment sous le coup d'une émotion profonde. Falquérac tirait fiévreusement sa moustache: Fayolle, le savant; ne savait que penser; le caporal ouvrait de gros yeux; et pour moi, quand Bernard me passa à côté et que son bras raide effleura ma poitrine, je sentis, ma foi! un long frisson me courir par tout le corps. Raymond, qui m'avait toujours paru un être singu-

lier, me fit en ce moment l'effet d'être le diable en
personne, et pour rien au monde je n'aurais voulu
qu'il s'approchât de moi. Quelle puissance possédait ce personnage étrange, ou plutôt quel pacte
avait-il passé avec l'enfer, pour s'emparer ainsi
d'un corps qui ne lui appartenait pas, le plier à tous
ses caprices, le dominer, le tourmenter? Oui, le
tourmenter? Quand Bernard avait passé auprès de
moi, j'avais bien vu qu'il souffrait horriblement,
avec ses yeux étrangement ouverts, et ses cheveux
que la sueur collait le long de ses tempes et sur son
front.

Cependant, tous deux, le bourreau et sa victime,
étaient arrivés au lit de Bernard.

— Couche-toi, fit Raymond.

Et l'autre, docile, se coucha et ferma les yeux.
Raymond l'arrangea soigneusement, étendant sur
lui le drap, puis la couverture, et *bordant* le lit,
comme aurait pu faire une mère pour son enfant, ce
qui me réconcilia un peu avec lui. Puis, revenant
vers nous :

— Eh bien! sergent, que dites-vous de cela?

— Je dis... je dis... que nous recauserons de tout
cela demain. En voilà assez pour aujourd'hui. Cou-
chons-nous.

— Ah bien! non, fit Raymond, si vous croyez que
j'ai travaillé ainsi pour dormir maintenant, vous

vous mettez le doigt dans l'œil, et joliment. Je vais voir si le père Bittermann.....

— Raymond, couchez-vous, répéta le sergent, dont les yeux commençaient à briller.

— Sergent, si vous m'empêchez de sortir, je vous fais jouer demain le rôle de Bernard.

Et le sergent le laissa sortir.

La séance était levée. Je ne vous étonnerai pas beaucoup en vous disant que je ne pus fermer l'œil de la nuit. Le lendemain dans la journée, j'accostai Bernard, et après quelques mots insignifiants :

— Eh bien! mon garçon, es-tu content de ta première nuit?

— Non, me répondit-il, j'ai fait des rêves étranges, dont je ne puis me souvenir, et ce matin, en me levant, je me suis senti tout éreinté.

Alors, sans avoir l'air d'y toucher, et avec mille précautions, je lui racontai la scène de la nuit, tout en lui cachant le nom des acteurs, que je lui promis de lui dévoiler plus tard. Bernard écouta curieusement, puis, après un moment de silence :

— Que jamais, cria-t-il violemment, et en faisant un geste de menace, que jamais personne ne s'avise de faire cette expérience-là sur moi, car, si je me réveillais, malheur à ceux qui seraient là.

Ce cas, qui rappelle un peu les farces des joyeux

16

Zéphirs, est bien remarquable, fait ressortir admirablement l'action toujours en éveil de la volonté
pendant le sommeil, alors que tout le reste dans
l'homme se repose. Quelque chose d'insolite qui se
passe dans le corps, comme ce chatouillement de
la plante des pieds, l'attire, elle s'y porte, et l'intelligence étant alors amoindrie, obscurcie par
l'engourdissement du sommeil, et ne se prêtant pas
à l'effort de la réflexion, la volonté se laisse fasciner par cette chose insolite et fait opérer aux
organes les actes qui lui sont commandés.

Veut-on un autre fait de beaucoup plus poignant,
plus dramatique ; c'est celui que nous décrit un
écrivain qui signe : un *Vieux Policier*.

Suivons cet auteur rue Saint-Jacques, près du
Val-de-Grâce. Il nous y fait connaître un jeune
étudiant en médecine, nommé Raphaël, logé dans
un garni.

Par suite de circonstances qu'il détaille, ce jeune
homme devient follement jaloux d'une voisine d'en
face, je dis follement jaloux, car cette voisine est
mariée.

Au bout de quelques mois, ce vice atroce de la
jalousie a fait de tels ravages dans cette âme, qu'il
n'y tient plus : il tuera cette femme pour la sous-
traire à son mari.

Une nuit il se lève vers les minuit ; cachant une
canne à épée il traverse la rue, enfile le corridor,

dans lequel donne l'escalier qui conduit à la chambre, où dorment le mari et la malheureuse femme dont il a juré la perte.

Il colle son oreille au trou de la serrure, il s'assure bien, au bruit de leurs respirations, qu'ils sont tous les deux là. — Les misérables ! gémit le jeune homme. Oh ! je vais me venger ! — Il fait jouer le ressort de sa canne à épée et met au clair la lame d'acier. La tête perdue, il va se lancer dans la chambre.

En ce moment, un orage éclatait dans toute sa force. Un formidable coup de tonnerre fit trembler la maison. Raphaël demeura soudainement immobile : la raison lui était revenue. — Assassin ! moi ! fait-il. L'échafaud !... jamais !... jamais ! — Il rentre précipitamment dans son garni, écrit quelques lignes à la hâte, puis se jette tout habillé sur son lit.

Après avoir balbutié quelques paroles incohérentes, il s'endort profondément. Sept heures sonnèrent. Un jour timide filtrait à travers les rideaux.

Raphaël, toujours étendu sur son lit, exhalait des soupirs rauques, et son visage était contracté par la fièvre, il faisait pour se réveiller d'inutiles efforts.

Enfin il parvint à rouvrir les yeux. Ses regards, encore troublés, errèrent par la chambre.

Il tira violemment le cordon de sonnette placé

dans l'alcôve et, quand la porte s'ouvrit, livrant passage au garçon de l'hôtel, Raphaël tomba épuisé sur son lit en murmurant.

— C'est épouvantable, vois-tu, de souffrir ce que j'ai souffert pendant cet horrible cauchemar !... Je rêvais que j'étais un empoisonneur... qu'une femme était étendue sur son lit, jeune, belle, adorable. Ses lèvres entr'ouvertes s'emblaient sourire. Et dans cette bouche ravissante, je versais un poison terrible, inexorable !...

En ce moment, un long murmure, semblable au bourdonnement d'une ruche en éveil, montait de la rue jusqu'à la fenêtre.

— Qu'y a-t-il donc, demanda Raphaël ?

— Joseph ouvrit la fenêtre toute grande, jeta un coup d'œil dans la rue, puis, après un temps :
— Une foule compacte stationne devant la boutique de l'herboriste !....

— Que dis-tu là ?

Deux minutes s'étaient à peine écoulées. Un grand mouvement se fit dans la maison. Raphaël et Joseph se regardaient stupéfaits. Bientôt une voix se fit entendre derrière la porte :

— Au nom de la loi, ouvrez !...

Joseph en titubant alla tirer le verrou.

Le commissaire pénétra dans la chambre, suivi de plusieurs agents de police.

— Que me voulez-vous donc? interrogea Raphaël d'une voix altérée.

— Monsieur, répondit sévèrement le commissaire, les mensonges et les subterfuges ne sauraient vous sauver. La rumeur publique vous accuse, toutes les preuves sont contre vous.

— Mais de quoi m'accuse-t-on enfin? s'écria le malheureux jeune homme qui, sûr de son innocence, sentait son âme prête à l'abandonner.

En ce moment, Marius, le mari de la victime, entra brusquement dans la chambre. Il était revenu de voyage le matin même et par conséquent ne se trouvait pas cette nuit là avec sa femme. Pâle comme un mort et pleurant à chaudes larmes, il s'avança vers Raphaël.

— Misérable! vous osez demander de quoi l'on vous accuse !... Stéphanie est morte empoissonnée, et c'est vous qui lui avez versé le poison !..... Et la preuve... c'est que là, près du lit, voici le flacon qui contenait le poison! et que vous avez emporté, après avoir commis votre crime !..... Vous connaissiez les terribles vertus des poisons que je composais. Vous n'ignoriez pas où j'avais caché la clef de l'armoire où je les tenais prudemment renfermés.... mais en la volant cette clef, vous avez laissé tomber cette lettre, qui vous a perdu!...

— Cette lettre ?...

16.

En effet, à la stupéfaction du malheureux, on lui mit sous les yeux une lettre réellement signée de lui, qu'il avait écrite la nuit même et qu'il était résolu à ne faire parvenir à sa voisine que dans la journée... Quand on lui présenta cette lettre, qui le condamnait, il eut un rire de fou et crut que tout cela était la suite de son rêve.

— Inutile de feindre et de jouer la comédie plus longtemps! reprit le commissaire. Cette lettre a été trouvée près de l'armoire aux poisons!

A partir de ce moment il n'y eut plus un doute, une hésitation. Au milieu des vociférations et des menaces de la foule, malgré ses protestations, Raphaël fut entraîné hors de l'hôtel.

— Je suis innocent... s'écriait le malheureux enfant en se tordant les bras, je vous jure que je suis innnocent...

Toutes les formalités s'accomplissent.

Les preuves sont là, flagrantes, irrécusables. Le procès eut lieu. A l'unanimité, moins une voix, Raphaël fut condamné à la peine de mort et transféré dans la prison de la Roquette,

Quelques jours avant l'exécution, dans la cellule sinistre où les fiancés de la guillotine passent leurs dernières nuits, le gardien qui le veillait et qui avait pour lui une sorte de pitié, car le pauvre enfant s'était montré toujours plein de résignation et de donceur, le gardien, disons-nous, vit le condamné quitter sa couche au moment où l'horloge sonnait quatre heures, et, sans parler, les yeux tout grands ouverts, faire le geste d'un homme qui verse le contenu d'une fiole sur les lèvres de quelqu'un...

— Que faites vous donc? interrogea le gardien.

Le condamné ne répondit rien. Il avait toujours les yeux grands ouverts. Marchant sur la pointe du pied, il regagna sa couche et le gardien s'aperçut, quelques secondes après, qu'il dormait d'un profond sommeil. Le lendemain, à minuit, à sa grande surprise, Raphaël fut tiré hors de son cachot et sous l'escorte de quatre hommes qu'il ne connaissait pas se trouva dans le petit jardin des condamnés à mort... Du regard, il essayait d'interroger ses compagnons. Tous restaient muets. Le plus âgé d'entre eux, vieillard de haute taille, aux longs cheveux blancs, prit la main du jeune homme et l'entraîna hors du jardin. Les trois autres suivaient toujours. Dans les corridors sombres, Raphaël se prit à frissonner.

— Je comprends tout! dit-il. C'est le bourreau! Et ces hommes qui me suivent ce sont ses aides!

Il eut horriblement froid alors et son front s'emperla d'une sueur glacée.

— C'est effrayant! murmurait le malheureux, être innocent et subir cette torture!

Puis une pensée lui vint :

— Pourquoi donc ne m'a-t-on pas fait la toilette des condamnés à mort ?... Pourquoi l'abbé Crozes n'est-il pas là ?...

Quelques minutes plus tard on était dans la grande cour. Elle était déserte et silencieuse. Sans que personne prononçât un mot, la porte s'ouvrit devant Raphaël et ses compagnons. On était hors de la Roquette, sur la place même !,.. La place était silencieuse, comme la cour. Les sentinelles seules allaient et venaient sans s'inquiéter de rien.

Le condamné à mort regardait stupéfié.

— Quoi ! disait-il, personne !... Les bois de justice, où sont-ils donc ?...

Et presque avec joie, il examinait les pierres en croix sur lesquelles il pensait voir l'échafaud dressé et où il ne voyait rien... rien !

En ce moment un fiacre vint s'arrêter à quelques pas de la prison. Le grand vieillard, qui le tenait toujours par la main, y monta avec lui. Deux autres s'assirent sur la banquette d'en face. Le dernier prit place sur le siège à côté du cocher.

— Où me conduit-on ? pensait-il. Sa surprise fut grande lorsque le fiacre s'arrêta devant l'hôtel de la rue Saint-Jacques, en face de la petite boutique bleu de ciel de l'herboriste. Joseph, le garçon semblait attendre le jeune homme, car il ne dit pas un mot et ne manifesta aucune surprise en l'apercevant. Sans parler, il donna un bougeoir et une clef à Raphaël. Ce dernier regarda le numéro. C'était bien celui de la chambre qu'il occupait avant le crime. Machinalement, il gravit l'escalier et pénétra dans sa chambre. En passant devant la glace de la cheminée, il se regarda. Il étouffa un cri de stupeur : ses cheveux étaient presque blancs. Les quatre hommes qui l'avaient amené parurent, à ce moment, sur le seuil de la porte.

— Que veut dire tout ceci? questionna enfin le malheureux enfant, effaré; qui êtes-vous et pourquoi m'amenez-vous ici?

L'homme aux cheveux blancs s'avança vers le jeune homme et fixant ses yeux dans ses yeux :

— Dormez, lui dit-il en lui montrant son lit.

— Dormir!... fit le jeune homme en se révoltant. Ici! près de cette maison où elle est morte... elle... jamais! jamais!

— Je le veux! reprit le vieillard en le tenant toujours sous son regard étrange. Peu après, comme cédant à une sorte de fascination, Raphaël tomba sur son lit, en murmurant quelques paroles inintelligibles. Quelques secondes plus tard, il dormait d'un profond sommeil... Quatre heures sonnèrent au Val-de-Grâce.

A peine la dernière vibration venait-elle de s'envoler dans l'espace, Raphaël quitta son lit.

Il avait les yeux ouverts, mais effroyablement fixes.

Par un geste fébrile, il fouilla dans sa poche et en retira une clef.

Marchant sans bruit, comme une ombre, il sortit de sa chambre et descendit les trois étages.

Il semblait guidé par une force invincible et ne regardait même pas les marches sur lesquelles il posait le pied.

Arrivé près du petit bureau où Joseph dormait ou feignait de dormir, il tira lui-même le cordon par un geste brusque et quitta l'hôtel sans qu'il fût possible de l'entendre.

Il traversa la rue Saint-Jacques et gagna la maison d'en face.

Comme d'habitude la porte cochère était entr'ouverte.

Il entra et se dirigea tout droit vers le palier, sur lequel donnait la porte de l'arrrière boutique.

Avec la clé trouvée dans sa poche il ouvrit et entra. Il courut tout d'abord à l'armoire aux poisons. Là, il saisit le flacon. Et, chose étrange, c'était celui-là même qui avait été retrouvé vide dans sa chambre, au pied de son lit.

Le flacon était plein. Il monta jusqu'à la chambre à coucher. Là il s'avança près du lit.

Une jeune blonde, dont le visage était à moitié caché sous une épaisse chevelure, était couchée.

Il versa sur ses lèvres le contenu du flacon, et, toujours sans parler, il quitta la maison et rentra dans l'hôtel.

La jeune femme n'était autre que Victoire, la servante de Stéphanie la victime.

Le flacon ne contenait qu'une liqueur inoffensive.

Le vieillard et son compagnon avaient assisté à tout ce drame silencieux.

— Messieurs, dit-il, cet homme a commis son crime étant en état de somnambulisme.

Il est innocent...

Raphaël fut rendu à la liberté : son crime avait été commis inconsciemment et nulle justice humaine ne pouvait le condamner.

Sans doute et je dirai comme la iustice humaine: ce jeune détraqué avait agi criminellement dans un état, où il n'était plus maître de sa responsabilité.

Mais auparavant n'avait-il pas été coupable de nourrir en son cœur le serpent de la jalousie? n'avait-il pas été coupable de laisser germer en son âme des désirs forcenés de vengeance? n'avait-il pas été coupable en cette nuit où, se levant dans un accès de furie et s'armant d'une arme meurtrière, il s'avançait comme un ténébreux assassin jusqu'à la porte de cette femme dont le souvenir l'obsédait ? il est vrai cette fois-là il avait reculé un moment. Il avait eu l'épouvante du meurtre.

Mais la jalousie le mordait toujours de ses dents acérées, le torturait, elle troublait son esprit et le troublait à ce point, qu'il n'opposait plus qu'une faible résistance à la haine qui le poussait.

Est-il alors étonnant que cette idée, que cette soif de mettre fin aux combats terribles qui se passaient en lui, de satisfaire enfin ce désir féroce de punir la pauvre créature des charmes que la nature lui avait départis, l'aient poursuivi jusque dans son sommeil, aient produit sur son esprit une fascination irrésistible, en colorant cette fascination de raisons en apparence plausibles, que ne pouvait discuter, contrôler son intelligence engourdie par la somnolence, et qu'ainsi il se soit laissé aller à perpétrer cet assassinat dont il avait depuis si longtemps appelé la réalisation de ses vœux, de ses désirs ? Il s'était suggéré à lui-même pendant la veille l'idée du crime, et inconsciemment, endormi, sous le miroitement de pensées que son imagination lui présentait dans un nimbe de légitimité, il avait enfin cédé à l'impulsion scélérate.

C'était bien toujours le même homme, la même personne qui agissait, mais dans le second état, l'état de sommeil, la même personne avec moins de moyens de contrôle de ses actes, ne jouissant pas de la plénitude de ses facultés naturelles, et esclave par suite irresponsable de la suggestion que depuis nombre de mois elle se faisait à elle-même.

Là encore la cause du phénomène hypnotique est la volonté attirée par une conception criminelle, dont son intelligence ne lui faisait plus voir la malice.

Tel est l'état de somnambulisme pendant lequel l'individu exécute des actes commencés et voulus dans la veille ou se prête à poursuivre un but qui lui aura été suggéré durant le sommeil.

Quelques-uns des effets de cet état sont ainsi décrits dans le livre : *Rapports du physique et du moral de l'homme.*

L'on voit des hommes qui contractent facilement l'habitude de dormir à cheval, et chez lesquels la volonté tient encore beaucoup des muscles du dos en action.

D'autres dorment debout. Il paraît même que des voyageurs sans avoir jamais été somnambules, ont pu parcourir à pied, dans un état de sommeil non équivoque, d'assez longs espaces de chemin.

Galien dit bu'après avoir rejeté longtemps tous les récits de ce genre, il avait éprouvé sur lui-même qu'ils pouvaient être fondés. Dans un voyage de nuit, il s'endormit en marchant, parcourut environ l'espace d'un stade, plongé dans le plus profond sommeil, et ne s'éveilla qu'en heurtant contre un caillou.

Ces cas rares ne sont pas les seuls où l'on observe, dans l'état du sommeil, des mouvements produits par un reste de volonté ; car c'est en vertu de certaines sensations directes qu'un homme endormi remue les bras pour chasser les mouches qui courent sur son visage, qu'il tire à lui ses couvertures, s'en enveloppe soigneusement, ou, comme nous l'avons déjà fait remarquer, qu'il se tourne et cherche une plus commode situation.

C'est la volonté qui, pendant le sommeil, maintient la contraction du sphincter de la vessie, malgré l'effort de l'urine qui tend à s'échapper ; c'est elle qui dirige l'action du bras pour chercher le vase de nuit, qui sait le trouver, et fait qu'on peut s'en servir pendant plusieurs minutes et le remettre à sa place sans être éveillé.

Enfin, ce n'est pas sans fondement que quelques physiologistes ont fait concourir la volonté à la contraction de plusieurs des muscles, dont les mouvements entretiennent la respiration pendant le sommeil.

Voilà des faits qui sont bien connus, qui n'ont rien de merveilleux, qui se passent tous les jours

dans les familles. Eh bien! nos médecins modernes
ont le talent de présenter ces mêmes faits de telle
manière qu'on dirait qu'ils sont les premiers à les
signaler, que c'est grâce à leur science profonde
qu'ils sont parvenus à les découvrir, et qu'il y a
là des secrets, dont eux seuls ont la clef, tandis
qu'ils ont égaré l'esprit faible de nos pères du
moyen-âge.

A l'illustre M. Charcot revient surtout le talent
de se bâtir des réclames formidables au moyen de
ces cas si simples pourtant, que nous constatons
journellement sur des individus à la constitution
maladive, que nous plaignons et qui ne nous jettent
dans aucune stupeur, nous, le commun des mortels.

Lisons ensemble l'article que le docteur Djinn a
fait paraître, il y a peu de temps, dans le *Figaro*,
en lui donnant le titre fantastique : l'*Automatisme
ambulatoire*, titre qui vraiment vous jette de prime
abord dans la stupeur : on s'attend à des révélations
nouvelles, renversantes, inattendues.

M. le professeur Charcot a présenté hier matin à
la clinique de la Salpêtrière, dans une de ces con-
férences du mardi, toujours si suivies et si écoutées,
un malade dont l'histoire n'est pas seulement intéressante, sous le rapport médical. Au point de

vue social aussi, elle mérite qu'on s'y arrête.

Il s'agit d'un employé de commerce, livreur à domicile pour le compte d'une maison de Paris. Pendant dix-neuf ans, il est resté chez le même patron, qui, retiré aujourd'hui des affaires, accompagne son employé pour témoigner de sa moralité et de sa véracité. Depuis un an, la maison est passée en d'autres mains. Nous verrons tout à l'heure ce qu'a pensé et fait le nouveau patron.

Au premier abord, le malade de M. Charcot paraît jouir d'une excellente santé. Il s'exprime de la manière la plus nette et la plus lucide. Il ne se plaint de rien, d'ailleurs, sinon d'avoir et de faire de temps en temps des absences qui peuvent durer depuis quelques heures jusqu'à plusieurs jours. En quoi consistent ces absences? Le malade va nous le dire.

Une première fois dans le courant de l'année 1887, parti le matin de chez son patron pour faire une livraison avenue de Villiers, il effectue sa course, puis perd absolument la conscience de ses actes et ne reprend possession de lui-même que le soir, place de la Concorde. Pendant quatorze heures, il avait marché sans savoir ce qu'il faisait, ni par où il passait. Comme il n'avait point d'argent sur lui, il lui fut facile de voir, à ce que l'on peut appeler son réveil moral, qu'il n'avait rien dépensé et par conséquent rien pris pendant tout ce laps de temps.

Une seconde fois, nous sommes alors pendant l'été, à la suite d'une course pour son patron, avenue de Passy, il perd pendant quarante-deux heures la notion de ses actions et se réveille dans la Seine en train de tailler sa coupe. Sur la rive, un gardien de la paix se dispose à le cueillir délicatement, tandis qu'un employé du chemin de fer lui réclame son billet avec un supplément.

Que s'était-il donc passé?

Après des pérégrinations inconnues, notre homme avait pris un billet sur le chemin de fer de ceinture, et, dépassant la station où il devait descendre, il s'était, à un moment donné, élancé de son wagon dans la Seine. La fraîcheur du bain lui avait rendu ses esprits.

On s'explique, et il peut rentrer sans encombre chez lui, après cette fugue de deux jours.

Une troisième fois, vers la fin du mois d'août 87, très peu de temps après cette seconde escapade, au moment de rentrer à son domicile, le voilà pris d'un nouvel accès de déambulation. Il part et ne se réveille qu'au bout de cinquante-trois heures, sous le pont d'Asnières. Ou plutôt c'est un pêcheur à la ligne, matinal comme tout bon pêcheur, qui, trouvant un homme couché sur le bord de l'eau, entre quatre et cinq heures du matin, l'éveille moralement en lui disant : « Que faites-vous donc là? » Et l'autre

tout honteux de se voir avec des habits sales, ma-
culés de boue, de répondre en balbutiant : « Moi !
je regarde l'eau », et de détaler au plus vite. Cette
fois ses souliers étaient complètement usés. Pendant trois jours, il avait dû marcher sans désempa-
rer; mais où était-il allé? C'est ce qu'il lui était impossible de dire. Cependant il se souvient, comme
d'un songe, d'avoir passé par Claye, dans le département de Seine-et-Marne, et d'y avoir pris un petit
verre qu'il avait du reste payé.

Les crises, on le voit, non seulement se rappro-
chaient, mais devenaient encore de plus en plus
longues. C'est alors que le malade se décide à aller
consulter M. Charcot à la Salpêtrière. Le savant
professeur institue un traitement et a soin de mettre
en poche de son client une consultation qu'il lui
recommande de toujours porter sur lui. C'est la
précaution qu'il avait prise pour l'un de ses fameux
dormeurs, ce voyageur de commerce qui intrigua
tant à Londres les médecins anglais, et qui ne dut
son salut, ou à peu près; qu'au passe-port que lui
avait signé M. le docteur Charcot.

Le traitement est suivi. Les crises disparaissent.
Mais nous voici en janvier 1889, et depuis plusieurs
mois, le malade a cessé toute médication. Un beau
jour, il part à sept heures et demie du soir, après
avoir fait sept cents et quelques francs d'encaisse-

ment. A partir de ce moment il ne sait plus ce qu'il devient.

Huit jours après seulement, il se *réveille* sur le pont monumental d'une grande ville qu'il ne connaissait pas. Les accents joyeux d'une musique militaire l'avaient rendu à la réalité de la vie. Ce pont, c'était le pont de la Recouvrance, la ville était Brest.

Après s'être orienté en prenant les informations de circonstance, il a la malheureuse idée de vouloir mettre dans la confidence un bon gendarme de service à la gare de Brest.

— Gendarme, lui dit-il, voilà ce qui m'est arrivé. Je suis parti dans telles et telles conditions. J'ai dû dépenser deux cents francs environ, car j'avais encaissé sept cents francs et je n'en trouve plus que 500. Voici d'ailleurs une consultation de M. le docteur Charcot, certifiant que je suis atteint de ces accès ambulatoires.

Charcot, Accès ambulatoires! Mais c'était du pur hébreu pour le bon gendarme qui flairait déjà quelque conspiration ou quelque crime épouvantable.

— C'est bon! c'est bon! répond l'homme au jaune baudrier, je connais ça.

Et, sans plus tarder, il lui met la main au collet, lui déchire sa cravate, le fouille, arrache la couverture de son portefeuille pour voir s'il n'y avait point

d'argent de caché, et le conduit enfin à la geôle. Il
y reste toute la nuit dans un courant d'air glacial,
sans matelas, et avec une nourriture des plus som-
maires.

Notre prisonnier cependant avait demandé qu'on
envoyât une dépêche à son patron dont il se recom-
mandait. Il tombait bien. Le lendemain, le patron
répond : « Mon employé a volé sept cents francs,
maintenez-le en état d'arrestation! » Et Pandore,
plus rébarbatif et plus majestueux que jamais, de
s'écrier : « Quand je le disais! Ah ! je connais ça,
moi! »

Mais voici l'instruction qui commence. Juges et
procureur veulent faire avouer au pauvre diable
qu'il n'est qu'un vulgaire filou. L'autre se défend
avec la conviction d'un honnête homme et l'énergie
du désespoir.

En vain le nouveau patron pris d'un remords de
conscience, télégraphie-t-il : « J'apprends que mon
employé est malade, ayez des égards pour lui. »
Peine perdue, on le laisse en prison, et on lui laisse
ignorer quarante-huit heures encore, l'existence de
ce télégramme.

Ce n'est qu'au bout de six jours qu'on se décide
enfin à le mettre en liberté et à lui donner de l'argent
pour faire son voyage.

Mais à son retour à Paris, pour comble d'infor-

tune, ce malheureux devait se voir retirer sa place.
En outre, la société de secours mutuels à laquelle
il appartient, refuse de lui donner des subsides pour
qu'il se soigne. Il faut espérer que, la science aidant, tout pourra s'arranger.

Ce cas est tout nouveau et peut être unique dans
les annales de la science. L'automatisme ambulatoire, comme M. Charcot l'appelle, n'a point été
observé jusqu'ici, sous une forme aussi nette et
aussi caractérisée.

Le monsieur docteur Djinn a fini de parler. Est-ce
que la première réflexion qui vous vient de prime
abord, n'est pas celle-ci : il est d'une force colossale
en médecine, cet illustre M. Charcot, voilà un malade qui passe par ses mains, qui suit ses ordonnan-
ces, tout un traitement, résultat : le dernier accès
de sa maladie est plus terrible que tous ceux qu'il
avait eus jusqu'ici.

Ça fait rêver.

Ça n'empêche pas que la maladie de ce pauvre
diable est prônée par M. Charcot et par ses élèves
comme une nouveauté ou au moins comme un phénomène qui n'avait pas encore été observé jusqu'à
ce jour. La médecine n'y avait encore vu que du
bleu, heureusement que ces illustres docteurs sont
descendus sur la terre.

17.

Ce M. Djinn, probablement un chinois, dit : ce cas est tout nouveau et peut-être unique dans les annales de la science. Il veut probablement parler des annales de la science de son pays, de la Chine, car ici en France, les cas de somnambulisme courent les rues, tout comme le malade confié aux lumières de M. Charcot.

Je me rappelle moi-même une bonne, qui, fréquemment, s'endormait en plein jour, pendant son travail ; on lui causait, elle vous répondait; on la faisait se lever, s'asseoir, travailler, vous suivre partout où vous vouliez. D'autres fois elle quittait les appartement, descendait dans la cour, criait bien haut : la porte, s'il vous plaît, en passant devant le concierge. On lui ouvrait, car on ne remarquait rien en elle qui pût faire soupçonner qu'elle ne fût pas dans son état normal, et la voilà partie, marchant gaillardement au beau milieu de l'allée bitumée d'un des trottoirs de l'avenue des Champs-Elysées; je me souviens d'avoir été à sa recherche par les Champs-Elysées, par les rues avoisinantes, à deux ou trois reprises différentes.

Les annales de la science européenne ont eu elles aussi, à constater des faits de somnambulisme très remarquables, qui reviennent au genre de celui qui fut si habilement mis en lumière par M. Charcot.

Les Actes de l'Académie de Breslau pour

l'an 1725 , nous donnent l'exemple suivant :

Un jeune cordier, âgé de 22 ans, était déjà depuis trois ans sujet à des attaques de somnambulisme qui le prenaient à toute heure du jour, tantôt au milieu de son travail, soit qu'il fût assis, soit qu'il marchât, ou qu'il se tînt debout; son sommeil était subit et profond; il perdait alors l'usage de ses sens, ce qui, cependant, ne l'empêchait pas de continuer son ouvrage. Au moment du paroxysme de la crise, il fronçait le sourcil, les yeux s'abaissaient les paupières se fermaient, et tous les sens devenaient obtus. On pouvait alors impunément le pousser, le pincer, le piquer ; il ne sentait, n'entendait rien, même si on l'appelait par son nom et si l'on déchargeait un pistolet à ses oreilles. Sa respiration ne faisait entendre le plus léger souffle ; il ne voyait pas, on ne pouvait pas lui ouvrir les paupières. Tombait-il dans cet état en faisant sa corde, il continuait son travail comme s'il eût été éveillé; marchait-il, il poursuivait son chemin, parfois, un peu plus vite qu'auparavant, et toujours sans dévier.

Il alla ainsi plusieurs fois en dormant de Naumbourg à Weimar.

Un jour, passant par une rue où il se trouvait du bois coupé, il sauta par-dessus, preuve qu'il apercevait les objets. Il se garait également bien des voitures et des passants.

Une fois, étant à cheval à environ deux lieues de
Weimar, il fut pris par son accès. Il continua néan-
moin à faire trotter sa monture, traversa un petit
bois où il y avait de l'eau et y abreuva son cheval.
Arrivé a Weimar, il se rendit au marché, se condui-
sant au travers des passants et des étalages, comme
s'il eût été éveillé; puis il descendit de son cheval
et l'attacha à un anneau qui tenait à une boutique,
monta chez un confrère où il avait affaire, lui dit
quelques mots et ajouta qu'il se rendait à la chan-
cellerie : après quoi, il s'éveilla tout à coup, et saisi
d'étonnement et d'effroi, il se confondit en excu-
s es.....

Eh bien! M. Charcot et son docteur Djinn ne
sont-ils pas enfoncés? Le cas de l'Académie de
Breslau n'est-il pas encore plus compliqué que le
leur, plus étrange sinon par la durée du moins par
les difficultés vaincues.

Leur découverte n'en est donc plus une, et ils n'ont
pas de quoi s'en faire accroire.

Cependant il est juste de dire que depuis que
messieurs les médecins en ces temps derniers ont
découvert le somnambulisme ou l'hypnotisme, ils
en ont étudié, noté les phénomènes, et que depuis
lors les cas qu'ils nous présentent sont nombreux.

C'est là le résultat le plus clair qu'ils aient obtenu.

Pour nous, nous donnerons une explication bien simple de tous ces phénomènes de somnambulisme, celle que tout le monde donne. Nous dirons que le somnamble est une hulluciné, qui sous l'empire d'une pensée, d'une idée, va et vient, fait toutes sortes de marches et de contremarches, à la poursuite de la réalisation de cette pensée, de cette idée. C'est sa volonté qui le porte à agir et à se mouvoir de la sorte.

CHAPITRE XII

J'espère avoir convaincu le lecteur que les médecins veulent vraiment par trop nous en imposer avec toutes leurs fausses merveilles de l'hypnotisme, surtout lorsqu'ils prétendent nous donner des accès de déambulation observés chez des somnambules comme des faits inouis, tout pleins d'étrangetés. Pour la généralité des hommes ces faits sont communs et de tout temps ont existé.

Et pourtant c'est en partant de ce sommeil survenu tout à coup au milieu de leurs occupations chez certains individus, que les docteurs veulent nous conduire à des conclusions qui bouleversent toutes les conceptions reçues jusqu'à ce jour sur notre identité individuelle.

Il faut les entendre quand pour la première fois on assiste à leur cours, alors qu'ils traitent de l'automatisme ambulatoire, on est tellement stupéfié des théories développées, qu'on se demande si on n'est pas devant la voiture bariolée de bandes de cuivre

de quelque charlatan, et d'instinct on prête au dis-
coureur un casque, une cuirasse étincelante et l'i-
magination aidant, prêtant quelque variante au
discours, c'est un vrai boniment qui vous vient aux
oreilles.

« Oui, messieurs, s'écrie la voix ronflante, sen-
tencieuse, vous n'avez pas approfondi comme moi
le fond de la nature de l'homme, vous n'êtes que de
vulgaires imbéciles, des ignorants, quoi.

» Vous croyez que vous, qui êtes là à me regarder avec des yeux écarquillés, vous êtes éveillés; eh
bien! non! vous dormez, vous êtes en état d'hypnose, ou si vous n'y êtes pas, vous n'êtes pas capables de vous en apercevoir.

» Dormez-vous ou ne dormez-vous pas? Allez y
voir! Vous n'en savez rien, ni moi non plus.

» Ah! c'est une belle chose que la science. Heureux
ceux qui la possèdent, et moi je suis un de ces heureux, vous, vous n'êtes que de pauvres ignares.

« Tenez, moi qui vous parle, j'ai vu, mais là bien
vu, un jeune homme ; Emile il s'appelait.

» Ce n'était pas un âne, allez, vu qu'il avait eu toutes sortes de prix dans des concours académiques.

» Eh bien! vrai comme je suis ici, on ne pouvait
pas dire s'il sommeillait, quand il parlait, quand il
marchait, quand il écrivait, ou s'il était dans son
bon sens.

» Tenez, à preuve, c'est qu'un jour il était assis à son bureau dans la maison de commerce où il tenait.les écritures. On ouvre une persienne ; pan! un rayon de soleil lui donne dans l'œil, aussitôt son corps s'affaisse, la plume lui tombe des mains ; puis, sans rien dire, il se lève, prend son chapeau, et le plus naturellement du monde il part, il descend dans la rue, fait arrêter l'omnibus, monte sur l'impériale, paye le conducteur, descend à une gare de chemin de fer, monte dans le train, arrive à Villars-Saint-Marcelin, va trouver le curé, à qui il semble bizarre puis se rend chez son oncle évêque *in partibus* dans la Haute-Marne, brise dans sa maison différents objets, déchire des livres et même des manuscrits, s'en va après de tels méfaits, emprunte à un bon-homme une somme de cinq cents francs, est traduit devant le tribunal de Vassy pour acte de filouterie et condamné par défaut ; puis il retourne à Paris, où tout d'un coup il revient à sa première existence d'avant sa fugue, en ignorant complètement tout ce qui s'est passé du 23 septembre au 15 octobre, temps qu'ont duré ses pérégrinations.

» Eh bien! n'est-ce pas renversant cela ? Et vous, les gros malins, me direz-vous si c'est avant son voyage ou pendant son voyage qu'il dormait.

» Non, n'est-ce pas, il ne dormait ni avant, ni pendant, il n'était somnambule pas plus avant le voyage que pendant; la différence vient de ce que ce n'était plus le même, le voyageur que l'employé de bureau; le premier c'était Emile... Mimile comme l'appelait sa sœur, le second n'avait pas d'état civil, sans parrain, ni marraine, il n'avait pas de nom.

» Et la preuve que le premier et le second n'étaient pas la même personne, c'est que leurs sentiments, leurs goûts étaient du tout au tout différents. Emile était doux, pacifique, honnête, serviable, assidu à son travail; l'autre était coureur, batailleur, voleur, fainéant; l'un ignorait totalement ce que l'autre avait fait, et pour qui causait avec l'un ou avec l'autre, il était impossible de ne pas croire qu'ils ne fussent tous les deux dans toute leur lucidité.

Et maintenant, Messieurs, si vous le voulez bien, je vais procéder devant vous à des expériences tout à fait convaincantes. »

Vous croyez peut-être, cher lecteur, que j'exagère, même vous vous dites, que c'est tout à fait de mauvais goût de rabaisser ainsi des savants, orgueil de la science médicale.

Soit, mais je vais laisser parler ces savants eux mêmes, les montrer tels qu'ils sont dans les cours qu'ils professent, et vous pourrez constater que je n'ai rien dit de trop.

En tout cas, je n'ai rien inventé. Emile est bien un sujet dont l'histoire a été étudiée et racontée par M·

le professeur Proust, médecin de l'Hôtel-Dieu à Paris.

C'est lui-même, M. le professeur Proust, qui n'ose pas se prononcer et affirmer si son sujet dort ou ne dort pas, il dit : « quand, subitement, par une façon de réveil il revient à sa condition première, il ignore ce qu'il a fait pendant les jours qui viennent de s'écouler, c'est-à-dire pendant tout le temps de sa condition seconde. »

M. Proust dit encore : « Dans l'observation d'E-mile X...., comme dans les observations similaires, on relève, notamment, les deux points suivants : 1° une rupture dans la continuité des phénomènes de conscience, et ce bien que l'individu, pendant cette rupture, aille, vienne, agisse conformément aux habitudes de la vie courante. 2° S'il y a discontinuité entre les phénomènes de conscience de la période de condition seconde et ceux de la vie normale, il y a, au contraire, continuité entre les phénomènes de conscience des périodes de condition seconde. Ainsi, Emile X..., dans son état normal, ignore ce qu'il a fait pendant les périodes d'automatisme ambulatoire, mais il suffit, en le plongeant dans le sommeil hypnotique, de le replacer en condition seconde pour qu'aussitôt il se rappelle les moindres détails de ses pérégrinations. »

Nous autres, les vulgaires, les pas savants, d'après les études que tout le monde a pu faire, nous dirions simplement que Emile X... est un somnambule, un malade, qui s'endort, perd subitement la direction de ses actes, et sous l'empire d'idées nouvelles qui le fascinent, qui l'absorbent, se met à entreprendre un voyage. Lui qui auparavant était sédentaire, de commerce facile, devient maussade, irascible, voleur, parce qu'il voit des ennemis, des méchants, des gens acharnés à sa perte dans ceux qui l'entourent, tout comme l'halluciné pris de manie de persécution,

Nous ne serions pas étonnés que revenu à sa condition normale il ait oublié complètement ce qu'il ait en somnambulisme; tous les jours nous nous réveillons avec un affreux mal de tête par suite de cauchemars qui nous ont torturés pendant la nuit, sans pouvoir nous rappeler quels ont été ces cauchemars, mais bien convaincus intimement que nous n'avons cessé d'être la même personne. Qu'un homme soit bon ou mauvais, gai ou triste, riche ou pauvre, savant ou ignorant, sa personne sera toujours identique à elle-même, les qualités seules de cette personne auront varié, par conséquent la conscience de son identité, c'est-à-dire sa conscience, aura été immuable. Mais comme, après tout, il n'aura conscience de cette identité que par les actes que fait sa personne, si ces actes il vient à être persuadé que ce sont les actes d'une personne riche alors que lui est pauvre, ou les actes d'un roi alors qu'il n'est que le dernier des sujets, il croira que sa personne sera la personne d'un riche ou celle d'un roi; ce sera une aberration de son intelligence mais non de sa conscience, qui lui fera percevoir que c'est toujours lui mais lui qui se croit un riche, un roi. Sa volonté n'a pas la force de secouer le joug d'une telle illusion, alors tout son être entier s'y laisse aller.

De même aussi l'halluciné oublie les actes insensés dans lesquels il est tombé dans le temps de sa folie.

Et si Emile X... rendu à la santé retombait une seconde fois dans l'état de somnambule, nous trouverions tout naturel que se trouvant dans la même maladie, le même malaise, il s'y montrât tel qu'il était quand pour la première fois il fut somnambule, qu'il ne fit que continuer les actions commencées dans le somnambulisme, de même que nous ne sommes pas étonnés de voir une personne folle, revenue à la santé, reprendre la même folie quelque temps après.

Pour nous, les deux états, état premier, état second, sont absolument divers; le premier c'est la veille, c'est la santé, le second c'est la nuit, l'irresponsabilité, la maladie, nous n'irions jamais soupçonner que ce ne fût pas toujours le même Emile X.... dans les deux cas.

Il a fallu des médecins, nouveau modèle, des médecins « fin de siècle », pour trouver cela; je crois que ce sont eux qui dorment, quand ils nous racontent toutes ces bourdes.

Mais pour mieux faire l'étalage de leur système, je vais raconter tout au long une de leurs expériences avec leur manière de l'entendre, de l'expliquer; je la prendrai dans les leçons données à la Faculté de Nancy par M. le professeur Bernheim, ici on s'incline, nous sommes devant une des sommités médicinantes :

Un publiciste distingué, M. Henri de Narville, auquel nulle question scientifique n'est étrangère, a compris ce sujet (les modifications psychiques chez le somnambule) avec sa sagacité habituelle : « L'état spontané d'automatisme et de dédoublement de la conscience, dit-il, n'est sans doute pas aussi rare que l'on serait tenté de le penser tout d'abord. En cherchant bien, on en trouverait des traces dans beaucoup de circonstances. Quelquefois, il finit par se produire par entraînement hypnotique. En tous cas, il est assez facile à déterminer artificiellement chez les personnes prédisposées. Ainsi nous suivons de près depuis trois ans deux sujets, un jeune homme et une femme, chez lesquels l'état de conscience varie avec une rapidité vraiment incroyable.

Le jeune homme a vingt-cinq ans; il suffit d'un coup d'œil pour le transformer complètement. D'habitude il est triste, doux, calme, timide, impressionnable, au point de ne pouvoir prendre dans ses mains un poisson vivant ou ramasser un ver de terre. Subitement il devient gai, hardi, entreprenant; on lui présente un ver, il le saisit, le regarde avec complaisance, etc. On le ramène dans son premier état, en lui touchant le front; il voit le ver et s'en écarte : « Mais vous l'avez eu dans votre main, il y a un instant, » lui dit-on. Il réplique : « Quelle plaisanterie. Je les ai en horreur et je n'y toucherais pas pour tout l'or du monde. » Il a tout oublié. Un regard et il ramasse le ver librement, sans aucune suggestion.

« La femme est voisine de la quarantaine, intelligente et forte, mais très hypnotisable. Elevée dans un milieu honnête et très respectable, elle est ordinairement très réservée et presque prude. On appuie sur les globes oculaires; immédiatement se révèle une toute autre personnalité. On peut parler librement devant elle, sans qu'elle se formalise, elle rit, répond aux plaisanteries et ne s'en émeut point. Une seconde après, dans sa condition normale, elle se fâcherait très sérieusement. Le curieux, c'est qu'avec un peu d'entraînement, je suis parvenu à la faire passer d'un état dans l'autre successivement un nombre indéterminé de fois en moins d'un quart d'heure, de sorte que l'on peut poursuivre une conversation entière comme avec deux personnes distinctes. En quelques secondes, les personnalités se succèdent sans qu'elles en aient la moindre conscience, Madame X se double d'une madame Y, et Mesdames X. et Y. soutiennent la conversation chacune pour leur compte absolument comme si elles existaient séparément, l'une ignorant complètement l'existence de l'autre. Il en résulte une discussion à bâtons rompus souvent fort amusante. Chaque personnalité conserve nettement son indépendance, et, malgré le changement d'état, ne perd pas le fil de la conversation : tout se suit et s'enchaîne sans lacune, sans la plus petite absence de mémoire et sans que le sujet manifeste le moindre étonnement. Ces transformations rapides et successives sont extrêmement saisissantes. »

Ces expériences sont faciles à répéter chez beaucoup de somnambules; elles réalisent artificiellement ce qui se fait spontanément dans les faits relatés de double conscience ou double personnalité. L'hypnose ne crée rien de nouveau; elle démontre les phénomènes psychologiques tels qu'ils peuvent spontanément se produire.

Nous venons d'écouter M. Bernheim nous donnant un procédé tout nouveau pour transformer subitement un Monsieur X. en un Monsieur Y, tout comme dans les contes des fées, un coup de baguette et le tour est joué.

D'un regard M. Bernheim plonge son jeune homme de vingt-cinq ans dans le sommeil somnambulique et ce jeune homme n'est plus lui-même, une autre personnalité entre en lui toute différente de la première personnalité, qu'on peut du reste lui rendre par une simple pression de la main sur le front, il se réveille, il revient à son moi ordinaire.

La personne est la chose qui soit le moins stable chez l'homme, ça peut changer plus facilement que les cheveux ne changent de couleur, on peut la perdre comme on perd une dent, mais avec cet avantage qu'on en perd une pour en retrouver une autre, et si de cette seconde on n'est pas content, on s'en débarrasse pour reprendre la première, on en change comme de gant.

Mais peut-être croira-t-on que j'amplifie par plaisir de pousser la plaisanterie un peu loin..

Non, je vais vous faire lire le docteur Bonamaison, directeur de l'Etablissement hydrothérapique de Saint-Didier (Vaucluse); c'est un zélé de l'hypnose et de l'hystérie, il y croit mordicus.

Il a de ces cas très remarquables à offrir au public. En voici un.

C'est une jeune femme, une Américaine, elle a, au point où nous la prenons, vingt et un ans.

En novembre 1885, nous dit le perspicace directeur, début chez la malade des *attaques de sommeil*. La première a duré 48 heures, elle a été suivie d'une attaque convulsive au réveil.

Les attaques de sommeil se sont ensuite reproduites régulièrement *chaque jour* de 8 h. du matin à une ou deux h. de l'après-midi. Le réveil se produit sans attaque convulsive...

L'attaque de somnambulisme peut se produire à la suite d'une attaque convulsive; elle peut aussi succéder à une attaque de catalepsie. Mais en dehors de ces deux circonstances, nous l'avons vue se produire spontanément chaque jour, pendant plus d'une année, et débuter presque d'emblée chaque soir entre six et sept heures. Elle est précédée par une courte phase cataleptoïde. Le regard devient fixe, la malade cesse la conversation ou le travail commencés, et reste immobile dans la position qu'elle occupe; cet état dure de quelques secondes à deux minutes environ, puis une inspiration profonde indique que la malade entre en somnambulisme. Elle jette alors autour d'elle un regard étonné en disant aux personnes présentes : « Bonjour » ou bien encore : « Ah! vous voilà! » puis paraît se

18

souvenir et reprend la conversation ou le travail interrompus au point où elle les avait quittés.

Quelquefois la phase cataleptique est si courte qu'elle passe inaperçue et que la malade paraît être passée sans transition de l'état normal à l'état second.

Dans ce cas, les personnes qui sont autour d'elle et qui ignorent cette étrange anomalie, ne peuvent s'en apercevoir. Mais, pour un observateur attentif et prévenu, une modification sensible s'est produite dans les allures et le caractère de Mlle X...: l'expression de sa physionomie est différente, les yeux sont plus brillants, l'allure plus dégagée et plus vive; elle cause et rit avec plus d'animation. Très docile à l'état normal, elle devient, en état second, volontaire et capricieuse. Elle s'occupe de préférence, dans cet état, à des ouvrages de broderie ou de couture minutieux et difficiles, qu'elle conduit avec une activité fébrile et une dextérité peu communes.

L'intelligence et la mémoire sont plus affinées; la suractivité de cette dernière faculté est surtout manifeste. Le souvenir de faits oubliés à l'état normal se réveille et se présente à son esprit avec une netteté extraordinaire, et elle les raconte avec une verve et un entrain qu'elle n'a pas habituellement. Nous l'avons entendue plusieurs fois chanter, en somnambulisme, une romance en anglais apprise pendant son enfance et dont elle ne sait plus le premier mot une fois revenue à l'état normal.

Pendant l'attaque du somnambulisme, la malade a gardé le souvenir de tout ce qui s'est passé pendant l'état normal et les attaques de somnambulisme précédentes.

Quelquefois cependant la malade paraît avoir oublié, pendant l'état second, les faits qui ont immédiatement précédé les débuts de cet état. C'est ainsi qu'étant entrée un jour en somnambulisme à la fin du repas, elle s'étonnait qu'on commençât par le dessert, ne se souvenant plus qu'on avait auparavant servi le dîner.

Revenue à l'état normal, la malade a complètement oublié tout ce qui s'est passé et tout ce qu'elle a dit pendant l'attaque de somnambulisme, mais il arrive bien souvent que le lendemain, en rentrant en somnambulisme, elle cherche à renouer la conversation ou à continuer la lecture ou l'ouvrage commencés pendant la période de somnambulisme précédente et qu'elle avait oubliés pendant l'état normal.

Comme nous l'avons dit plus haut, la malade entre en somnambulisme chaque soir entre six et sept heures et reste dans cet état toute la soirée. C'est en cet état second qu'elle se couche et s'endort, non sans avoir payé un dernier tribut à la névrose implacable qui a déjà absorbé à peu près toutes les heures de sa journée et qui la poursuit jusque dans le sommeil. En effet, au moment où la malade va s'endormir et dans cet état indéterminé qui sépare la veille du sommeil, elle pousse par instants un cri involontaire, ou plutôt une sorte d'aboiement. Cet aboiement se produit quelquefois pendant plus d'une heure, cessant quand on réveille la malade pour reprendre dès qu'elle va se rendormir. La malade en a à peine conscience, et si elle s'en aperçoit, elle avale à la hâte quelques gorgées de sirop de choral pour pouvoir trouver un peu de repos.

Notre malade se réveille le lendemain en état normal pour recommencer au bout d'un moment, par l'attaque de sommeil, le cycle à peine interrompu de ses manifestations névropathiques...

Notre malade est une dormeuse et ses attaques de sommeil offrent, de prime abord, tous les caractères de celles décrites par Charcot, Gilles de la Tourette, Grasset, etc. Elles en diffèrent par la durée. Tandis que chez les dormeuses du grand type décrit par Charcot, le sommeil peut durer des semaines et même des mois entiers ; chez notre malade, les attaques ont pris l'allure quotidienne et périodique qui caractérise un certain nombre des manifestations de sa névrose...

Le somnambulisme spontané, avec dédoublement de la personnalité, est une des manifestations les plus rares de la grande hystérie, et la littérature médicale ne renferme que quelques exemples de cette étrange anomalie. L'observation publiée par Azam (de Bordeaux), est une des plus curieuses, et sa Félida reste encore le type le plus complet, que l'on ait, croyons-nous, observé jusqu'ici.

Notre malade, comme celle d'Azam, présente un état second qui se distingue de l'état normal par des modifications de la personnalité absolument caractéristiques : transformation du caractère, des allures; suractivité des fonctions psychiques, en particulier de la mémoire; qui s'en distingue surtout par l'oubli complet, pendant l'état normal, de tout ce qui s'est passé pendant cet état second.

On peut dire que, par suite du retour périodique de l'état second, notre malade vit de deux vies distinctes et que sa personnalité se trouve dédoublée en deux individualités différentes. On pourrait même ajouter que l'état second est en somme, de ces deux vies, la plus agréable pour la malade et la plus complète, puisque dans cet état elle a conservé le souvenir de son existence toute entière, tandis que dans l'état normal, toutes les périodes d'état second en sont complètement effacées.

18.

Nous ne faisons que mentionner, sans y insister davantage, l'intérêt que peuvent présenter, au poin de vue médico-légal, de pareilles situations pathologiques. Il y a, entre cet état spontané et le somnambulisme provoqué par l'hypnose, une analogie frappante. Ce dernier n'en diffère que par un degré de suggestibilité plus prononcé. Les modifications du caractère de l'allure, de la mémoire sont identiques.

Ça a été un peu long, toutes ces citations, mais c'est tout de même curieux de voir tout ce que nos docteurs obtiennent de bizarreries, comme en se jouant de leurs malades.

M. Bernheim a un pauvre garçon, un malade, il le fixe, cet homme est transformé : tout à l'heure triste, il est maintenant gai; précédemment craintif, peureux, à cette heure le voilà hardi, entreprenant. M. Bernheim lui touche le front et il revient à sa timidité primitive, et le savant professeur conclut à la suite de ces magnifiques expériences, que chez ce jeune homme l'état de conscience varie avec une rapidité incroyable; comme si la conscience n'était pas la chose la plus immuable qu'il y ait au monde.

Tous les jours il nous arrive de nous trouver rêveurs, mélancoliques, pourquoi? nous n'en savons

rien, ou plutôt c'est par suite de toutes sortes d'i-
dées noires, désespérantes, qui nous passent par la
tête. Nous chassons ces idées, nous nous distrayons,
un beau soleil se montre à la suite d'un orage qui
nous avait assombris, et aussitôt nous voilà gais,
pimpants, fredonnant les airs les plus joyeux.

Dira-t-on cette absurdité que notre conscience a
changé? Est-ce que ce n'est pas toujours nous qui
tout à l'heure étions gais et qui une heure plus tard
nous sentons abattus; nos humeurs ont changé,
mais nous avons toujours conscience d'être la même
personne.

Je connais un brave maçon de mon voisinage ;
ordinairement il est taciturne; il ne sait pas dire
deux mots de suite, il balbutie, si je l'arrête pour
lui demander des nouvelles de lui et de sa famille.
Mais qu'un camarade lui paie un verre, le voilà
tout changé, il n'est plus le même, il parle, il cause,
il rit, il danse même sur la place publique à la grande
joie des gamins.

Croyez-vous qu'il a perdu conscience de lui-même?
Loin de là.

Si je passe alors près de lui, que je lui dise.

— Eh bien, quoi donc, il paraît qu'on est gai ?

— Que voulez-vous, me répond-il, j'ai mon petit
grain. Ça fait toujours le même effet; ça chasse les
ennuis.

Alors, vous me demanderez : comment peut-il se faire que des gens, comme les médecins, qui par métier sont des observateurs, arrivent à confondre la conscience avec les phénomènes qu'elle est appelée à constater, à dire que la conscience varie tandis que ce ne sont que les phénomènes dont elle assure l'existence, qui sont différents?

C'est une question difficile à résoudre.

Ces grands messieurs à force de vouloir voir plus loin que le commun des mortels, finissent par voir double. Et puis, ils ne seraient pas fâchés de prouver que l'âme s'use comme les matériaux du corps, que nous ne sommes pas à vingt ans les mêmes que nous étions à dix ans, et que la moralité ne dépend pas du tout de notre libre arbitre, qu'elle dépend uniquement de l'espèce d'âme qui actuellement domine dans le corps : si cette âme est vicieuse, corrompue, nous sommes vicieux, corrompus; si elle est honnête, bonne, religieuse, nous sommes honnêtes, bons, religieux. Nous sommes comme un meuble à plusieurs tiroirs, chaque tiroir contient une vie, une individualité particulière, qui peut agir sur l'homme tout entier; on n'a qu'à tirer un tiroir et fermer tous les autres.

Tout cela c'est de l'absurdité en bâton.

Et je n'en dis pas plus que n'en disent ces messieurs, puisque vous vous rappelez que plus haut M. Bernheim ajoutait ces réflexions à la description de son phénomène : « en quelques secondes, les personnalités se succèdent sans qu'elles en aient la moindre conscience. Madame X se double d'une madame Y, et Mesdames X et Y soutiennent la conversation chacune pour leur compte absolument comme si elles existaient séparément. Chaque personnalité conserve nettement son indépendance. »

Vous avez aussi ensuite entendu le célèbre docteur Bonamaison, ils sont tous célèbres ces docteurs, pérorer gravement en cette conclusion : « notre malade, comme celle d'Azam, présente un état second qui se distingue de l'état normal par des modifications de la personnalité absolument caractéristiques : transformation du caractère, des allures, suractivité des fonctions psychiques, en particulier de la mémoire; qui s'en distingue surtout par l'oubli complet, pendant l'état normal, de tout ce qui s'est passé pendant cet état second. On peut dire que, par suite du retour périodique de l'état second, notre malade vit de deux vies distinctes et que sa personnalité se trouve dédoublée en deux individualités différentes. On pourrait même ajouter que l'état second est en somme, de ces deux vies, la plus agréable pour la malade et la plus complète, puisque dans cet état elle a conservé le souvenir de son existence toute entière, tandis que dans l'état normal, toutes les périodes d'état second en sont complètement effacées. »

Avez-vous bien lu, lecteurs ahuris par toutes ces élucubrations, avez-vous bien lu cette dernière phrase du célèbre Bonamaison? Ce médecin stupéfiant nous dit qu'il vaut mieux être malade que bien portant, il vaut mieux être en état second qu'en état premier; or le second état ne s'obtient que par l'hypnose, qui se greffe toujours sur une maladie.

Et pourquoi vaut-il mieux être en second état qu'en premier état, être malade que sain de corps et d'esprit? parce qu'on s'y trouve plus gaiement.

Ainsi de par la science de ces docteurs nous devrions tous chercher à nous créer la folie des grandeurs, si nous parvenions à nous persuader que nous sommes rois, ministres, Carnot, Rothschild, Bonamaison, notre état second serait bien plus enviable que notre état premier, où nous serions tout simplement concierges, épiciers, ferblantiers, allumeurs de gaz.

C'est à se tenir les côtes, n'est-ce pas? ou à hausser les épaules. Quelle est belle notre science « fin de sièele »; il faudra l'encadrer ou la mettre sous vitrine pour la conserver pour les âges futurs.

Les médecins à notre époque s'acharnent à faire des expériences dangereuses en elles-mêmes, nuisibles pour leurs malades, puisqu'ils ne peuvent les produire qu'en exploitant une maladie, une faiblesse de leurs sujets, comme est la névrose; et ils ont imaginé d'en tirer des conclusions qui torturent le bon sens, comme eux torturent les pauvres diables qui tombent en leurs mains.

Ces nouvautés, tout en choquant le sentiment intime de chaque homme de la permanence de sa conscience identique dans tous ses états, sont cependant prônées, mises en lumière, données comme un pas de plus qu'a fait la science dans la voie de la vérité; et voilà qu'elles rencontrent des professeurs de nos lycées pour en faire une doctrine et les lancer dans l'enseignement, ils prêtent la main aux docteurs et du même coup ils deviennent illustres comme eux.

La mise au point de ces théories étonnantes a été faite par M. Pierre Janet dans un travail intitulé : *L'automatisme psychologique.* Rien qu'un tel titre dit assez que ce travail doit être d'un bel amphigouri, et que l'auteur va présenter au public un tas d'inventions, d'hypothèses, dont il ne saisira pasbien lui-même la simplepossibilité, loin d'en affirmer la réalité.

Je cite quelques passages d'un compte rendu qui en a été fait par M. André Lalande.

Le somnambule possède deux périodes distinctes : l'une, dite normale, dans laquelle il n'a que le souvenir des périodes normales; l'autre, somnambulique, dans laquelle il se rappelle les événements des deux périodes. C'est le phénomène de la mémoire alternante et la base de toutes les complications ultérieures présentées par les états hypnotiques plus complexes...

Cette mémoire alternante donne naissance à la multiplication des personnalités, dont la théorie forme, comme nous l'avons dit, le point central de cette étude. C'est dans le temps qu'il faut d'abord envisager ces personnalités, car une première expérience nous les montre comme successives. Nous verrons plus loin comment elles arrivent à se manifester simultanément.

Soit un sujet présentant un état de veille et un état somnambulique alternants.

Si tous les états de conscience des états premiers sont reliés ensemble, ainsi que tous les états de conscience des états seconds, il est évident que nous aurons deux groupements psychiques capables d'alterner dans leur relation avec le monde extérieur; et chacun d'eux, enfermant l'idée du moi, considérera l'autre groupe, s'il peut en avoir connaissance, comme nous considérons les phénomènes psychiques d'un rêve oublié. Le sujet pourra donc avoir dans l'état premier et dans l'état second un caractère différent, opposé même; et si la scission est complète, nous serons fondés à dire (ce n'est au fond qu'une affaire de mots) que Léonie 1 est une autre personne que Léonie 2.

Mais ce n'est pas tout. En opérant sur un sujet déjà hypnotisé, on peut le faire passer dans un second somnambulisme plus profond (état troisième), qui se comporte exactement au regard du premier somnambulisme comme celui-ci vis-à-vis de l'état de veille; car il ne faut pas perdre de vue que l'hypnose n'est pas un état caractérisé *en soi*, mais seulement *par rapport* à un autre état : « Le somnambulisme est une existence seconde qui n'a pas d'autre caractère que d'être la seconde. » Si donc nous produisons un état troisième, voire quatrième, et que la mémoire demeure alternante par ces différents états, — ce qui est par définition le fondement de leur différence — nous pourrons créer autant de personnalités distinctes et hétérogènes que de groupements distincts entre les états de conscience : et c'est ce que M. Janet rapporte tout au long dans son second chapitre avec force expériences à l'appui.

Allons plus loin encore. Nous entrons ici dans cet état que l'auteur a nommé l'automatisme partiel,

19

mais qui n'est à vrai dire que le développement complet des phénomènes précédents, en même temps qu'il en contient en partie l'explication.

Certains sujets présentent en *même temps*, et non plus successivement comme dans les expériences précédentes, — plusieurs personnalités distinctes, qui semblent s'ignorer et se partager l'empire de leurs sens : ainsi la main pourra écrire des pensées fort suivies et raisonnées, pendant que la voix et l'ouïe entretiendront une conversation tout à fait différente, sans même se douter du mouvement de la main. Ce *second moi* auquel appartient l'écriture subconsciente est le même qui occupe l'esprit tout entier, ou plutôt la surface tout entière, de l'esprit pendant le somnambulisme : il sait en effet tout ce que le premier moi oublie et ignore, retient les suggestions, la date de leur échéance, les repères divers qui les fixent; souvent même, quand l'opérateur excite artificiellement quelques phénomènes subconscients de ce genre, le second moi, mis par là en activité, élargit sa part de lui-même et envahit tous les sens, — ce qui fait que le sujet se trouve en complet somnambulisme. Il y aurait donc, comme M. Janet le représente par une figure schématique très claire, deux ou trois personnalités superposées, qui affleurent au jour tantôt une à une, tantôt simultanément; et alors même qu'elle ne se

manifeste pas, chacune de ces personnes continue-
rait encore à être, et même à communiquer avec les
autres dans une certaine mesure, car souvent la
première éprouve une peur en apparence sans raison, parce que la seconde se représente des images
effrayantes ; ou souvent encore les volontés et les
idées de la seconde se traduisent chez la première
en impulsions instinctives, en tendances inexplicables par le seul jeu des états qui sont conscients
pour celle-ci.

D'où vient cela? De la désagrégation des phénomènes psychiques qu'une conscience rétrécie ne
peut plus embrasser totalement. Cette incapacité de
synthétiser à la fois un grand nombre d'images dans
les catégories de notre entendement est la *misère
psychologique* ; et c'est elle qui donne naissance à
plusieurs groupements secondaires capables de durer simultanément, d'entrer successivement en rapport avec l'extérieur, et même de réagir quelque
peu les uns sur les autres. C'est ainsi qu'un pays,
dont le gouvernement central serait affaibli, rom-
prait son unité pour s'organiser en provinces indé-
pendantes. Par là s'expliquent encore les anesthésies systématisées, les électivités, même les paralysies et les contractures. Enfin, cette hypothèse
rend fort bien compte d'une foule de phénomènes
curieux, notamment le spiritisme qu'on reléguait

volontier: autrefois dans le domaine du pur charlatanisme. Le médium écrivain ne simule pas l'inconscience : c'est véritablement un autre esprit que
le sien propre qui dicte ses phrases, et il peut être
tout le premier surpris de ce qu'il révèle. Mais cet
autre esprit est en lui-même : c'est une seconde
personnalité formée par l'organisation des états de
conscience que son premier moi n'avait pas la force
de coordonner et de retenir. De même dans les
possessions et toute la diablerie du moyen âge. En
résumé, « tout se passe comme si les phénomènes
psychologiques élémentaires étaient aussi réels et
aussi nombreux que chez les individus les plus
normaux, mais ne pouvaient pas, à cause d'une
faiblesse particulière de la faculté de synthèse, se
réunir en une seule perception.... et donnaient alors
naissance à plusieurs groupes de phénomènes conscients, groupes simultanés mais incomplets, et se
ravissant les uns aux autres les sensations, les images et par conséquent les mouvements qui doivent
être réunis normalement dans une même conscience
et dans un même pouvoir. »

Tels sont les faits et l'hypothèse...

Nous trouvons encore dans l'ouvrage que nous
analysons la proposition suivante : « Peut-être y a-
t-il en nous un grand nombre d'âmes spinales ou
ganglionnaires, susceptibles d'éducation et d'habi-

tude, qui dirigent chaque fonction physiologique.

Peut-être y a-t-il dans la moelle de l'homme des êtres d'une plus grande valeur spirituelle que l'âme de la grenouille. » Je sais bien que M. Janet ne veut pas s'arrêter sur ces hypothèses, et trouve qu'elles dépassent le cadre rigoureux de la méthode expérimentale : il avouera cependant qu'il y est nécessairement amené et qu'il rejoint par là l'œuvre de M. Espinas... C'est qu'au fond la thèse de M. Espinas était consacrée toute entière à raconter *l'évolution* de la personnalité, de même que l'œuvre désormais classique de M. Janet a pour objet d'en étudier la *dissolution*; et ces deux processus qui s'opposent toujours doivent nécessairement manifester l'un et l'autre la nature et les lois essentielles de l'être étudié. »

Au moins la philosophie de M. Janet sert à quelque chose, c'est à tirer au net, au clair les idées encore enfouies dans leurs gangues des médecins.

C'est admis, c'est classique : notre âme, ou pour mieux parler le langage médical, le centre commun où toutes les sensations dans notre corps convergent, est une sorte de pierre de l'espèce du grès probablement, qui se désagrège facilement et se résout en une foule de petites âmes, de petits centres indépendants les uns des autres, n'ayant aucun rapport entre eux que parfois des rapports de bon voisinage.

Jusqu'à nos jours, alors qu'on n'avait pas encore les lumières des Charcot et autres éminences médicales, ce qu'une mère, ce qu'un père aimaient dans leur enfant même laid, même difforme, c'était sa personne, cette personnalité qu'ils avaient enrichie par leurs bons soins, leurs conseils, de vertus, de qualités aimables, cette personnalité dont ils avaient admiré le développement progressif vers le bien cette personnalité suprême gérant responsable de tout ce qui se passait en leur enfant. Si cet enfant, en prenant de l'âge tombait malade, était attaqué de maladie nerveuse, était pris d'accès de sommeil pendant lesquels sous l'empire de quelque idée il se levait, gesticulait, parlait, voulait reprendre son travail ou aller faire quelque tour de promenade, la mère, le père entouraient de mille attentions ce pauvre, ils ne l'en aimaient pas moins, parce qu'ils étaient persuadés que c'était bien leur fils ou leur fille d'autrefois qui était malade, et que tous leurs soins s'adressaient bien à la même personne, ils ne soupçonnaient même pas qu'il pût en être autrement. Eh bien! messieurs Charcot et autres nous le disent, cette mère, ce père y voyaient de travers, ce n'étaient pas leur fils ou leur fille qui étaient malades, non ils étaient disparus, s'étaient évanouis, se trouvaient escamotés; c'était une autre âme, une autre personne qui s'était fourrée dans le corps de ce qu'ils croyaient leur enfant, comme une main qu'on fourre dans un gant, et cette nouvelle âme, cette nouvelle personne tirait de l'intérieur toutes les ficelles qui faisaient mouvoir les membres du corps.

Dites-moi sincèrement : cette élucubration de médecins, cet enseignement de la philosophie officielle a-t-il l'ombre de bon sens, ne choque-t-il pas l'expérience, la persuasion de tous les humains passés, présents et à venir?

J'ai lu quelque part dans le livre de M. J. Chardel, magistrat recommandable , ancien député de la Seine, conseiller à la cour de cassation, le fait suivant :

Le comte de B*** m'a raconté qu'en 1793 forcé par le malheur des temps à chercher un asile hors de France, il s'était décidé à s'embarquer à Lorient. Mais sa femme, qui l'accompagnait, éprouvait une répugnance insurmontable à se confier à la mer. Heureusement elle était somnambule et le magnétisme calmait ses frayeurs. Son mari prit le parti de lui faire traverser l'Océan en état lucide, et ne la rappela à la vie ordinaire que sur le continent américain. Lorsqu'il l'éveilla, elle se croyait toujours en Bretagne, au moment du départ, et n'avait conservé aucune idée ni de la traversée, ni du temps écoulé.

Vrai de vrai, s'il eût vécu de nos jours, sous le règne lucide des Charcot et autres, ce comte là eût été tout simplement poursuivi pour crime de bigamie, vu que sa première femme n'était pas morte quoiqu'elle eut disparu, et vu qu'il en avait pris une nouvelle sans avoir au préalable fait constater la mort de sa première femme et s'être fait ensuite autoriser à convoler en secondes noces. Si ce n'est pas absurde, comique, grotesque.

Heureusement, on doit le dire, le bon sens n'a pas complètement abandonné le corps médical, il se trouve des docteurs et non des moins intelligents qui rient de toutes ces farces de l'hypnotisme, qui haussent les épaules en entendant les théories si neuves qu'on émet, et même, ce qui est plus fort, il n'est pas un médecin qui, lorsqu'il décrit quelque cas particulier de somnambulisme, ou qu'il professe quelque cours, tienne compte de pareilles absurdités, et ne raisonne pas en partant de ce fait indéniable : l'unité de l'âme, de la personnalité, de la volonté humaine.

J'ai observé, dit M. le professeur Charcot d'après l'*Echo de Paris* et le *Petit Parisien,* j'ai obser-

vé des faits très curieux de suggestion dans ce que
j'appelle le *grand hypnotisme*. J'ai à ma clinique des
malades particulièrement sensibles qui m'ont fourn
des expériences fort intéressantes et dont j'ai obtenu
absolument tout ce qu'il est possible d'obtenir à mon
avis. En effet, le cerveau de l'hypnotisé plongé dans le
sommeil peut être considéré comme absolument vide
et incapable par lui-même d'aucune volonté ,il est
alors possible à l'opérateur d'y imprimer à son gré
des sensations, des images et d'y faire naître la volonté d'un acte quelquonque, ces sensations, ces
images et cette volonté se reproduisent photographi-
quement par des actes correspondants, mais sans
aucune modification. Par exemple : je montre à un
sujet sur le parquet absolument net, un serpent ou
un lion supposés, et l'hypnotisé manifeste immédiatement tous les signes de la terreur; si je lui dis une
minute après que c'est un colibri, il l'admire et le
caresse.

On ne peut mieux expliquer le phénomène du
somnambulisme, de l'hypnotisme. Le cerveau du
malade somnambule ou hypnotisé est comme engourdi, il ne présentera plus à la volonté d'autres
sensations, d'autres signes que ceux que viendra
imprimer en lui une force extérieure; la volonté
excitée par cette sensation, ce signe, s'y porte, ne

voit qu'eux, comme l'oiseau charmé par les yeux du serpent.

L'hypnotisme c'est la volonté trompée par des appâts que lui présente le cerveau, et dont elle ne peut se rendre compte, sa puissance de raisonnement, de réflexion étant empêchée.

CHAPITRE XIII

Il est tellement vrai de dire que la volonté est la cause des phénomènes hypnotiques, que fort souvent ces mêmes phénomènes sont reproduits par elle, alors que le sujet n'est nullement en sommeil, possède tout son sang-froid, agit bien consciemment.

J'ai entendu raconter que dans un de nos hôpitaux parisiens, se trouvait une salle que chérissait particulièrement le grand maître de cet établissement hospitalier, je veux parler du médecin en chef. C'est que cet imperturbable docteur y avait rencontré parmi ses malades une jeune fille, d'âge et de peau tendres, timide et empourprée à la plus petite émotion, qui dès l'abord s'était montrée singulièrement médusée par l'ampleur et la majesté médicale du célèbre médecin au milieu de sa cour de carabins.

De son œil, qui sonde jusqu'aux viscères, le savant professeur avait de suite diagnostiqué une femme nerveuse, impressionnable, qu'il dominerait complétement; il avait sous la main un trésor; la renommée aux cent bouches irait bientôt apprendre aux humains naïfs et étonnés les prodiges tout à fait inédits que monsieur X... docteur de la Faculté de Paris, médecin en chef d'un des plus grands hôpitaux de la capitale, obtenait d'une de ses malades.

En effet, il ne se trompait pas dans son diagnostic, le savant. La nouvelle venue exécuta bientôt les raideurs, les contractures, les sauts en arcs, les grands mouvements toniques des membres supérieurs, des membres inférieurs, les attitudes tétaniques, les phases de contorsions, etc., etc, tous les numéros en un mot du répertoire clownique de la grande hystérique; de plus elle prenait, à la volonté du docteur, toutes les attitudes passionnelles qu'il lui suggérait, elle passait avec la dernière facilité par tous les degrés que parcourt une hypnotique bien dressée. Mais ce en quoi elle excellait, ce en quoi elle se montrait d'une perfection rare, c'est dans ses attaques d'hystéro-épilepsie.

L'illustre médecin triomphait. Il donna des séances, où d'autres de ses collègues, non moins illustres, furent invités. Tous de s'exclamer, de proclamer bien haut que la science moderne venait d'obtenir un succès prodigieux, venait de révéler des manifestations jusqu'alors reléguées dans le domaine du merveilleux, et que bientôt elle serait à même d'assigner la cause naturelle de ces prétendues possessions démoniaques qui avaient si fort apeuré les esprits mal éclairés du moyen âge.

C'était un concert unanime d'éloges, de congratulations mutuelles.

Il y avait pourtant une note discordante au milieu de pareils enchantements, celle qu'apportait la voix faible et peu accréditée d'un interne du dit hôpital. Timidement, respectueusement il osait parfois mettre en doute la réalité de tous ces prodiges mis sur le compte de l'hypnotisme. « On n'était pas sûr de cette jeune fille, disait-il. Qui sait si elle ne simulait pas tous les accès dans lesquels elle semblait tomber. » Lui, la suivant de près, la veillait, l'observait, et de plus en plus, il se méfiait.

Mais son maître, le docteur, proclamait magistraement l'impossibilité d'une si intense simulation, et du reste s'il y eût eu la moindre supercherie, son œil sagace l'aurait infailliblement découverte.

La malade, un sujet si précieux, était comblée d'attentions; on lui accordait tout, on lui passait tout. Ce que voyant les autres malades jalouses s'in-s'indignaient, murmuraient. Et voilà que par un beau jour, une, deux trois autres femmes alitées furent prises des mêmes spasmes, subirent les mêmes contorsions.

Alors ce fut une épouvante, un affolement dans

le corps médical. Quelle puissance mystérieuse, irrésistible ne possédait-il pas, le grand médecin en chef, puisque sa vue, sa voix, son action bouleversaient si profondément des organisations humaines !

Seul le même interne incrédule hochaitla tête. « C'est de la frime que tout cela, répétait-il tout bas; ces femmelettes se moquent de nous. » Mais il disait cela tout bas, il se serait autrement attiré toutes les ires du grand professeur.

Un matin ce dernier arrive à l'hôpital à son heure habituelle; aussitôt le cortège d'élèves, d'étudiants en médecine lui fait une suite nombreuse; c'est un monarque redoutable car, de par sa science, il a surpris les secrets de la nature, il l'a asservie, il l'agite et la convultionne.

On arrive près de la fameuse salle des fameuses hypnotiques. Tout en marchant le maître parle, discute, annonce qu'il va pousser plus avant ses expériences tragico-dramatiques pour sonder de plus en plus ces mystérieuses influences qu'un homme peut avoir sur son semblable.

Au moment où il allait franchir le seuil de la porte, un cri part, une agitation inusitée se fait dans le groupe des étudiants : un malheur vient de se produire, l'interne de service dans la sallese roule sur le plancher. On l'entoure; il est agité, se-

coué de crises terribles, effrayantes. Pauvre jeune
homme! ses camarades s'émeuvent, le docteur
s'empresse. Avec mille précautions on le porte sur
un lit. Là les secousses se multiplient, les positions
les plus bizarres tordent ses membres, ses yeux
roulent, se fixent cataleptiquement. Le docteur, un
un moment troublé, enfin reprend son calme imposant.

— Messieurs, proclame-t-il, nous sommes en
présence d'un nouveau cas d'attaque hystérique.
Cette influence que j'ai exercée sur notre première
malade, qui s'est transmise déjà à trois autres malades, vient de faire une quatrième victime. Hélas,
elle a choisi cette fois un de mes meilleurs élèves ;
je suis cause de ces désordres que vous remarquez
en ce moment ci en lui, c'est à moi d'y remédier.

Et aussitôt le savant professeur se penche sur le
convultionné, lui percute les tempes, lui presse le
globe de l'œil, lui parle doucement :

— Dormez, lui dit-il, dormez, je le veux.

Miracle : les membres contournés se détendent,
la figure s'apaise, reprend un air de bien-être, qui
se communique au visage du docteur triomphant.

— Voyez, dit-il, comme j'en suis maître.

Et voilà qu'il suggère au sujet l'idée qu'en ce
moment il se promène dans une prairie magnifique;
aussitôt le sujet sourit délicieusement, son bras

s'allonge, sa main semble cueillir une fleur qu'elle porte sous son nez, il en aspire la suave odeur à longs traits.

De plus en plus le docteur exulte.

— Tenez, tenez, lui suggère-t-il encore, un serpent qui court sur le pied de votre lit!

Le sujet se redresse vivement, il se trouve assis, un sentiment d'effroi passe sur son visage, mais suivi aussitôt d'un immense éclat de rire.

L'interne, prétendu malade, regarde béatement tous ceux qui l'entourent, et leur dit :

— Eh bien! vous ai-je assez mis dedans, vous ai-je assez trompés. Douterez-vous maintenant, mon cher maître, que toutes les contorsions de vos malades ne soient que de la farce?

. Ce disant il se lève et se remet parmi ses camarades aussi frais et dispos qu'avant sa chute.

A partir de ce moment les quatre malades de la salle, dont le jeu venait d'être ainsi dévoilé, ne présentèrent plus rien d'anormal dans leur état.

On dit que le célèbre médecin en chef est devenu un des adversaires les plus acharnés de l'hypnotisme.

Même aventure est, paraît-il, arrivée et plus d'une fois à M. Charcot, qui à chaque fois s'est montré très mortifié et a eu soin de ne pas trop ébruiter ses mésaventures.

Ces cas de simulations sont tellement fréquents qu'il se rencontre des docteurs pour dire qu'on ne peut jamais être assuré, quand des phénomènes hypnotiques se produisent, que le sujet ne joue pas a comédie. Monsieur Ball, dans son livre remarquable : *Leçons sur les maladies mentales* avoue ingénuement ceci :

Mais il est un fait plus grave qui constitue au profit de l'hystérie un trouble psychologique vraiment caractéristique. Nous voulons parler de ce goût inné pour la tromperie qui dépasse la portée ordinaire de la duplicité et du mensonge... Rien de plus dangereux, au point de vue scientifique, que de prendre pour des faits réels toutes les mystifications dont sont capables ces personnes, et c'est un écueil que n'ont point toujours évité les observateurs les plus justement célèbres. Mon maître, M, Moreau (de Tours), m'a souvent raconté que, pendant les premiers temps de son service à la Salpêtrière, il avait eu l'idée d'expérimenter les effets du haschisch sur les hystériques de son service, et qu'il avait obtenu les résultats les plus merveilleux. Mais tout à coup, saisi d'un scrupule bien légitime, il substitua des boulettes de mie de pain aux pilules qu'il avait précédemment administrées, et il eut la mortification de voir se reproduire les mêmes symptômes avec une intensité toujours croissante. C'est ainsi que les phénomènes les plus étranges observés chez ces malades peuvent n'être que le fruit d'une simulation plus ou moins habile.

Le lecteur me permettra, pour sa complète édification sur un tel sujet, de lui donner un passage d'une leçon de M. le professeur J. Grasset (de Montpellier); il est intitulé; *Le Roman d'une Hystérique*, dans la *Revue de l'Hypnotisme* :

Un fait, observé dans le service, me fournit aujourd'hui l'occasion de vous entretenir de la grosse question médico-légale de la responsabilité des névrosées.

Nous avons, dans la salle des femmes, une jeune fille dont l'histoire, pour n'être pas aussi dramatique que celles auxquelles je viens de faire allusion, n'en est pas moins curieuse et instructive. Bien qu'elle se trouve dans le service depuis plusieurs mois, je m'étais jusqu'ici abstenu de vous en parler afin de pouvoir un jour vous présenter le roman dans tout son ensemble.

Aujourd'hui l'enquête est terminée. Notre fidèle collaborateur, M. le docteur Rauzier, qui a utilisé en cette matière ses qualités multiples de chef de

clinique et de licencié en droit, a terminé l'instruction. Je vais donc pouvoir vous raconter cette histoire qui a toutes les allures d'un roman, mais qui
est en réalité une observation clinique, c'est-à-dire
un fait scrupuleusement vrai et scientifiquement ana-
lysé.

Au mois d'août dernier, alors que je me trouvais
en consultation dans un chef-lieu de département
éloigné, mon excellent confrère et ami le docteur X...., que je vous demande la permission de
ne pas nommer (uniquement pour ne donner aucune
indication sur la ville où se sont passées les premières scènes de notre histoire), le docteur X...., dis-
je, me mena voir une jeune fille qui présentait des
attaques d'hystérie extrêmement remarquables.

Agée de dix-neuf ans, forte, grande, bien char-
pentée, la mine intelligente, Louise A.. offrait, depuis
le mois de septembre 1888, des crises nerveuses
spontanées de deux types : de grandes crises convulsives (que je vous décrirai tout à l'heure) et de
petites crises de sommeil à forme cataleptique et
somnambulique. De plus, elle était hypnotisable:
son médecin avait pu l'endormir à plusieurs reprises.

J'assistai à une grande attaque et n'eus aucune
peine à diagnostiquer une *hysteria major*, c'est-à-
dire une hystérie en forme de clownisme...

Le docteur et la famille me demandèrent alors à
la recevoir, à Montpellier, dans mon service de clinique. J'acceptai, et la malade fut, le 7 septembre,
admise à l'hôpital Saint-Eloi, où le service, à cette
époque et jusqu'à la fin des vacances, était confié
à mon excellent collègue M. Le professeur agrégé
Brousse.

Le diagnostic d'hystérie se trouva confirmé dès
le début. La jeune malade, à des intervalles irré-
guliers, présenta durant les vacances et après mon
retour dans le service, des crises très curieuses,
souvent rapprochées, auxquelles la plupart d'entre
vous ont pu assister....

Le diagnostic n'était donc nullement douteux; en
raison de ses crises et de par ses stigmates, la
malade était une grande hystérique.

Pour compléter le tableau, et comme le docteur
X....., l'avait annoncé, la jeune fille était hypnotisable. M. Brousse, M. Rauzier, moi-même dans la
suite, l'avons endormie un certain nombre de fois.
Je vous résume, d'après l'observation de M. Rauzier,
les caractères de ce sommeil provoqué.

« Crises déterminées par la fixation du regard ou
d'un objet brillant pendant quelques secondes.
Louise ferme les yeux et reste dans la position où
elle se trouve, mais présente, dès ce moment, une
anesthésie complète. Durant le sommeil, elle cause

et répond à toutes les questions ; quand on lui demande ce qu'elle fait, elle répond qu'elle dort. Elle exécute les actes qu'on lui commande, s'habille sans ouvrir les yeux, s'en va les yeux fermés à tel ou tel point de la salle, va prendre un livre placé sur la table d'une malade et le porte à un autre, etc. »

Les phénomènes précédents sont susceptibles de subir des transformations, grâce à certaines manœuvres. En voici quelques exemples, tirés des notes quotidiennes de l'observation :

« *18 septembre.* — Endormie, non plus par fixation, mais par pression des globes oculaires, la malade ne peut plus parler, elle fait signe qu'elle entend, produit les gestes d'une conversation, mais n'émet aucun son. Pas d'anesthésie.

» Elle passe à l'état de catalepsie par l'ouverture des paupières. Le regard devient fixe, l'anesthésie apparaît.

La fascination survient : Louise suit M. Brousse du regard et écarte violemment ceux qui cherchent à s'interposer entre elle et lui. Aucune conversation n'est possible et n'a jamais été possible dans cet état. Réveil en soufflant sur les paupières.

» *20 septembre.* — Endormie par pression des globes oculaires, la phase de somnambulisme survient d'emblée; la sensibilité n'est absolue qu'au bout d'un instant. A la suite d'une nouvelle pression des globes oculaires, suivie de l'ordre d'ouvrir les yeux, la malade entre en contracture, avec impossibillité de parler; la face est immobile, les yeux sont ouverts. Elle retombe en somnambulisme par pression sur le vertex.

» *23 septembre*. — Hypnose en état de somnambulisme, par pression des globes oculaires. *Extase* par le soulèvement des paupières. Sommeil somnambulique obtenu de nouveau en posant la main sur les yeux. Fascination provoquée par le relèvement des paupières. Retour de la parole et de la forme habituelle de l'hypnose par la pression du vertex. Anesthésie absolue durant toutes ces manœuvres.

» *Jamais, au réveil, on n'a pu obtenir l'exécution d'ordres donnés pendant l'hypnose.*

» A diverses reprises, on a vu survenir pendant le sommeil une contracture de l'un des membres supérieurs; cette contracture a toujours cédé à la friction des muscles antagonistes.

» *Transfert spontané* de névralgies et de l'hémianesthésie. »

Vous le voyez, non seulement notre malade était hypnotisable, mais encore, suivant que l'on variait le mode d'hypnotisation, elle présentait une forme différente de sommeil provoqué.

Telle est la première partie du roman, consistant dans la présentation et la mise en scène de l'héroïne.

Jusqu'ici, rien de bien attrayant : c'est l'histoire classique, banale, presque vulgaire, d'une grande hystérique hypnotisable.

La deuxième partie est moins banale.

Réglée à quatorze ans, la jeune fille avait accusé, dès son entrée à l'hôpital, des irrégularités menstruelles. On ne prêta, d'abord, qu'une médiocre attention à ce symptôme, fréquent chez les hystérisques.

Cependant, le 11 octobre, en présence du ballonnement du ventre qui s'accentuait tous les jours, M. Rauzier crut devoir pratiquer un examen plus approfondi de l'abdomen. Ce fut un examen purement extérieur, mais le palper et l'auscultation révélèrent nettement l'existence d'une grossesse, grossesse déjà avancée et parvenue au moins au cinquième mois.

C'était là une surprise, et une surprise d'autant plus grande, que les allures extérieures de la malade étaient très modestes; elle avait tout à fait l'aspect d'une jeune fille naïve et sage. Je savais, de plus, par le docteur X..., qu'elle appartenait à une famille fort honorable, et je tenais, de sa mère elle-même, avec qui j'avais causé longuement, qu'elle n'avait jamais donné prise à la moindre critique et justifié la moindre observation touchant ses mœurs et sa conduite.

Il fallut cependant lui annoncer qu'elle était enceinte, et alors, au milieu de sa confusion et de ses
larmes, elle raconta la triste histoire qui va suivre
et qui pouvait s'ajouter à la liste déjà nombreuse
des crimes commis à la faveur, sinon de l'hypnotisme, du moins de l'hystérie :

Dans les derniers jours de mai 1889, un colporteur était venu chez elle et avait vendu de la toile à
sa mère; la jeune fille était présente. En causant
(vous savez combien, dans certaines classes de la
société l'on est bavard et l'on cause des chóses que
l'on devrait céler), la mère raconta au colporteur
que sa fille était bien malheureuse; malgré son air
de santé, elle avait de grandes attaques durant lesquelles elle perdait connaissance Le colporteur
parut s'intéresser à cette histoire; reconnaissant des
emplettes que la mère avait faites, il promit d'ap·
porter une douzaine de mouchoirs en étrennes à la
jeune fille. Peu de jours après, en effet, il revient,
croise en route la mère qu'il feint de ne pas voir
et trouve la jeune fille toute seule : « Je vais chercher ma mère, » dit-elle. — « C'est inutile » répond
le colporteur. Il se jette sur elle. La jeune fille tombe
en crise, perd connaissance et ne se rappelle plus
rien. Quand elle reprend ses sens, le colporteur a
disparu, et, depuis, on ne l'a plus revu.

Au retour de sa mère, Louise lui raconte tout. La

bonne femme, émue à la façon de certaines gens du peuple, pousse des cris, se lamente en famille, mais ne songe pas à poursuivre le coupable, ou du moins soucieuse cette fois du « qu'en dira-t-on, » ne veut pas saisir la justice. D'ailleurs, la pauvre mère que j'ai revue le 25 octobre et qui m'a confirmé en tous points le récit de sa fille) ne paraît pas avoir, à ce moment, envisagé la possibilité d'une grossesse, dont la révélation est la cause, pour elle et sa famille, d'un affreux chagrin.

On endort la jeune fille à plusieurs reprises et on ui pose, *durant le sommeil,* des questions sur le viol dont elle a été victime; chaque fois elle répète exactement le même récit.

Il ne pouvait subsister de doute; nous étions bien en présence d'un fait criminel commis dans les circonstances les plus remarquables : il s'agissait d'un viol commis sur une femme adulte et forte, à la faveur d'une attaque d'hystérie provoquée.

Comme la malade était hypnotisable et complètement anesthésique pendant le sommeil, nous conçûmes alors la pensée de faire naître, sans que la mère en eut conscience, cette enfant dont la conception avait eu lieu dans l'état d'inconscience.

Nos dispositions furent prises pour garder la malade dans nos salles jusqu'à l'accouchement, qui devait avoir lieu fin février. On devait endormir la jeune femme dès les prémières douleurs, l'accoucher à son insu, et je comptais vous faire ensuite une leçon sur cet enfant, conçu et mis au monde par une mère inconsciente.

C'est sur ce projet, qui n'a été qu'un rêve, que se termine la deuxième partie de notre histoire.

Il ne reste plus qu'un acte à vous conter : l'acte du dénouement, avec la moralité de l'histoire.

Le viol ayant été commis fin mai, l'accouchement devait avoir lieu fin février.

Or, le 30 décembre au matin, des douleurs surviennent et le travail s'établit. La jeune fille attribue ces phénomènes prématurés à une chute faite la veille dans l'escalier. Un examen complet, pratiqué par M. Rauzier, semble démontrer, au contraire, qu'il s'agit, non point d'une fausse couche, mais bien d'un accouchement à terme.

Il n'y avait plus qu'à provoquer l'anesthésie hypnotique.

M. Rauzier endort la malade, à plusieurs reprises, par les procédés habituels. Le sommeil s'établit chaque fois, mais il cesse aussitôt que survient une contraction utérine un peu violente ; la jeune femme ouvre immédiatement les yeux, pousse des cris et déclare qu'elle ne peut rester endormie. Il y a loin de là à l'insensibilité absolue de miss Sterling sous la dent du lion.

La nuit suivante, l'accouchement se produit régulièrement : il se termine par l'expulsion d'un *enfant à terme*.

C'était pour nous une déception et une surprise.

Une déception, parce que nous n'étions point parvenus à faire expulser sans douleur cet enfant que le colporteur avait réussi à faire concevoir dans l'état d'inconscience.

Une surprise, puisque cet enfant, conçu fin mai, ne devait naître que fin février, et n'avait aucun droit à naître à terme fin décembre.

Cette dernière considération était capitale, mathématique, et renversait à elle seule tout le récit, quelque intéressant qu'il fût, de notre malade.

La conception ayant forcément eu lieu fin mars et non fin mai (date effective de la visite du colporteur), le colporteur devait être innocenté.

Et déjà M. Rauzier, en digne émule de M. Doppfer, reconstituait par la pensée le véritable roman de la manière suivante :

La jeune fille, bien que très surveillée par sa famille, a eu un amant. Elle est devenue enceinte en mars et ses règles ont manqué pour la première fois fin mars. Lorsqu'elle a été certaine, après une deuxième défection menstruelle, fin avril, d'être grosse, elle a imaginé, pour fournir à sa mère une explication relativement honorable, l'aventure du marchand de toile. Celui-ci a existé, il s'est présenté chez elle en mai, il est venu à la maison en l'absence de sa mère (celle-ci l'a, en effet, rencontré se dirigeant vers sa demeure, alors qu'elle en sortait), mais il n'a fait aucune tentative.

Ce puissant travail d'imagination terminé, M. Rauzier va trouver la malade. Avec autorité et assurance, il déclare qu'il sait tout, donne son hypothèse comme vérité démontrée, et ajoute que l'examen complet, pratiqué pendant l'accouchement et à l'occasion de ce dernier, ne permet pas d'accepter la possibilité matérielle d'un viol. La jeune fille fond en larmes et avoue.

Telle était donc la vérité. L'histoire du colporteur était un pur roman, fruit d'une imagination fertile, vous l'avouerez.

Cette constatation avait une autre conséquence.

Vous vous rappelez que la jeune fille avait textuellement maintenu son récit au cours du sommeil provoqué ; vous vous souvenez aussi que ce sommeil avait bien vite cédé, devant les douleurs de l'accouchement. D'où cette deuxième conclusion, que le sommeil provoqué était lui-même simulé. Poussée à bout, pressée par la rigueur du raisonnement, elle finit par avouer la simulation.

Ces aveux étaient-ils bien véridiques ? Ne pouvaient-ils constituer, en dehors de toute vérité, un moyen comme un autre d'attirer l'attention, de rappeler un intérêt que des observateurs blasés sur les manifestations si souvent répétées de sa maladie, commençaient à lui refuser?

Une dernière expérience a mis le fait hors de doute.

J'étais censé, jusqu'alors, ignorer l'enquête pratiquée par M. Rauzier. Je fais venir la jeune fille au laboratoire; l'hypnose étant produite par le procédé habituel, je vérifiai l'anesthésie qui est absolue; puis, brusquement, je lui annonce que je sais tout et qu'il est inutile de continuer à nous tromper. Aussitôt elle ouvre les yeux, place sa main devant sa figure et s'en va en pleurant.

Donc, les scènes de sommeil provoqué, dont je vous donnais plus haut le détail, étaient simulées, tout au moins en grande partie. Que la fixation du regard provoquât, chez cette hystérique, un léger degré d'hypnose s'accompagnant d'insensibilité, c'est possible; mais, en tout cas, l'ensemble des actes et phénomènes accomplis durant le sommeil, étaient simulés.

Également simulées, étaient les crises spontanées affectant la forme du sommeil.

Il ne restait plus, pour connaître l'histoire dans son entier, qu'à savoir où la jeune fille avait fait une éducation hypnotique aussi complète. Il paraît démontré que, chez elle, elle lisait peu, ne sortait

20.

pas; jamais on ne l'avait fait assister à des séances publiques d'hypnotisme. Et pourtant, elle jouait admirablement son rôle; la fascination, notamment, était merveilleusement simulée.

Longtemps elle refusa de parler, niant toute initiation et prétendant que tous les phénomènes accomplis étaient du ressort de son imagination personnelle. De question en question, M. Rauzier finit par lui faire avouer qu'un sien cousin (peut-être le sosie du colporteur) hypnotisait fréquemment une bonne en sa présence. Telle était l'origine de son apprentissage hypnotique.

Voilà donc une hystérique (l'hystérie ne saurait être contestée, en raison des stigmates qu'elle présente et des grandes crises, dont la simulation paraît impossible) qui, pour le seul plaisir d'être intéressante, et avant d'avoir besoin de l'hypnotisme pour justifier ses fredaines, commence, devant le docteur X..., à simuler l'hypnose. Plus tard, ayant un amant et devenant enceinte, elle imagine d'utiliser ses connaissances pour accuser un innocent et se transformer en victime.

Réfléchissez aux conséquences effroyables que pouvait avoir cette accusation.

Supposez — ce qui n'a rien d'impossible — des parents moins niais, demandant une solution judiciaire à l'accusation de leur fille. Le pauvre colporteur était poursuivi, arrêté. Son affaire était claire malgré ses dénégations, la condamnation n'était pas douteuse : il était facile d'établir qu'il s'était rendu chez la jeune fille, sachant qu'elle avait des attaques à la moindre émotion et que sa mère n'y serait pas.

Les médecins, consultés au point de vue médical, auraient affirmé que la jeune fille était hystérique et que le crime était possible. Tout se tenait, tout était vraisemblable. Vous entendez d'ici le beau réquisitoire qui écrasait le pauvre diable, certain d'être condamné! Seul, le père inconnu de l'enfant aurait bien ri pendant les débats.

Heureusement, pour faire finir notre roman comme un drame de l'ancien temps, par la récompense de la vertu et la réhabilisation de l'innocence, l'accouchement serait peut-être arrivé au moment du départ du colporteur pour Nouméa, et les ongles bien formés de l'enfant à terme auraient pu motiver la grâce du pauvre diable.

Quel beau sujet de roman, et combien vous trouveriez féconde l'imagination d'un auteur, si vous lisiez ce fait dans un volume à l'usage des gens du monde au lieu de l'observer à l'hôpital!

Et, cependant, c'est une histoire vraie, le roman vécu d'une hystérique.

CONCLUSION

Arrivé à ce point de mon travail, il ne me reste plus qu'à tirer une conclusion : puisque la volonté est le grand promoteur des phénomènes hypnotiques, puisque c'est à elle qu'ils doivent leur naissance; comme d'un autre côté nous ignorons complètement qu'elle est cette puissance que nóus nommons la volonté, que nous ne savons d'elle que ceci : qu'elle existe, qu'elle est le grand agent qui mène le monde, mais que sa manière d'agir, son point de départ, et son procédé dans l'application de sa force nous échappent, il ne sera pas étonnant que bien des points dans les effets qu'elle produit restent insondables pour nous, nous fassent l'effet de prodiges.

Tous les maîtres hypnotiseurs sont d'avis unanime là-dessus, tous nous décrivent avec une complaisance marquée, inventant des mots nouveaux, ne laissant passer aucun détail, les expériences multiples qu'ils observent dans leurs malades, mais d'eux-mêmes ils s'arrêtent sur le seuil des explications, et franchement ils vous disent : Ne nous demandez pas le pourquoi de ces faits, qui vous étonnent, nous ne le savons pas.

Je déclare, avoue James Braid, qu'il y a certains phénomènes que je peux facilement provoquer à l'aide de manipulations particulières, mais je dois confesser qu'il m'est impossible d'expliquer le *modus operandi* de leur production. Je fais surtout allusion à la rapidité extraordinaire avec laquelle les fonctions endormies et l'état de rigidité cataleptiforme peuvent passer aux conditions tout à fait opposées par un simple courant d'air émané des lèvres, d'un soufflet ou d'une source quelconque. Je sollicitai l'avis sur ces points, en particulier et en public, de tous les savants distingués avec lesquels j'eus l'honneur de me trouver en contact pendant les réunions de l'association britannique, dans cette ville; personne ne voulut risquer une opinion positive quant aux causes de ces phénomènes remarquables.

M. Legrand du Saulle lui-même, malgré ses prétentions fort dédaigneuses vis-à-vis des miracles du moyen âge, ne peut s'empêcher de reconnaître que « la physiologie pathologique des anesthésies hystériques est encore incomplètement élucidée ».

Un cours sur l'asphyxie locale des extrémités chez un hystérique a été fait par le docteur Burot, professeur à l'école de médecine de Rochefort ; ce cours se termine ainsi :

Comment se fait-il qu'en disant à un sujet, dans des conditions déterminées : « Votre main va devenir froide » le grand sympathique répond en serrant le vaisseau au point voulu pour que le résultat cherché soit obtenu. C'est ce qui dépasse notre imagination.

Après cela sera-t-il impossible d'admettre que des manifestations provoquées pendant l'hypnose soient dues à l'intervention de volontés diaboliques? Non, car nous avons reconnu que ces volontés des anges mauvais ont puissance sur les êtres matériels, qui leur sont soumis et peut-être davantage qu'ils ne sont soumis aux volontés humaines. Il peut donc se faire que les démons joignent leur action à celle que la volonté humaine a sur le corps humain pour produire des effets plus puissants, qui nous sembleront par suite merveilleux ; et de même nous ne sommes pas en état de dire que seuls ces mêmes démons ne puissent produire des désordres dans notre organisme.

C'est aux faits à parler et à nous instruire sur une telle matière.

Dans un savant rapport que le docteur Moreau a publié en 1842, à la suite d'une visite officiel qu'i₁ fit à l'importante colonie de fous à Gheel, en Belgique, il est reconnu en toutes lettres que nombre de ces malheureux fous ont été guéris instantanément par les exorcismes.

Le fameux Dupotet écrivait dans le *Journal du magnétisme :*

Me voilà en chemin et, je puis le dire, en plein merveilleux ! je vais heurter toutes les idées et faire rire nos illustres savants..... je suis convaincu que des agents d'une grande puissance existent en dehors de nous, qu'ils peuvent entrer en nous, faire mouvoir nos organes et nous opprimer.

On peut dire qu'il ne se rencontre pas un seul de nos maîtres de la science moderne qui, appelé par ses travaux à être le témoin de certains faits déjouant toutes les prévisions, impénétrables à l'habileté des plus grands spécialistes, ne se soit arrêté tremblant et n'ait pas eu au moins un doute sérieux sur cette donnée : si en dehors des intelligences humaines il n'existait pas d'autres intelligences parfois nous manifestant leur pouvoir.

Dernièrement un curé de Paris, auquel je soumet-
tais l'idée de mon ouvrage, branlait la tête devant
mes efforts pour expliquer d'une façon toute naturelle ce que de tous côtés on raconte des personnes
hypnotisées.

--Je ne suis pas un savant, me disait-il, ni en
chimie, ni en physique, ni même en hypnotisme et
en magnétisme, je ne vous donnerai donc pas mon
opinion, ou plutôt ma conviction, mais je vous
rapporterai celle d'un vrai savant.

C'est un souvenir de mon temps de séminaire à
Saint-Sulpice.

Un jour, nous, étudiants en théologie, nous
entourions pendant une promenade notre professeur
de dogme, M. Baudry. Il avait toute notre sympathie,
toute notre affection, tout notre respect et par ses
connaissances profondes, et par sa douceur, sa
facilité à se laisser aborder. Nous savions qu'il
était très recherché dans le monde des hautes études. Nous ne fûmes donc pas surpris de l'entendre
nous dire :

— Ces jours-ci j'ai reçu la visite d'un homme très
remarquable, une des grandes personnalités de
Paris.

— Qui donc? qui donc? dîmes-nous en chœur.

— De monsieur Arago.

— Peut-on savoir, monsieur, quel était le but de

cette visite ? se hasarda de demander un de nous.

— Certainement ; ce ne peut être pour vous que très instructif. Monsieur Arago, que j'ai eu l'honneur de rencontrer déjà plusieurs fois, me vint voir dans ma chambre. Après les questions de politesse en usage, il me dit :

« Monsieur, je suis ici pour vous demander votre avis : que pensez-vous de la possibilité des interventions diaboliques sur notre terre?

— Je pense, répondis-je, ce que Jésus-Christ luimême veut que nous en pensions : je tiens pour bien certain que le diable peut agir sur les objets qui nous entourent et même sur notre corps.

— Bien, reprit M. Arago, en ce cas je viens vous apporter de nouveaux faits, qui font honneur à votre foi, et vous annoncer que je me range de votre avis, ce qui n'est pas pour vous déplaire, je suppose.

En effet, meilleure nouvelle ne pouvait m'être apprise.

— Vous avez sans doute entendu parler, continua monsieur Arago, d'une Commission de l'Académie des Sciences, nommée dernièrement pour procéder à l'examen de certains phénomènes, que leurs auteurs donnaient pour prodigieux, dans lesquels, et l'électricité et le magnétisme jouaient le principal rôle.

Nous avons minutieusement accompli cet examen,

21

et je suis revenu de là absolument persuadé que des forces intelligentes, inconnues de nous, existent et qu'elles se manifestent par des actes.

Comment, en effet, en douter, après ce que j'ai eu sous les yeux, comme ceci, par exemple.

Nous étions tous renfermés dans une salle, nous autres membres de la Commission ; nous nous étions, vous le pensez, minutieusement assurés auparavant, que nous ne serions les jouets de la moindre supercherie.

L'obscurité était complète.

L'un de nous éleva un manche à balai, qu'il venait d'acheter chez l'épicier du coin, il le tint par un bout dans sa main, et l'autre extrémité, il l'appuya sur le mur. Je posai tout bas une question, aussitôt le manche à balai s'agita et écrivit sur la cloison en lettres de feu la réponse. Nous changeâmes de rôle, je pris le manche à balai, celui qui le tenait tout à l'heure, à son tour posa une question ; je sentis le bout de bois trembler dans mes mains, il traçait sur le mur des lettres toutes lumineuses. A tour de rôle nous renouvelâmes pareille expérience et toujours le manche à balai nous répondait exactement aux demandes que nous faisions.

Nous sortîmes de cette chambre tous convaincus qu'un agent intelligent et mystérieux avait fait écrire le manche à balai.

Nous n'en signâmes pas moins un rapport qui constatait que notre étude n'avait rien rencontré dans les phénomènes en question qui ne puisse avoir une interprétation très facile pour la science. Mais nous, nous gardâmes bien de la donner cette interprétation. »

Cette conclusion : il existe des esprits, des forces intelligentes, impalpables à nos sens, en dehors de notre humanité, s'impose de plus en plus par les faits multiples et journellement observés. Actuellement Paris, la capitale des lumières, le flambeau de l'athéisme, voit les murs de ses maisons, ses kiosques, bariolés de milliers d'affiches multicolores où s'étalent en grosses lettres cette réclame : Lire dans tel journal l'article à sensation : LA MAISON HANTÉE DU BOULEVARD VOLTAIRE. Toutes les autorités de la science y ont passé par cette maison du boulevard Voltaire, et tous : commissaire de police, agents de la sûreté, préfet de police, magistrats, médecins y ont perdu leur latin, donnent leurs langues aux chats. Actuellement encore, devant de pareilles manifestations occultes incontestées, il est des savants qui ne craignent pas d'affirmer qu'il est un monde d'esprits en dehors de notre monde matériel; des ournaux sceptiques par opinion sont obligés d'en convenir, un d'eux donnait dernièrement dans son premier article cet aveu :

Le docteur Gibier, dans l'*Analyse des choses,
essai sur la science future*, écrit cette phrase : « On
peut avoir des preuves matérielles de l'existence de
l'âme », qu'il fait suivre, quelques lignes plus bas,
de cette autre : « C'est ce que je vais démontrer. »

Dans un précédent ouvrage, *Le Spiritisme, ou
Fakirisme occidental* le Dr Gibier, connu par ses
recherces scientifiques notamment sur la rage, avait
exposé l'histoire de la question.

Cette fois, il aborde la théorie.

Sa méthode est purement expérimentale. Il utilise
des phénomènes physiques et indéniables, ceux-là
mêmes qui, révélés aux premiers spirites, leur ont
servi à constater la présence des esprits des morts.
Ces expériences accueillies par les haussements
d'épaules, qu'aucun savant qui se respect n'a
consenti à tenter, sur lesquelles l'autorité du
célèbre membre de la Société royale de Londres,
M. William Crookes, n'est pas parvenu à attirer un
intérêt sérieux, le Dr Gibier les a reprises une à
une.

Grâce à la présence d'un médium, il a vu les ta-
bles se soulever, les objets se déplacer sans contact
apparent, rester suspendus dans l'air libre ; il a vu
un crayon enfermé entre deux ardoises appliquées
l'une sur l'autre, écrire des phrases, etc, etc.

Il a opéré en plein jour, devant une assistance d'amis, ou d'indifférents. On tenait les mains et les pieds du médium immobilisé d'ailleurs par dix paires d'yeux braqués sur lui. La supercherie volontaire est inadmissible.

Les phénomènes ont eu lieu, dirigés par une force qui n'est ni mécanique ni aveugle, par une intelligence qui écoute, comprend et accède, dans ses manifestations, aux désirs qu'on lui exprime.

Aussi le docteur Gibier déclare-t-il avec tranquillité : « La vérité est ceci : l'intelligence existe en dehors de la matière telle que nous la concevons d'ordinaire, et tout en déclarant une fois de plus que je ne suis pas un *modern spiritualist*, j'affirme que tous les phénomenes dits spiritualistes, abstraction faite de la théorie du même nom, sont absolument réels... »

Il ne les attribue pas à l'intervention inévitable des morts, mais à celle d'une force consciente encore indéfinie, dégagée de la matière et qui serait l'âme. La distinction nettement établie entre le corps et l'âme appuierait bien l'hypothèse. Il croit vérifier cette séparation avec l'hypnostisme dont les états progressifs de charme, de catalepsie, de somnambulisme, de lucidité et d'extase seraient les phases successives que traverse un sujet sensitif à mesure que son âme se détache du corps et s'affranchit. On

arriverait ainsi à un état final qui est le dédoublement absolu de la personne, — d'un côté le corps
inerte, de l'autre l'âme libre — et qui, imprudem-
ment prolongé, occasionnerait la mort organique.

ON TROUVE A LA LIBRAIRIE St-MICHEL

Paris. — Imp. TÉQUI, 92, rue de Vaugirard

www.ingramcontent.com/pod-product-compliance
Lightning Source LLC
Chambersburg PA
CBHW071622270326
41928CB00010B/1735